Erklärung Der Schwierigern Dialektischen Ausdrücke In Jeremias Gotthelfs (albert Bitzius) Gesammelten Schriften

Albert von Rütte

Zum Könige der Erde hat Gott den Menschen geſetzet. Zum Sklaven des Irdiſchen wird der Menſch und weiß es nicht und träumt es nicht, bis er erliegt des ſelbſtgewählten Tyrannen erbarmungsloſer Tyrannei.

Wenn am Himmel unbedeckt die Sonne ſteht, Licht und Wärme ſtrahlend, ſo erglänzt die Erde, ihre Züge verklären ſich, fröhliches Lächeln, reiches Leben ſtrömt ſie aus. Birgt die Sonne ſich, ergießt aus ſchwarzer Wolken ſchwerem Schooſe der Regen ſich, ſo erbleicht die Erde, ihre Züge verdüſtern ſich, zur trauernden Wittwe wird ſie, unterm ſchwarzen Wittwenſchleier rinnen ihre Thränen.

Das Schickſal, ſeine Lebensverhältniſſe, nennt der thörichte Menſch ſeine Lebensſonne. Ja, wenn dieſe Sonne hell und heiter am Himmel ſteht, aus ihrem Füllhorne Liebe, Reichthum ſpendet, volles Licht wirft auf den Lebensweg, ja, da ſtrahlt in Freude und Glück der Menſch, ſprüht in feuriger Lebensglut fröhliche Funken rings um ſich, dem glühenden Eiſen gleich. Aber wie das Eiſen kalt und hart und ſchwarz wird, wenn des Ofens Glut nicht mehr über ihm iſt; wie die Erde bleich wird und finſter, wenn die Sonne nicht mehr ſtrahlet über ihr, ſo geht es auch dem Menſchen, deſſen Schickſal ſeine Sonne iſt. Verdunkelt ſich dieſes, flieht die Liebe, ſchwindet der Reichthum, verſchlingt die Erde wieder, was ſie gegeben, dann erlöſchen Glut und Freuden, düſtere Sorgen umlagern das Gemüth, bitteres Weh träufelt aus den Augen, dumpf und einförmig rauſchen durch das Leben die Klagen der nutzlos trauernden Seele.

Ein unbewölkter Himmel wölbte sich über meiner Wiege,
eine heitere Sonne strahlte einen heitern Sinn mir ins Herz
hinein. Freundliche Eltern erfreuten sich meiner, schmückten
meine Tage, mein Frohsinn zog die muntere Jugend an und
Freunde ketteten sich an mich. Die ganze Welt lächelte mich
an, bestreute meine Bahn mit Blumen, und diese Blumen
wurden zu süßen Mädchenaugen, und das süßeste dieser Augen-
paare grub sich mir ins Herz hinein, siedelte als meine Geliebte darin sich an, und die Geliebte ward zum Weibe, und
wohnete nun in meinem Hause, und das Haus ward mir
zum Himmel. Kleine Engel bevölkerten ihn, und kein dunkler
Schatten fiel auf das Haus, keine Schlange schlich sich ein,
kein Engel mit dem Flammenschwerdte jagte Gefallene aus.

Aber plötzlich hob sich eine schwarze Wolkenwand und
trat vor meine Sonne, und in dieser Wolke saß der Tod,
und diese Wolke stund still über meinem Hause, wollte nicht
weiter, und Haupt um Haupt schlug mir der Tod, und als
keines mehr zu schlagen war als das meine, da wollte der
Tod das meine nicht, er eilte weiter. Aber über meinem
Hause ließ er die Wolke stehn, und keine Sonne sah ich mehr,
kein freundlicher Blick gab mir Licht, gab mir Kraft.

Wenn Gewitter schwarz und drohend heraufquellen am
Himmel, der Sturm sie peitscht mit mächtiger Hand, Blitze
durch die Nacht zucken, der Donner durch den Sturm brüllt,
der Sturm den Donner übertoset, so flammen Hütten auf,
Leben gehen unter, Ströme brausen durch die Thäler und
bebend betet der Mensch: Vater, schone, rechne nicht nach
meiner Schuld! Und es schmettert in die Bitten der Donner,
um die bebenden Lippen zucket des Blitzes Schein, und ein
bebend Laub zittert der Mensch in der Elemente Sturm und
fühlt es wieder, daß er ein ohnmächtig Sandkorn ist in des
Schöpfers Hand. Aber weiter, über des bebenden Beters
Haupt, toset der Elemente Schlacht. Die Donner verrollen,
die Blitze verleuchten, im Westen hebt der Vorhang sich wieder,

hell lächelt die Sonne, und je heiterer sie lächelt, um so schwärzer wird die fürchterliche Wolkenwand im Osten; aber sie senket sich tiefer und tiefer und um ihren schwarzen Scheitel legt sich der wunderbare Kranz, aus himmlischen Farben gewoben, der uns verkünden soll, daß des Himmels Pracht und Freude der Erde Nacht und Elend umranden. Dann flieht die Angst, froh sehen Jung und Alt zum himmlischen Bogen auf, rühren neubelebt im Sonnenlicht die wackern Hände und fühlen es erst, wie beten und arbeiten so nahe beisammen liegen, so treu sich einen.

Solcher Art sind die meisten Gewitter in der Natur, solcher Art die meisten im Menschenleben, es erlebt sie jeder. Seine Sonne verdunkelt sich, der Sturm brauset über ihn, ein Gewitter entladet sich über ihm, drohet ihm, schädiget ihn, schlägt ihn nieder; aber die dunkle Nacht enteilet, die Wolken senken sich, die Sonne bricht durch, es richtet der Mensch sich auf; die Kräfte kehren wieder, die Wunden heilen. Heiter wird ihm der Himmel wieder, ein gekräftigt Leben strömt durch seine Glieder.

Doch andere Gewitter giebt es auch.

Ein Wetter saust daher, ein anderes stürmt ihm entgegen, ein drittes eilt dem ersten nach, durch einander zucken die Blitze, in einander rollen die Donner, rund um stürmt der Sturm, auf eine Stelle gebannt tobt die Gewitterschlacht, die Donner verstummen nie, die Blitze erlöschen nie, zerborsten ist die ungeheure Wolkenschaar, Hagel schlägt nieder, Wasserströme ergießen sich, die Erde zittert, erschlagen liegen die Bäume des Waldes, das Korn im Felde, im Sumpfe der Schilf und laut donnert die Fluth durch die Wiesen. Da betet wiederum der Mensch, schaut nach der Hand, welche die Wolken zerreißt, die Sonne scheinen läßt, den Bogen der Gnade baut; aber die Hand kömmt nicht, die Wolken zerreißen nicht, die Donner verstummen nicht, die Blitze erlöschen nicht, die Ströme versiegen nicht. Auf die Erde kniet das

Gewitter nieder, foltert mit Feuer, mit Waſſer, mit Sturm
die Erde, die drei ſind eins geworden, wollen los werden der
Erde, die ſie nähren und kleiden ſollten; und ermattet das
Feuer, ſchweigt erſchöpft der Sturm, die Wolken bleiben liegen
auf der Erde trüb und ſchwer und gießen ihre Fluthen über
ſie aus ſonder Unterlaß. Und die Erde ſtöhnt, ihre Kräfte
gehen aus, ihre Früchte ſind längſt dahin, hoch auf ſpritzen
die Waſſer, und noch immer ſäumet das Gnadenzeichen, der
ſchwarze Wolkenberg zerreißet nicht, will ſich nicht randen: .
will wohl Gott der Erde Untergang?

So hat der bange Menſch ſchon oft gefragt, noch hat
ihn Gott nicht gewollt.

Aber über dem Leben manches Menſchen ſtand ein ſolches
Gewitter und der Menſch ging unter. Das Gewitter ſtockte
über ihm, ſchlug Schlag um Schlag auf ihn ein, ſchlug ihn
nieder, legte auf ihn ſich nieder, gönnte ihm keinen Augenblick
mehr, folterte ihn in graulicher Gramesnacht und brach ihm
das Herz, hemmte endlich des längſt gebrochenen Herzens
Schlag und warf ihn in Grabesnacht. So ging es manchem
Menſchen, der gegen ſolche Gewitterwuth keine Hülfe wußte.

Ein ſolches Gewitter hatte zornig über mich ſich gelagert,
und der Tod war in mein Haus gebrochen einem gierigen
Wolfe gleich. Die Eltern hatte ich zu den Todten gebettet,
zu ihren Häupten legte ſich mein Weib, rings um ſie, ein
Kranz weißer Todtenblumen, ſchliefen meine Kinder, welche
die Mutter ſich nach gezogen. Weiter hin ruhte mancher
Freund, und die noch lebten, flohen mich einem Todten gleich.
Meine Seele war in den Gräbern, wohin meine Sonne nie-
dergegangen war; für das Leben war mir der Sinn aus-
gegangen und auch für die Lebendigen. In meinem Hauſe
fand ich keine Ruhe, aber auch keinen Troſt in den Gräbern,
ich lebte ein Scheinleben, in ſeiner Schauerlichkeit ähnlich
dem Scheintode.

So war bald ein Jahr vergangen, ſeit die letzte Blume

mir abgeblühet war, und noch waren meine Augen dunkel, noch keinen Sonnenblick hatten sie aufgefangen und mir ins Herz getragen. Unbemerkt glitten die Tage an mir vorbei, unbewußt regierten mich frühere Angewöhnungen; dumpf lag der Schmerz über mir, kein Reiz regte mein Leben auf.

Der Winter war gekommen in ungewöhnlicher Milde, noch war das Gras grün in den Wiesen, Blumen blühten in den Baumgärten, an sonnigen Abhängen reiften Erdbeeren. Aus dem öden Hause lockte mich unwillkürlich die warme Sonne, lockte mich an den Gräbern vorbei ins Feld hinaus weiter und weiter. Fast war es, als ob die mildeweiche Wintersonne, wie leise Liebesworte, sich schmeichle bis ins Herz hinein. Der dumpfe Schmerz ward zur wohl empfundenen Wehmuth; ein gebundener Quell löste seine Bande, drang durch die kalten steinernen Wände, die ihn umschlossen hielten, rann mir wieder hinauf ins trockne Auge und volle schwere Tropfen, wie sie im Frühjahr fallen als Boten des wiedergekehrten Lichtes, rieselten zum weichen warmen Boden nieder, Liebesgrüße, Perlenschnüre, die ich den Meinen da unten sandte. Die da unten aber empfangen freudig die Boten, und es wurzeln die Perlen, blühen als köstliche Blumen empor, funkelnde Diamanten tragend in ihren Kelchen, bringen Zeugnisse, das Leben sei bei denen, um die wir weinen, bringen diamantne Proben aus dem wunderbaren Diamantenfelde, das denen aufwächst im ewigen Leben, die hier reine Thränen weinen, das als ewiger Schatz in himmlischer Blüthenpracht sie erwartet, wenn sie getreu bleiben bis ans Ende.

So wanderte ich in milder Wehmuth und stillem Sinnen, bis meine Füße keinen Weg mehr fanden, niederes Gebüsch meine Schritte hemmte.

Ich stand auf eines waldigen Hügels Rand, vor mir lag das prächtige Aarthal, durchströmt von der klaren, blauaugichten Aare, der schönen Berner Oberländerin, die, eine bald sittige, bald muthwillige Braut, ihrem berühmten Bräutigam, dem mächtigen Sohn der Graubündner Berge, dem edlen Rheine entgegen zog, reichen Brautschatz mit sich führend. Dem edlen grünen Schweizer Rheine gattet sich die schweizerische Maid. Und der edle Rhein, um den Deutsch und Welsch sich streiten, will Schweizer bleiben. Wohl sprudelt er in mächtiger Thatkraft über unsere engen Gränzen, dient freundlich manchem Herrn: aber wenn die üppige Meeresfluth ihm ihre riesigen Arme entgegenstreckt, sich mit ihm gatten will, so birgt der edle Rhein lieber sein edles Haupt im Sande, ehe er Name und Eigenthümlichkeit in der zornigen Umarmung begräbt. Abschied nehmend, Segen empfangend, Segen wünschend drängen freundliche Dörfer sich an die dahinziehende Braut und grüne Matten umschlingen die Dörfer, und muntere Bäche rauschen durch die Matten und viele Kirchthürme, ernst und fest, erheben sich im Gelände, dem Menschen zur Mahnung: daß nicht alles fließen, rauschen, verblühen solle auf Erden, sondern fest und gleich, Sommer und Winter, der Sinn bleiben solle, der von oben stammt, nach oben strebt, in jedem Menschen wohnen solle, wie im Dorfe der Kirchthurm steht.

Um mich schlangen der Solothurner und der Berner Gebiete ihre Arme in einander, wie zwei Schwestern, von Einer Mutter geboren, die sich nicht lassen können, auch wenn jede zu einem eigenen Mann gekommen.

Hinter mir lag der heimelige blaue Berg, halb Berner halb Solothurner, hinter dem die dünnblütigen Franzosen wohnen, den uns Gottes eigene Hand aufgemauert hat als Scheidewand zwischen ihrem Sinn und unserem Sinn, zwischen ihrem Lande und unserem Lande. An dessen Fuße mir zur Rechten lag das uralte Solothurn, aber nicht altersgrau, sondern heiter und jungblütig. Unter mir zur Linken, an des Berges Wange hing der Pipine zerfallene Burg, wo kein Karlshof mehr gehalten wird, Lust und Minne nicht mehr in kaiserlicher Herrlichkeit emporsprudeln werden, während in der

armüthigen Hirten Gedächtniß das Andenken an des großen
Kaisers Hoflager nicht erlöschen wird.

Vor mir zur Rechten, aber jenseits der Aare, lag die
wollüstige Wasservogtei der Solothurner, mit ihren klaren
Bächen und schmutzigen Dörfern, mit dem schweren Boden
und den leichten Menschen.

Zur Linken lag der Berner kornreiches Gebiete, wo man
so weite Beutel findet, wie selten sonst im Lande, und oft so
enge Herzen, wie allenthalben anderwärts, und Wangens
Thürmlein und Aarwangens festes Schloß ließen mich rathen,
welcher Sinn der mächtigere gewesen in der Berner Gebiete,
der, welcher Schlösser festigt, oder der, welcher Thürme an
die Kirchen baut.

Das freundliche, üppige Gelände stieg allmählig empor
und ward zu der hehren Terrasse, die Gottes selbsteigene Hand
sich auferbaut im Schweizerlande; die von Stufe zu Stufe
zu den riesigen Palästen führt, welche über die Wolken reichen,
auf welchen der Herr thronet in feurigen Wettern, in freundlicher Abendröthe, deren wunderbare Majestät die Seele mit
Staunen füllet, die dem Gemüthe zu Tempeln werden der Anbetung. Diese eigenthümlichen Gotteshäuser sind des Schweizers Himmelsleitern, auf denen auf und nieder steigen die
Engel des Friedens und des Vertrauens, auf denen er selbst
emporsteigen soll zu dem, der ihm nicht nur Engel sendet,
sondern mit selbsteigener Hand ihn schützet und wahret.

Diese Herrlichkeit lag vor mir, verklärt in goldenem
Sonnenschein.

Unten regte sich ein emsig Leben, die Häuser glichen
Bienenstöcken, bei denen das Aus- und Eingehn kein Ende
nimmt. Eine wilde Jugend tummelte sich auf den Straßen,
um die Häuser wurde emsig gekehrt und eifrig die Bänke ge-
reinigt. Es wollen die Berner reine Häuser, vor allem am
Sonntag, damit, wenn der Herr Heerschau hält über seine
Knechte, er einkehre ins reine Haus mit seinem Segen sie;

wollen diese reinen Häuser sich selbst zum beständigen Wahr-
zeichen, daß rein auch die Herzen seien, damit der Herr ein-
ziehe ins reine Herz mit seinem Geiste, so wie ins reine
Haus mit seinem Segen.

Da klangen über das geschäftige Gewimmel die Glocken,
aus allen Thürmen begegneten ihre Klänge sich, und in ihren
reinen Tönen schien der Menschen Treiben sich zu läutern, zu
heiligen. Feierlicher bewegten sich die Frauen, ordnend und
reinigend; feierlicher schaute die Landschaft mich an. Die
Töne verhallten nicht, aus immer weitern Kreisen schwoll der
Glocken Geläute heran, schwoll in ernsten Weisen als gewaltiger Lobgesang zum Himmel auf. In den ernsten Lobgesang
brauste der wilden Jugend Jubelruf, die sich zu den Thürmen
drängte zum stündigen Glockengeläute, die die Kirchhöfe füllte,
oder in verwegenen Spielen Luft machte der Lust in ihrer
Brust.

Ich wußte nun, es war Sylvesterabend, das scheidende
Jahr ward zu Grabe geläutet, und eine ganze Stunde lang
riefen alle Glocken den Menschen mahnend zu: Zu eilen und
nicht zu säumen, dem scheidenden Jahre mitzugeben in sein
Grab, was Haus und Herz beschwert, was Haus und Herz
verunzieret, was des Herzens, des Hauses Frieden stört; ihm
mitzugeben Zeugnisse unseres Thuns, damit, wenn Gott es
rufet vor seinen Thron zur Rechnung, es auch unsere Namen
aufgeschrieben habe bei den Namen derer, die ihre Tage mit
Weisheit gezählet und mit Fleiß bestellt das Ackerfeld, auf
dem die ewigen Schätze wachsen.

Nicht ungehört verhallten die Töne. Manch Auge schaute
mit Ernst in sich hinein, manch Herz wogte auf in heiliger
Andacht, und ernste Männer und sinnige Frauen sah ich durch
die Massen schreiten, sorgfältig Gaben suchend zu Pfändern
der Versöhnung, zum Zeichen, daß im neuen Jahre die alte
Liebe die gleiche bleiben solle.

Ich aber hatte niemanden etwas zu bescheeren, nichts zu

bereiten auf den folgenden Tag; öde war mein Haus, und meine Liebe ward auf Erden nicht mehr neu.

Wehmüthig schaute ich hinab ins Gewimmel, horchte wehmüthig den herauf quellenden Tönen, aber immer mächtiger drängten sich aus dem Hintergrunde meiner Seele die Bilder der Vergangenheit. Leise sank zwischen Auge und Seele der Schleier, der beide von einander scheidet.

Es sieht das Auge, aber die Seele empfängt seine Bilder nicht; sie zeuget eigene Bilder und schaut sie an mit dem Auge, das noch niemand gesehen. So gestaltet sich ein seltsam Leben, es ist nicht Traum, nicht Wachen, es ist ein Weilen in selbsterschaffenen Welten.

In meiner Seele gingen die vergangenen Sylvestertage auf mit all ihren Freuden. Ich sah den frischen Knaben wieder, an dem freudetrunken der Eltern Augen hingen; sah den Reichthum der Liebe, die ihm ward; sah der Eltern Glück sich spiegeln in seinem Glück. Die Gefühle jenes Sylvesterabends kamen über mich, wo mein Ahnen mir zur Gewißheit ward; wo mir aufging in süßer Liebe der heilige Tempel eines reinen Mädchenherzens, geschmückt mit den wonnereichen Gebilden der Liebe; wo mir der Altar aufgerichtet stand, und darauf das Feuer brannte, das nie erlöscht in eines treuen Weibes Seele; wo ich zum Gott auf Erden ward, weil ich vernahm, daß mein eine Seele sei.

Aber höher auf schwoll mein Glück. Es kamen die Sylvestertage, wo ich Tannenbäumchen rüstete, sie schmückte mit goldenen Nüssen, mit Händen voll Geschenke an die Wiegen meiner Kinder trat, das Bescheeren vergaß, und nicht satt wurde, zu schauen, wie sie so friedlich ruhten, heiteres Lächeln um ihre rosigen Gesichtchen schwebte; wie sie die Aermchen ausstreckten, weil sie im Traume Vater und Mutter sahen, und Vaterlust und Vaterfreude quollen immer wärmer in mir auf. Und wenn ein Vater so recht seiner Kinder sich freut:

bebt ihm da nicht seine Stimme? sein Auge, füllt es sich nicht
aus dem Borne der Freude?

Als die Thräne, das Kind des schönen Bildes in meiner
Seele, ins Auge trat, erkaltete sie schnell, ein Kind anderer
Welt im kühlen Abendwinde. Ihre Kälte weckte mich, der
Schleier hob sich wieder: ach! ich war alleine, verronnen waren
meine goldenen Tage. Ich saß allein auf einem Hügel überm
Aarethale, ein Käuzlein strich an mir vorüber, eine an warmer
Quelle verspätete Schnepfe streifte an dem Waldesrand, aus
dem geheimnißvollen blauen Grunde traten die Sterne, diese
Räthsel Gottes, die kühnen Schiffer auf dem blauen, unendlichen Meere; sie rückten freundlich dem Schwesterchen Erde
zu, als wollten sie es ermuntern, zu glauben und zu vertrauen
dem gewaltigen Steuermanne, der mit leisem Ruderschlage
Welten lenket und die Menschen steuert dem sichern Ufer zu,
wo die Stürme schweigen, die Fluthen sich ebnen, die Irrwege
nicht mehr sind.

Nichts zog mich heimwärts; aber die übliche Stunde der
Gewohnheit rief, ich folgte. Dunkel war es auf Erden, voller
Sterne waren die Wege, und immer zahlreicher traten an des
Himmels Rand die Sterne, als ob sie den stolpernden Wan-
derer betrachten wollten, der so mühselig seine Glieder schleppte.
Der junge Mond lag hinter einer Wolke, aus dem dunkeln
Grunde hob sich eine finstere Masse: es war mein einsames
Haus, und schwärzer als alles, ausgebrannten Augen gleich,
starrten die Fensterhöhlen hinaus in die Nacht. Hinter keinem
Fenster schimmerte Licht, kein düsteres Lämpchen flimmerte
durch die Gänge, kein Leben regte sich in den Mauern, stumm,
traurig stand es vor mir.

Unheimlich rasselte im Schlosse der Schlüssel, schauerlich
knarrte die Thüre, meine Schritte hallten wieder, vom Dache
herab kam es wie ein Echo, oder wanderte von dorther mein
Doppelgänger mir entgegen? Er kam nicht, es war stille
oben wie im Grabe, keine Thüre sprang auf, keine Beinchen

liefen mir entgegen, keine Aermchen schlangen sich um meinen
Hals, Alles war todt, hier war niemand mehr, draußen ruhten
sie. Ich öffnete Thüre um Thüre, trat von Zimmer zu Zimmer; es war, als müßte ich jemand finden. Aber es war
niemand da. Ich fand die Betten, in denen sie gestorben;
die Sessel, in denen sie die letzten Tage geruht: aber niemand
war darin. Da ward es mir so recht weh im Herzen; es
war mir, als wäre ich der letzte Mensch auf Erden, möchte
sterben und könnte nicht, müßte alleine bleiben im öden Hause,
in der öden Welt. Immer inniger faßte mich das Heimweh
nach den Meinen; es war, als riefen sie mich: deutlich hörte
mein Herz ihre Stimmen. Ich trat ans Fenster, horchte hoch
auf, aber keine Töne vernahm mein Ohr. Dünne Mondesstrahlen schimmerten im Fenster, schwammen an mich hin; im
Herzen häkelten sie sich an und zogen mich und riefen mich
aus dem öden Hause, dem Sarge meiner Freuden, hinaus ins
Freie, wo am duftigen Himmel des Mondes schmale Sichel
liebäugelte mit der Erde, während einzelne Strahlen geheime
Gänge gingen, geheime Botschaften bringend aus einer andern
Welt. Und diese hellen Geisterboten riefen mich und zogen
mich dem gottgeweihten Hause zu, welches unter den Häusern
ist, was unter den Tagen der Sonntag, das reine und heilige,
das nur zu Gott geweihtem Werke die Menschen empfängt,
außer dessen Schwelle jeder lassen soll irdisches Sinnen und
irdische Sorgen, über dessen Schwelle jeder heimnehmen soll
kindliche Liebe und göttliche Kraft. Um dieses Haus ruhen
in weitem Kreise alle, welche auf den ihr Vertrauen gesetzet,
auf dessen Name sie getauft wurden in diesem Hause, in welchem sie Treue geschworen dem, der ihr Vater zu sein verhieß.
Als ihr Leben erlosch, als die Ihren nichts mehr an ihnen
thun konnten, als weinen um sie, da betteten sie dieselben
vertrauensvoll um dieses Haus als in die Obhut des Herrn,
dessen Kraft und Herrlichkeit das Leben schafft und mit neuem
Leben die Todten krönen will. In silbernem Glanze schim-

merte der Acker, auf dem in Schwachheit gesäet wird, was in
Herrlichkeit auferstehen soll. Ein geheimnißvolles Wehen um-
floß mich; die süßen Schauer der Kinderzeit, wenn Mährchen
und Sagen Kunde brachten aus einer andern Welt, stiegen in
mir auf, und mit leisem Zagen setzte ich mich auf meines
Weibes Grab. Es war mir, als sollte ich etwas erwarten,
als nahe sich mir eine verhängnißvolle Stunde; aber stille
blieb es und friedlich, unbewegt ruhte auf den friedlichen
Gräbern der stille Glanz. Es stiegen in mir Gedanken auf:
ob nicht da unten die harten, schwarzen Scheidewände zwischen
meinen Begrabenen eingefallen seien; ob sie nicht da unten
säßen in hell geschmücktem Raume, in verklärtem Gewande,
des himmlischen Friedens sich freuten, des Vaters harrend und
seines Rufes zur Auferstehung; ob sie nicht meiner gewärtig
seien, kein Zugang für mich in die hellen Räume? Ich strengte
meine Augen an, aber in der Gräber Schoos sah ich nicht;
zwischen mir und ihnen lag die harte, schwarze Thür aus
kalter Erde, die alle Gräber schließt. In dieser Anstrengung
ward mein Auge mir schwerer und immer schwerer, eine Last
senkte sich auf dasselbe, schloß es mir unwiderstehlich, und vor
meine Sinne schob sich der Riegel, welcher Welt und Mensch
trennt, und in des Schlafes Bande ward mein Leib gebunden.

Da begann es gar seltsam in mir sich zu regen: ein
leiser, warmer Hauch wehte über mich; wie warme Küsse
brennen, glühte es in meinem Innersten. Wie es der Lilie
werden muß, wenn der erste Sonnenstrahl sie trifft, ihre
Blätter sich entfalten, ihr Kelch dem Lichte von Oben seinen
reinen Schoos erschließt, so ward es mir. Eine verschlossene
Thür sprang auf, eine wunderbare Kraft, keinem der fünf
Sinne vergleichbar, die ich denn doch das verschlossene Auge des
Geistes im Leibe nennen möchte, ward ihrer Fesseln entbunden,
von ihren Hüllen frei. Licht war es um mich, in reinem Licht-
meere schwamm ich, Lichtwellen wiegten mich sanft und ein

unnennbares Wohlsein durchströmte mich. Das geöffnete Auge gewöhnte sich an des Lichtes Fluth, gewann an Schärfe und allmählig erhielten die silbernen Fluthen bestimmtere Gestaltungen. Zum wunderherrlichen Garten ward die Welle, die mich trug, und Blumen, die ich nicht beschreiben kann, sproßten um mich auf, und duftende Pflanzen beschatteten mich, und süße Töne, Gesänge aus der Himmelshöhe umquollen mich.

Und wie ich in wonnigem Entzücken mich wiege, strömt eine helle Welle heran, und aus der Welle tritt eine Gestalt, aus Sternenglanz und Blumenduft gewoben, schwebt in meine Arme. Des Wiedersehens Wonnen durchrieselten mich, mein Weib hatte mich umfangen. Wohl lag im Staube ihre irdische Hülle, aber ihrer Seele eigene Schönheit hatte sich verkörpert wunderbar, unnennbar, aber kenntlich alsobald. Andere Wellen, strahlenden Kähnen gleich, wogten herbei, brachten mir Vater und Mutter; sie hießen den theuren Sohn willkommen in ihrem Lande und freuten sich seiner auf himmlische Weise. Da beugten himmlische Rosen sich über uns und aus den Rosen lächelten süße Kinderaugen, blühten Engelsköpfchen auf, entfalteten ihre Flügel, lösten sich ab, flatterten mir zu und freuten sich des Vaters.

Da trank ich Seligkeit aus vollem Becher in vollen Zügen. Und jubelnd erzählten die Meinen, wie mein treues Sehnen sie gesehen, und wie sie den Vater gebeten, daß er dieses Sehnen nicht zum Grabe des Leibes und der Seele werden lasse. Da hätte Gott den Kindern Großes vergönnt: den Vater herauf zu holen ins Reich der seligen Geister, ihn empfinden zu lassen der Seinen Seligkeit, und im Bade der Seligkeit ihn zu heilen vom todbringenden Weh. Da seien die Kinder gekommen als lichte Mondesstrahlen, hätten mich gezogen dahin, wo Gott den Todten Leben giebt. Da hätte der Engel, der den Schlüssel hält zum Allerheiligsten im Menschen, zu dem Auge, das unter sieben Siegeln verschlossen ist, mich emporgetragen ins Reich des Lichts und das Auge mir aufgeschlossen. Und dieses Auge öffnete sich immer weiter, und viele freundliche Augen sah ich auf uns ruhen, sich freuen unseres Glücks. Viel hehre Augen leuchteten auf mich nieder, Augen, wie sie sein müssen, wenn sie leuchten wollen durch ganze Welten hinaus in die weite Ewigkeit.

Und immer weiter drang das Auge, immer weiter verkörperten sich die silbernen Wellen des Lichts und zahllose Geister sah ich wallen. Alle in gleicher Schöne und jeden doch in eigenthümlicher Gestaltung. Die Einen schienen aus reinem Lichte gewoben. Andere schimmerten in Rosenduft, die Dritten schwammen im blauen Glanze des Aethers, die Vierten strahlten in goldenem Licht. Und wie mannigfach die Färbung war, so erglänzten jugendlich die Einen, während Andere strahlten in unaussprechlicher Würde; aber Alle waren getaucht in unverwesliche Herrlichkeit. Wenn auch die Zahl der Jahre, welche die Geister auf Erden durchlebt, in ihrer Erscheinung erkennbar war, davon hing die Schöne nicht ab, nicht von der Jugend, nicht vom Alter, sondern von den Zügen der Seele, die auf Erden sich ausgeprägt. Und wie ich schaute durch die lichten Geisterfluthen, die in unzählbaren Mengen die Räume füllten; sah ich schwarze Streifen zucken durch sie hin, sah ich dunkle Schatten einzeln, schaarenweise ängstlich irren. Aengstlicher, als die Eule das Sonnenlicht, flohen sie das Licht; aber allenthalben verfolgte sie das Licht. Sie wollten sich bergen vor den lichten Geistern; aber nirgends fanden sie eine dunkle Decke für ihr dunkles Wesen. In verzweiflungsvoller Hast stürzten sie ins Weite; mein neues Auge drang ihnen nach, die Schauer der Ewigkeit durchbebten mich. Die Schranken, welche dem irdischen Auge gesetzet sind im Raume, sah ich gefallen oder in unendliche Fernen gerückt. Um mich sah ich Welten rollen, und wie man hier von einem Hause ins andere sieht, sah ich von einer Welt in die andere, sah in tausend Welten auf einmal, nahm wahr, was rings um mich sich regte, sich bewegte. Mit einem Blicke umfaßte

ich die Erde, die gar lieblich erglänzte, wie in des Mondes
Silberschein; sah die Schatten der Paläste, sah hinein in die
Fensterchen der Hütten.

Während ich Welten und Hütten sah, war ich bei den
Meinen, koste mit ihnen, trank ungestört aus dem Becher der
Seligkeit und war mir doch bewußt alles dessen,. was in mein
Auge drang. Aber wie Ketten und Bande war es von mir
gefallen, die Gebundenheit in die Schranken der Sinne war
gelöst und während Unendliches mein Auge faßte, genoß ich
in voller Innigkeit das Sein bei den Meinen. Da begann
ich zu empfinden die Allgegenwart Gottes, zu begreifen, wie
Gott bei Allen sein kann und doch in voller Liebe bei jedem;
ich erkannte die Wahrheit, daß des ewigen Lebens Anfang die
Liebe ist, welche die Schranken des Herzens, das nur Eines
fassen, denken, lieben will, sprengt, daß dasselbe Gott und
seine Kinder in immer größerer Innigkeit zu umfassen vermag.
Der hat schon auf Erden die Schranken der Sinne gebrochen,
in dessen Herzen die Liebe eingezogen ist; erkennt es, wie man
mit ganzer Seele sein kann bei dem Geliebten, den unsere
Augen nicht sehen, unsere Ohren nicht hören; der erkennet es,
warum Jesus die selig pries, die ihren Glaubenskreis über
die Gränzen der Sinne ausgedehnt.

Ich war ganz dem Kinde gleich, das mit seinen Händchen
nach dem Himmel greift; was Welten weit von mir sich bewegte, schien mich zu berühren; ich hatte noch kein Maaß für
die Unendlichkeit. Es schien mir, als könnte ich mit dem
Finger klopfen an die Fensterchen der Hütten auf Erden, wo
jetzt ein eigenthümlich Schauspiel sich entfaltete.

Es war die heilige Stunde, in welcher Gott die seligen
Geister zu den Ihren ziehen läßt mit reichen Geschenken zur
Bescheerung auf's neue Jahr. Seine Schatzkammer hatte
Gott ihnen geöffnet, dort konnten sie Gaben wählen, die sie
den Ihren heilsam wußten, und strömten dann gaben- und
wonnereich den Ihren zu.

Es war aber auch die fürchterliche Stunde, in welcher Gott die unseligen Geister ihrer Haft entbindet; aber keine Schatzkammer öffnet er ihnen, keine Gaben bringen sie, ja kein Laut war ihnen gegeben, kein Zeichen konnten sie geben, ja nicht einmal einen Schatten warf ihr Wesen.

Der Drang der Angst trieb sie den Ihren zu, trieb sie ins Saatfeld, das ihre Hände gepflegt; aber hier konnten sie sich nicht künden, konnten nicht warnen, konnten nur sehen, wie die Saat aufging, die ihren Händen entfallen war, konnten nur kosten, wie bittere Früchte sie trug den Ihren, den Menschen. Aber wie sie auch rangen, wie sie sich wanden, kein Laut entfuhr ihnen, kein Schatten entfiel ihnen, über die Kluft zwischen Diesseits und Jenseits war keine Brücke für sie, keine Verbindung war ihnen gegönnt, kein Warnungszeichen. Es soll der Mensch glauben, wer Moses und den Propheten und Höhern nicht geglaubt hat, der hat keine Stimme, ja nicht einmal einen Schatten, den Glauben der Seinen zu wecken.

Ihre markdurchdringende Qual durchschauerte mich, aber störte die Seligkeit der Meinen nicht; die Rathschlüsse des Vaters sind ihnen nicht mehr verborgen, und was wir nur in einzelnen Erscheinungen sehen, das ist ihnen offenbar in seinem ganzen großen Zusammenhange. Ich aber konnte nur schauen, und was ich in der Heimath sah, hat in klaren Bildern sich eingeprägt in meine Seele, während die Bilder aus andern Welten meist in Nebel versunken sind. Einige dieser Bilder will ich darzustellen versuchen, die Fülle der ganzen Anschauung wäre zu viel für die Schrift. Es war ein wunderbares Schauen in das Funkeln der Geister, die in seligem Verlangen der alten Heimath zuströmten, ihr wogend Heer durchzuckt von schwarzen Schatten, und wie in der Nähe der Erde der Strom sich löste, die glänzenden Gebilde sich sönderten, leuchtend und strahlend, und gabenreich jeder der Stätte zueilte, wo die Seinen weilten, wo er bescheeren wollte mit Gaben aus den Schatzkammern des Vaters.

Mein Auge war bei ihnen, schaute mit ihnen durch die Fenster der Hütten, der Paläste, schaute der Geister Bescheerung, ja schaute mit den Geistern in die Seelen der Menschen und sah die Gedanken und Traumbilder auf- und niedersteigen in denselben. Aber was ich auf einmal sah wie mit einem Blicke, das muß ich erzählen langsam eins nach dem andern; aus dem wogenden, sprühenden Leben wird die Bewegung schwinden, und kalt und starr vor die Menschen treten, was so lebensreich mir in die Seele drang.

Drei Rosenknospen gleich schwebten allen voran drei Engelein, und ihre Freude leuchtete durch den ganzen Himmel. Einer armüthigen Hütte eilten sie zu und weilten schwebend vor den trüben runden Scheiben der kleinen Fenster. Ein mattes Lämpchen glimmte drinnen, ein dürftig Weib saß dabei und weinte, spann und netzte zum Spinnen im Augenwasser sich den Finger. Hinten im engen Stübchen leuchte es ängstlich, auf dünnem Bette lag in Fieberglut ein blasser Mann. Jetzt beugte sich das arme Weib weinend über ihn und stärker rannen seine Thränen und feuchteten des armen Mannes trockne Lippen. An der Wand lagen in weiter Wiege drei magere Kinder in tiefem Schlafe, wie der Müde ihn schläft nach hartem Tagewerk, wie arme Kinder ihn schlafen können, die im Wachen der Hunger plagt. Zu ihnen trat die Mutter, und Liebe und Weh stritten in ihren Augen; sie wollte sie besser zudecken, aber das schmale Deckelein wollte sich nicht breiter ziehen lassen. Da zog wehmüthig die Mutter ihr Fürtuch ab, legte es über sie, setzte sich wieder ans Rad, spann und betete. Sie war zu arm, die Hände zum Vater zu erheben, die Hände mußten spinnen; aber sie hatte ein gläubig, inbrünstig Herz, das sich zum Vater hob.

Sie bat gar brünstiglich um Kraft, zu tragen; bat für den armen kranken Mann, für die armen armen Kinder, die alles alles entbehren mußten, denen sie auch nicht einen Schimmer von Freude konnte fallen lassen in das Dunkel der Armuth. Da schwebten die Engelein über die betende Mutter und küßten ihre matten Augen, und sie schloßen sich leise, und leise sanken die matten Hände in den Schoos, ihr Herz aber blieb bei Gott, und der Vater tröstete sie und zeigte ihr, wie er denen, die ihn lieben, alles zur Seligkeit dienen lasse, ließ vor ihren Augen aufgehn ihre Zukunft, den Segen des Frommen auf Erden und jenseits die verheißene Herrlichkeit. Und während der himmlische Trost im Herzen der Mutter sich anbaute, schwebten die Engelein zu ihrem Vater, verjagten ihm die Fieberglut, wehten ihm Kühlung zu, brachten ihm den sanften, ruhigen Schlaf, und im Schlafe lag die Genesung. Als sie die Eltern erquickt hatten, da legten sie sich zu ihren Brüderchen und Schwesterchen und spielten goldene Träume in ihre Seelen, ließen dort aufgehn die hellste Sylvesterlust, die reichste Freude, und legten zur Freude fröhlichen Sinn, heiteres Hoffen, festes Glauben. Da rötheten sich die blassen Gesichtchen, der Schimmer der Freude verklärte sie, höher und höher schwoll die Lust und mitten aus dem Schlafe sprühte fröhliches Jauchzen. Da erwachte die Mutter und fühlte das Schaffen Gottes in ihrem Herzen, noch nie hatte ein Schlaf sie so gekräftigt. Sie nahm das Lämpchen und zündete nach dem Manne hin, sah die Fieberglut verschwunden, das Keuchen gesänftigt, sah die Genesung dämmern in den ruhigen Zügen, sah auf den Gesichtern der Kinder den Frieden Gottes, Lust und Freude. Da ging ihr die Ahnung auf, daß Engel Gottes in ihrer Hütte gewesen. Nun hob sie Hände und Herz auf zu Gott, dankte für die reichen Gaben, und gieng erkräftigt dem neuen Leben im neuen Jahre entgegen.

Liebreich wie helle Frühlings-Morgen, wenn säuselnde Winde mit den Blumen spielen, während die Sonne sich vermählet mit den strahlenden Perlen, die bei nahender Sonne vom Himmel kamen und in blühenden duftenden Brautbettchen

der Sonne harrten, sah ich eine freudige Geister-Schaar, zu-
sammengesellt, treuen Schwestern gleich; sah hier einen Engel
leise sich ablösen, als ob er es heimlich thun wollte, mit
einem süßen Geheimniß in der Brust, hier, wo kein Geheimniß ist, hier, wo alles an der Sonne liegt. Das waren die
treuen Herzen, die heimliche Liebe bargen in der Brust, wo
das Geheimniß dem Geliebten verborgen blieb, die Liebe nicht
geachtet ward, und doch treu blieb, sich nicht verbittern ließ,
in Milde und Liebe ausharrte bis ans Ende. Die schwebten
vorauf, als Engel Gottes zu verkünden, daß die Liebe, die
rein bleibt, die sich nicht in Haß versäuert, wenn sie auch
nicht gesehen wird, nicht erwiedert wird, auf Erden keinen
Lohn erhält, gekrönet werde mit der Krone des ewigen Lebens
und getränket aus der Liebe reinstem Borne. Sie schwebten
nun schüchtern fast und geheimnißreich, mit Gaben reich beladen, da hin, wo der wunderreiche Zug des Herzens, der alle
Wege weiß, nie sich irret, sie führte. So sah ich sie schweben
alleine, und zwei und zwei, ans gleiche Herz gebannt, oder
zwei und zwei in schwesterlichem Vertrauen ihre Geheimnisse
sich erschließend; sah sie schweben, sah sie erglühen im weich-
sten Morgenroth, wenn sie die Schranken des Hauses durch-
floßen. In eifriger Hast suchten sie zuerst die Wiegen der
Kinder, liebkosten sie und herzten sie mit himmlischer Innigkeit, beschenkten sie mit himmlischer Freigebigkeit, mit holdem
Wesen und Gottes Huld. Dann nahten sie sich leise, sonder
Neid und Eifersucht, mit der Liebe, die nicht das Ihre sucht,
den schlafenden Eltern, und Liebe strahlte ihr ganzes Wesen,
wie die Sonne leuchtet in goldenem Lichte. Ich sah, wie sie
aus beider Herzen nahmen, was die Welt darin angesetzt,
hingelegt zwischen beide; sah, wie sie Frieden goßen in die
Herzen und bescheidenes Genügen, und Zufriedenheit mit Gott
und Menschen und den Sinn, der siebenmal siebenzigmal ver-
giebt in einem Tage. Und hatten sie so reich bescheert, dann
küßten sie Mann und Weib mit dem holden Geisterkusse, und

2*

beide lächelten im Schlafe, und in ihren Herzen erwachten
Träume alter Liebe voll, und in diesen Träumen keimte ein
neues Jahr voll Friede und Freude, aber keines wußte, wer
ihnen das fried- und freudenreiche Erwachen bescheeret hatte;
sie dankten es Gott und hatten Recht; an jenem Tage erst,
wo nichts Irdisches mehr zwischen den Herzen ist, werden sie
den Boten erkennen, der ihnen Gottes Gaben gebracht.

In großer Freudigkeit, in ehrwürdiger Schöne sah ich
andere Schaaren ziehen; mild war der Glanz, der aus ihren
Augen strömte. Ich sah, sie trugen den Segen Gottes in die
Häuser der Menschen; sie kehrten in kleine Häuser ein, wo
man Sparsamkeit zu Hause sah; sie kehrten in stattliche Gebäude ein, wo große Fülle sichtbar war. Sie segneten das
Brod im Schreine, das Oel im Krüglein, die Kinder in der
Wiege; sie segneten des Weibes Sinn, des Mannes Streben;
sie segneten Aller Eingang, Aller Ausgang. Ich sah, wie der
Segen Gottes sich niederließ und Wohnung machte und sichtbar ward in Allem und über Alle. Die da im Schlafe ruhten, ahnten nicht, wer sie besucht, was sie gebracht. Die, die
arm waren auf Erden und nie einen Reichen beneideten; die
viel bedurften, und immer zufrieden waren mit dem, was sie
erhielten, nie noch mehr verlangten, wenn sie viel erhielten,
nie zu wenig fanden, was der Karge ihnen gab; die mit
dankbarem Herzen jeden Geber liebten, die hat Gott zu Trä-
gern seines Segens auserkoren, hat ihnen die Gnade verliehen,
hundertfältig zu vergelten das Gute, welches sie hier empfangen. Sie zogen nun mit Gottes Segen hin zu denen, die in
reinem Sinn, aus guten Herzen Haushalter Gottes gewesen,
viel gethan und es niemand vorgerücket; deren Rechte viel gegeben und es niemanden gerühmt, und ohne daß die Linke
darum gewußt. Auch diese wissen nicht, wer Gottes Segen
im Schlafe ihnen gebracht, kennen ihre Wohlthäter nicht, und
werden es droben erst erkennen, wie Gott die Reichen durch
die Armen lohnet. Nicht nur jene Engelchen, drei Rosen

gleich, welche Allen voraus die dringliche Noth der Eltern zog, sah ich. Zahllose Kinderschaaren eilten durch die Räume mit Gaben aus des Vaters Schatzkammern, um den Eltern zu bescheeren, von denen sie früher Gaben empfangen nach dem Maaße der elterlichen Liebe.

Unter den eilenden Schaaren strahlte ein heller Knabe, in ungewohntem Fluge eilte er einem vereinzelten Hause zu; er hatte den Eltern noch nie Gaben bescheert aus des Vaters Schatzkammern, wohl aber viele Freuden auf Erden; darum war auch die Wunde tief und nicht verharscht, die sein Heimgang geschlagen. Jedes Haus, jeden Baum begrüßte er mit freudigem Nicken; aber er säumte nicht bei ihnen, vor ein helles Fenster zog es ihn. Drinnen waren Vater und Mutter, und beide kämpften mit dem Schmerze. Sie ordneten die Bescheerung, die ihren Kindern morgens werden sollte, und wenn sie zu dem Platze kamen, auf dem in andern Jahren des Geschiedenen Bescheerung lag, und wenn ihre Gedanken sonst sich ihm zuwandten, so ward der Schmerz jedesmal neu, preßte die Herzen, füllte die Augen und lange wollte jedes ihn niederkämpfen, wollte ihn dem andern verbergen, aber sie vermochten es nicht; sie theilten ihn wie zwei treue Eheleute. Theilen sie jede Freude, warum sollten sie den Schmerz nicht auch theilen, warum den gemeinsamen Schmerz sich verbergen? nur der verdrückte Schmerz wird zum Gram und der Gram tödtet. Sie weinten über den leeren Platz, an dem sie sonst den Liebling bedacht; dann stellten sie eine weiße Rose in dessen Mitte, und wollten die Ruhe suchen, aber vom entschlafenen Sohne wichen ihre Gedanken nicht. Da drückte ihnen mit sanften Küssen der helle Engel die Augen zu und wiegte sie in Schlaf; dann erschien er ihnen im Traume, wie sie meinten, in verklärter Lieblichkeit und kränzte sie mit der Gnade des Vaters, die denen wird, die nicht nur thun, was der Vater will, sondern die auch tragen, wie der Vater will; die nicht nur nichts nehmen, sondern die auch geben können, und nicht nur Geld und gute Worte, sondern das Liebste. Er offenbarte ihnen, wie solches Tragen des Geschiedenen Seligkeit mehre und ein Zeichen sei, daß in den Herzen der Lebenden der letzte Feind besieget sei, der Tod. Wie er so Trost von Oben Vater und Mutter ins Herz gegossen, eilte er zu den Geschwistern und lachte freundlich in ihre Herzen hinein; legte zu der Liebe darin die holde Gabe, die Liebe zu bezeugen; legte zum Glauben an die Eltern die freundliche Zutraulichkeit, die den Glauben fruchtbar macht; legte jedem unters Kissen einen Schlüssel zu der Eltern Herzen, die den Kindern so gerne sich öffnen, denen kindliche Liebe, je älter sie werden, um so mehr wird, was den Pflanzen der Thau in der Sonne Brand. Und freundlich lächelten die Geschwister im Traume, gar süß waren ihre Herzen bewegt, sie streckten ihm ihre Arme entgegen, als wollten sie ihn umfangen für seine Gaben, als wollten sie ihm verheißen treuen Gebrauch derselben nach seinem Willen.

Nicht ferne schaffte ein kindlicher Engel ein ander Werk. In großem Hause waren oben und unten die Fenster hell, aber hinter den obern Fenstern wachte ein anderer Schmerz als hinter den untern, und zwischen beiden war eine kalte, harte Scheidewand.

Oben saß der Vater wach, finster sinnend, in der Hand das düstere Haupt; drunten lehnte weinend die Mutter über Dinge, welche der Tochter werth gewesen; suchte Trost in heiligen Büchern. Aber der Anblick der Andenken ließ neu bluten die Wunde, Thränen verfinsterten die Augen, löschten die Buchstaben aus, und wie eine schwarze Wolke die Sonnenstrahlen auffängt und es dunkel läßt auf Erden, so ließen sie den Trost der heiligen Worte nicht hinunter ins kranke Herz. Beide trauerten um ihr einzig Töchterlein, aber jedes einsam für sich. Jedes hatte seinen Schmerz anders gestaltet und diese verschiedene Gestaltung hatte die Herzen getrennt, war wie eine Scheidewand zwischen die Herzen getreten, war zu neuem Schmerze geworden, ein neues Unglück.

Zu weich und thränenreich war dem Vater der Mutter Weh, zu trocken und wortkarg der Mutter des Vaters Trauer, und da hatten die Herzen sich getrennt, die doch das gleiche in sich trugen, aber auf verschiedene Weise es an den Tag legten.

Zu diesem Vater sah ich die Tochter schweben; sah, wie sie vor seine Seele trat in herrlich entfalteter Lieblichkeit, ihn umfaßte mit kindlicher Innigkeit, ihm die süßesten Namen gab. Da ward weich des starken Mannes Herz, die Thränen-quellen brachen auf, tiefer inniger Schmerz übermannte ihn; er verlangte, sich auszuweinen, nach einem trauten Herzen: er suchte die Mutter.

Aber vor ihm war die Tochter unten, legte als kindliche Gabe der Mutter das Sehnen nach dem Vater ins Herz, den Vorsatz, sich aufzurichten zum Tragen und Dulden nach des Vaters Sinne, zu verschließen die Trauer in das geheime heilige Kämmerlein der Seele, welches der Mensch nur in heiligen Stunden betritt. Als nun so weichen Herzens der Vater die Mutter suchte, so aufgerichtet die Mutter ihm entgegen-trat, da sank zwischen ihnen die Scheidewand, ihr Schmerz floß zusammen, ihre Herzen verstanden sich, und das Andenken an die geschiedene Tochter ward zum heiligen immer grünen Tannenbäumchen, an dem sie sich alle Tage bescheerten mit der Liebe wachsendem Verständniß; das sie mit den Gaben schmückten, welche sie dem Vater droben brachten; das sie alle Tage schmückten mit kindlicher Ergebung und gläubigem Vertrauen.

Mit Kindern sah ich viel tausend Mütter wallen, die mit ihnen droben beim himmlischen Vater waren; sah, wie sie ihnen zeigten den irdischen Vater, die irdischen Geschwister, wie sie beiden bescheerten; sah, wie sie die Brücke schlugen für Mann und Kinder nach oben, wie sie dafür sorgten, daß das

Getrennte sich wieder finde, wie sie in Liebe verbanden, was im Leibe sich nie gesehen. Es war ein wunderbares Schauen, wie die lieblichen Engelein hell leuchtenden Sternlein gleich an der Hand strahlender sinniger Geister durch die Räume schwebten, der Heimath zu, durch die Fenster floßen in freudiger Lust.

So sah ich zwei Engelein und ihre Mutter ihren Vater finden, der auf weißem Bette schlafend lag, tiefer Ernst auf seiner Stirne, manche Frage bergend im fest geschlossenen Munde. Er hatte viel gesonnen, ehe er sich schlafen legte. Die vergangenen Tage waren an ihm vorübergegangen, die Gegenwart hatte sich ihm gegenüber gestellt; er hatte den Schöpfer manches gefragt, aber keine Antwort erhalten; er hatte sich selbst geantwortet, aber jede Antwort brachte ihm zwei neue Fragen. Dann war er zu den zwei Kindern getreten, die neben ihm friedlich und lieblich schlummerten; hatte neue Fragen gelesen in ihren Gesichtern, neue aus ihrem Schlafe, und wie er auch antworten mochte, neue Warum plagten immerfort seine Seele. Er hatte sich schlafen gelegt, aber der aufgeregte Geist war nicht gesänftigt.

Da schwebte über ihm die Mutter und brachte ihm seine beiden geschiedenen Kindlein, und diese erglänzten in himmlischer Freude und lächelten gar hold und süß hinein in des Vaters unruhigen Geist. Da war's, als falle ein Lichtstrahl in dunkle Nacht; von der Stirne schwand der Ernst, ein freudig verwundert Lächeln trat auf die Lippen. Und der mütterliche Geist kannte das Lächeln wohl und schwebte zu ihren irdischen Kindern, labte sich an ihnen und legte zu den beiden die zwei Engelein, und diese Engelein drangen in die Seelen ihrer Geschwister und schloßen dort in holden Träumen einen Bund für die Ewigkeit. Noch lag auf des Vaters schönen Zügen das vorige Lächeln, als die Mutter den Vater wieder suchte. Das Freundliche, das in seine Seele getaucht war, verklärte sie ihm nach und nach zu einem festen Traume, der, eine unverwelkliche Blume, in seiner Seele haften soll, sie zu schmücken und zu laben alle Tage.

Er wandelte in einem zauberisch schönen Gefilde, an jeder Hand ein Kind, und seltsam freudig war ihm im Gemüthe, er wußte nicht warum. Da sah er auf einmal drei herrliche Wesen vor sich, aber er kannte sie nicht; aber seine Kinder rißen sich los von seinen Händen, riefen: ach Mutter, Mutter! und stürzten in die Arme des himmlischen Wesens, das in der Mitte ging. Jetzt gingen ihm die Augen auf, er erkannte sein Weib und wußte nun, daß die beiden andern Wesen seine Kinder seien, die der Mutter in den Himmel vorangegangen. Da ging ihm große Freude auf und lange war es ihm, als müßte er ertrinken in dieser Freude. Endlich hörte er, wie sein Weib sagte: sie sei gekommen, ihm zu danken für sein treues Walten an ihren Kindern, und daß im Himmel Freude sei über ihn. Der Vater habe es gar gut mit ihnen gemeint und ihre Haushaltung getheilt in zwei gleiche Theile, und den einen und schwächern zu sich in den Himmel genommen, wo er gesichert sei vor des Lebens Stürmen; den andern Theil, den stärkern und mächtigern, habe er auf Erden gelassen, zu kämpfen gegen die Stürme der Welt. Sie aber von oben wollen stärken und helfen zu diesem Kampfe, seien Pfand und Bürgschaft dem Vater droben, daß die Hälfte auf Erden die andere Hälfte suchen, wiederfinden werde; seien sie ja eins gewesen in ihrem Sinne, so wollen sie auch eins sein in ihrem Werke und die Kinder würden zusammen kommen und für sie solle die Trennung nicht immer währen. Das sei des Vaters Wille und Rathschluß und kein anderer, und dem Unmündigen werde geoffenbaret, was verborgen bleibe den Weisen dieser Welt. Und wie er das gehört hatte, schwanden allmählig die Gestalten; er wollte sie im Gesichte behalten, kämpfte mit seinen Sinnen und erwachte. Da war ihm, als schwinde etwas von seinem Bette, als leuchteten zunächst vor dem Fenster drei Sterne ins Zimmer herein, und hell und klar ward ihm im Gemüthe. Er mußte nun, warum der Vater so getheilt, warum er die Mutter mit ihrer Liebe zu den Vorangegangenen genommen, warum er ihn mit seiner Kraft bei den Andern zurück gelassen. Er sah die Gestade, woher die Seinen winken; und er wird theilen mit rüstigen Armen des Lebens Wogen, und was getrennt ist, wird eins wieder werden.

———

So sah ich Selige wallen vom Himmel zur Erde; sah, wie sie Seligkeit zur Erde trugen: aber durch die Wonne dieses Schauens zogen, wie durch die seligen Geister die dunkeln Schatten, die Schauer vor dem Thun der Schatten. Das war ein fürchterlich Schauen. An ihm fühlte ich meine irdische Gebrechlichkeit und die uns so nothwendige Beschränktheit. Und was ich empfunden, spare ich Andern nicht: welchem Sterblichen gebühret reine Lust, und welches Gemüth bedarf des Schreckens nicht? Doch will ich schonen, wie auch mir geschonet ward, und in dem Maaße, als die Herrlichkeit meines Schauens größer war als ihre Darstellung, in dem Maaße sollen die Schreckniffe, die ich sah, vermindert werden. Wie gerne zöge ich meine Seele ab auch von dem Wenigen: aber wer giebt dem Sterblichen das Recht, sich zu entziehen dem Nothwendigen?

In fürchterlichem Weh streiften die schwarzen Schatten. Sie suchten die Ihren, suchten die Menschen; wollten sich künden, konnten nicht, hatten keine Gaben, keinen Laut, ja nicht einmal einen Schatten. Es haben die Menschen ein sehr festes prophetisches Wort, das da leuchtet in die Finsterniß; wenn sie dem nicht glauben, wie sollten sie einem Schatten glauben, der dahin fährt? einem Laute, der vorüber geht? Wer aber dem Worte glaubt, fest und stark, dem wird der Schatten, der dahin fährt, zu einer Offenbarung, zu einem Propheten der Laut, der vorüber geht.

Ich sah an dunkelm Fenster einen dunkeln Schatten; lang streckte er sich empor, herzzerreißend wand er sich, aber lautlos; von innen heraus seufzte es, stöhnte es wie aus angstgepreßter Brust.

Ein Sohn, den seine und der Eltern Sünden getödtet in grausem Vereine, wand an den Fenstern der Eltern sich, fuhr auf und nieder wie von schauerlichen Krämpfen gefaßt. Er war ihr Liebling gewesen, sie hatten Freude gehabt an seinem Thun, aber keine Augen für seine Fehler; sie hatten keine Ohren gehabt für die Klagen über ihn, und keine Gedanken an eine Rechenschaft für ihr Thun an ihm. Er war das Spielzeug ihrer Eitelkeit gewesen, er war der Spielball der Sünde geworden; er ward ihr Peiniger, sein eigener Todtengräber. Zu der Eltern Grabe hatte er die Steine gehauen, und sie lagen einstweilen in ihrem Gewissen. Er hatte in der Sünde sich gewälzet, hoch auf an den Eltern hatte die Schande gespritzt; er war in der Sünde untergegangen, über der Eltern Häupter schlug die Schande zusammen.

Schlaflos und friedlos weinten diese, zankten diese; dem Sünder gebiert die Sünde Jammer und der Jammer neuen Jammer und kein Ende nehmen diese Geburten. Vor ihnen tauchten die frühern Freuden an ihrem Kinde auf und neben diese stellte sich die gegenwärtige Schmach; die ehemaligen Hoffnungen, das gegenwärtige Elend wirbelten durch einander, und der Vater gab die Mutter schuld und die Mutter bezüchtigte den Vater, und der Vater fluchte dem Sohne, der ihre Schande geworden, und die Mutter der Welt, die ihren Sohn verdorben, und auf Beider Gewissen lag schwer eine Last, sie wußten ihr keinen Namen, oder gaben ihr keinen Namen.

Draußen wand sich der Sohn in tiefstem Weh, er sah nur die eigene Schuld, nicht Anderer Schuld; er wußte nun, daß der Stein, den ein Sünder auf den andern wälzet, zermalmend auf ihn zurück fällt; so weit war er bereits gekommen. Er wollte abbitten das Weh, das er angethan; wollte

um Verzeihung bitten, wollte bitten, daß sie um ihrer eigenen
Seelen willen mit anderer Liebe ihre Kinder lieben möchten,
als sie ihn geliebt; nicht mit der Liebe der Welt, die blind
ist, die taub ist, die schwach und ein ewiger Betrüger ist und
den Tod bringt allen, die sie liebt. Er wollte bitten, daß sie
fürder lieben möchten mit der Liebe, die von Gott kömmt,
rein ist, die Wahrheit ist, stark ist und das Böse haffet, wo
sie es sieht, und das Gute pfleget, wo sie es findet, und wo
es nicht ist, es pflanzet mit Macht und Kraft, und wo das
Böse ist, es ausreißet mit Macht und Kraft. Er wollte nicht
mit seinem Weh ihre Seelen füllen, wollte ihnen nur zeigen
das neue Weh, womit Brüder und Schwestern, in gleich sün-
diger Liebe erzogen, ihre in Schande gebleichten Häupter be-
schwerten. Aber was er versuchte, wie er sich winden mochte
draußen an ihren Fenstern, die drinnen hörten ihn nicht, sahen
am dunkeln Fenster nicht des dunkeln Schattens Auf- und
Niederfahren, merkten seine Angst nicht, nicht sein Flehen; sie
seufzten und jammerten immer wehlicher, erbebten in immer
größerem Entsetzen, und der draußen wand sich immer ängst-
licher; der Einen Pein schien des Andern Pein höher und
höher zu schwellen.

In gleicher Angst hingen an glänzenden Fenstern zwei
scheußliche Schatten, wie verirrte Käuzlein sich klammern ans
Gesimse. Drinnen im Hause war es glänzend und üppig.
Große Pracht war entfaltet, alterthümliche Geräthe prangten
in neuem Glanze, frechstolze Herren und eitel geschmückte
Damen bewegten sich in eifrigem Taumel, genoßen, in die
Lust des Augenblickes versunken, das Leben, aber ohne Gott.

Diese vornehmen glacirten Menschen wandelten knieestief
im Moder der Erde, trotz ihrem glänzenden Hause, und scheu-
ten sich vor der Berührung mit Gott viel mehr, als vor der
häßlichsten Sünde; ihre Knechte und Mägde hatten es oft
umgekehrt. Aber ihre Häupter sah ich sie hoch aufrecken, den
schmutzigsten Dingen, in denen sie wateten knieestief, schöne

Namen geben. Alle Genüsse beuteten sie aus, wühlten in den Hefen, aber alles mit sogenanntem Anstande; je tiefer sie sanken im Thun, um so höher stiegen sie im Dünkel. Diese Lebensweise war ihr Himmelreich, ein Himmelreich ohne Gott, ein Himmelreich, wie es der Molch hat und die Unke. Dieses grausige Himmelreich hatten die beiden schwarzen Schatten, die an den Fenstern klebten wie die Vögel der Nacht, Kindern und Kindeskindern bereitet.

Sie waren ein hoher Herr und eine hohe Dame gewesen, und hatten ihre Kinder für diese Welt erzogen, nicht für Gott; hatten für Familienglanz gesorget, nicht für das ewige Leben; hatten nach gemeiner Christen Sinn nicht gefragt, aber für vornehmen Anstand alles gethan. So hatten sie ihre Kinder fein dressirt, viel intriguirt, dann vornehm liirt und waren endlich ruhig und mit Anstand gestorben, denn nach ihrem Gewissen hatten sie gelebt.

Jetzt waren sie kein hoher Herr, keine hohe Dame mehr; jetzt klebten sie als zwei arme Schatten draußen an den Fenstern, in sich tragend die unaussprechliche Pein einer ewigen Täuschung. Diese Pein und die Angst um Kinder und Familie trieb sie durch die herrlichen Gebilde, unter denen sie manchen Diener, manchen Tagelöhner sehen mußten; trieb sie aus ihrem schwarzen Grabe den hellen Fenstern zu. Dort hingen sie, dort sahen sie ins übertünchte Grab, wollten warnen und konnten nicht, wollten schreien und hatten keinen Laut, hatten so viel Glanz gesammelt und jetzt keinen warnenden Schatten.

In unaussprechlicher Angst sahen sie hinein in ihre Aussaat und konnten sie nicht tilgen; sahen Kinder und Kindeskinder taumeln in einem Himmelreich, das sie gestiftet, und das Himmelreich war die Hölle, und sie wußten es, und konnten es nicht sagen!

Die vornehmen Kinder und Kindeskinder aber nahmen endlich Abschied mit zierlichem Beugen und Neigen, gingen adelich schlafen in seidene Betten — einstweilen. Sie sahen die zwei Schatten am Fenster nicht, sahen den Ahnherrn und die Ahnfrau nicht, die draußen am Gesimse klebten. Doch von den Schatten, die einzeln flogen, vereinzeltem Jammer nach, will ich mein trübes Auge wenden; aber erzählen muß ich noch, wie ich sie sich schaaren sah, fast wie die Krähen, die Dohlen sich schaaren, wenn sie kein Bleiben mehr haben in unserem Lande, wenn sie ziehen müssen in fremde Lande.

Schwarz und dunkel, ein Berg in weiter Ebene, breitete ein seltsam Gebäude sich aus. Ich konnte nicht sehen, war es alt, war es neu, und seine Form war seltsamer Weise bald diese, bald jene, und von hinten sah es anders aus als von vornen. Bald glich es einem königlichen Palaste, bald einem mittelalterlichen Dome; bald schien es einen nordischen Giebel zu haben, bald ein italienisches Dach. Dann glich es wieder einem großartigen Bürgerhaus mit Treppen und Säulen, und wiederum einem alten Kloster mit langen Gängen und weiten Säulen; und wiederum einem Zeughaus mit eisernen Thoren und Fenstern und wiederum einer luftigen Halle, mit Reben umrankt. Finster war es über diesem seltsamen Gebäude, und stumm war es drinnen; kein Licht erleuchtete die Fenster, keine Stimme scholl durch die Thüren. War aus dem Gebäude das Leben weggezogen? war nie Leben darin? man wußte es nicht.

In unzählbaren Schaaren und schrecklicher Angst flogen um dieses dunkle Gebäude die Schatten, schwarzen Vögeln gleich, Vögeln von allen Größen, wie Spatzen so klein, wie Störche so groß. Sie bedeckten das ganze Gebäude um und um, klebten sich an jeden Vorsprung, stießen einander von den Sitzen, hackten sich wie mit Schnäbeln, stoben an die Fenster, stießen gegen die Mauern, flatterten überm Dache. Wie dunkles Gefieder sträubten sie alles, was an ihnen war, gen Himmel, bogen sich auf und ab, bogen sich nach vornen, bogen sich nach hinten, die Stimme wollten sie pressen aus angst-

gepreßten Brüsten. Aber wie sie sich beugten nach hinten, nach
vornen, in grausenhaftem Würgen das Innerste nach außen
kehrten, die Augen aus den Köpfen schwollen: keinen Laut,
keinen Ton preßten sie aus den ausgedörrten Brüsten.

Gott hatte mit guten Stimmen sie gesegnet gehabt im
Leben, und sie hatten damit geschrien ihr Leben lang — jetzt
aber fand keiner einen einzigen Laut. Es waren Staats-
männer von jeder Gattung, Lehrer mit allen Titeln; sie hatten ihr Leben lang geschrien von des Landes Wohl, der Seele
Heil, vom Werthe der Wahrheit, der Kostbarkeit der Wissenschaft und waren doch alle ihre Worte hohl, und sie dachten
nur an sich und redeten nur für sich; und wenn sie schrien
von des Volkes Glück, so meinten sie die schöne Ordnung, es
regelmäßig und gesetzlich auszubeuten; und wenn sie schrien
von des Landes Ehre, so meinten sie ihre grünen Sessel; und
wenn sie schrien von der Seele Heil, so meinten sie den blin-
den Gehorsam einer knechtischen Gläubigkeit; und wenn sie
schrien vom Werthe der Wahrheit, so dachten sie an Nahrung
für ihre Eitelkeit; und wenn sie redeten von der Kostbarkeit
der Wissenschaft, so freuten sie sich über die Dummheit des
gemeinen Volkes. So hatten sie geschrien ihr Leben lang, bis
sie fett, das Volk mager geworden; bis der Tod die Stimme
ihnen ausgeblasen.

Jetzt wollten sie schreien in vollem Ernste, was Wahrheit
sei und was verkehrte Weisheit; welche die rechte Lehre sei
und welche die wahren Redner; wollten ausschreien ihre Qua-
len, wollten schreien ins Haus hinein denen, die drinnen
schliefen, zur Warnung: aber ausgeblasen hatte ihnen der Tod
die Stimme. Sie bogen sich, sie krümmten sich, daß die
Augen aus ihren Höhlen starrten, das Gehirn aus den Schä-
deln quoll: aber der letzte Laut war verschwendet, keinen Ton
fanden sie mehr in der hohlen, leeren Brust.

Da kam ein schrecklicher Wirbelwind über sie, rührte sie
unter einander, in einander zu einem schwarzen Knäuel, wir-

belte sie fort, wie mit dem Staube das Windspiel fährt;
angstzerrissen stoben die einen hier aus, andere dort aus, aber
der große Haufe ward einem andern Gebäude zugewirbelt.

Dieses Haus war eben so eigener Art als das erste, nur
viel größer noch; auf dem Rücken eines halben Landes schien
es zu liegen.

Es war hoch und niedrig: hier aus Flechtwerk gebaut,
eine schlechte Hütte, dort aus köstlichen Steinen gehauen, eine
fürstliche Wohnung; hier hingen an den Wänden zerbrochene
Treppen und Strohfetzen vom Dache, dort zierten Altane das
Haus und köstliches Malerwerk das Dach. Kleine Löcher,
halb mit Lumpen gefüllt, stellten Fenster vor, und wiederum
sah ich hohe Bogenfenster wie in königlichen Schlössern; sah
kleine blinde runde Scheiben und Spiegelfenster, daß es eine
helle Pracht war.

Aber finster war dieses Haus nicht, sondern erleuchtet um
und um.

Drinnen im Hause brauste tausendfaches Leben und das
Leben war in seidene Stoffe gekleidet, die Stoffe mit Diamanten besäet, und das Leben war in Lumpen gehüllt und die
Lumpen waren in Elend getaucht. Aus weiten Rachen ge-
schleudert, prasselten an die Fenster die gräßlichsten Flüche,
aus Nachtigallen-Kehlen zirpten an den Fenstern herum die
zartesten Lieder; Messer blinkten, glacirte Hände gestikulirten;
Trumpfaus hallte an den Wänden und Gläser splitterten;
Pharos eintönige Worte schlichen einander nach, und hinter
den Lippen knirschten die Zähne; wilde Augen soffen den
Branntwein in vollen Zügen, geile schlürften den Champagner
aus Spitzgläsern; hier faßte man sich an unumwunden, dort
trieb man erst ein süßlich Augenspiel; hier splitterten Stuhl-
beine auf den Köpfen, dort vergiftete man sich mit den Zungen; hier sah man das Thier nackt laufen, dort hatte es
Schuhe an den Füßen, Guttuch um den Leib, vielleicht eine
Krone auf dem Haupte; hier hörte man es brüllen gerade

aus, dort nach Noten, und während das erste Thier plump war aber gesund, nagte an dem andern an den Beinen der Wurm und dem dritten sah aus den Augen der Teufel.

Draußen aber an Fenster und Fensterchen hingen mit haarsträubenden Geberden arme Schatten, hakten wie mit Schnäbeln in die Fenster, schlugen wie mit Flügeln an blinde Fenster, an's Spiegelglas, schlugen in verzweiflungsvoller Wuth, aber unwillkürlich im Takte der drinnen tönenden Geigen, ans zerbrechliche Glas: aber keinen Ton gaben die Fenster, keine Scheibe brach, kein grauser Schatten fiel in die Luft hinein; aber in immer größern Wellen brauste drinnen die Luft auf, immer wildere Töne schlugen an die Fenster, immer weiter scholl von innen heraus das Getümmel. Immer wilder stürmten die Schatten an die Fenster, pechschwarz ward es an denselbigen, hoch auf einander preßten sie sich, wie an sonnichten Fenstern im Winter die Fliegen; sie rangen wie im Todeskampfe, denen drinnen zu verkünden, daß sie über Gräbern tanzten, in giftigem Pfuhle wateten, Gift tränken, von verderblichen Armen umschlungen wären in teuflischer Lust. Sie wollten ihnen zeigen den Unterschied zwischen ihrem Suchen und ihrem Finden, zwischen Lust und Strafe, zwischen Sein und Werden. Aber wie sie sich wanden und drehten, hakten und schlugen: die drinnen hörten nichts, merkten nichts im Wirbel der Lust, im Taumel der Sünde; in diesen können die Schatten nicht schreien, in diesen werfen die Schatten keinen Schatten. Die Gläser klangen immer lauter, die Augen brannten immer brünstiger, die Flüche schollen immer wilder, die Liebesworte wechselten immer verständlicher und die Geigen spielten immer lustiger, und die Männer geberdeten sich immer häßlicher und die Weiber noch scheußlicher. Hier brüllte der Löwe, dort zischte die Schlange; hier wand sich die Katze, dort stürmte der Stier, und draußen wanden sich immer verzweifelnder, gräßlicher, scheußlicher, aber nach der Geige Takt und Weise, der Schatten unzählbare Heere, und in das Geigen

und Winden kamen durch die Lüfte geschwommen Töne wie
Kinder-Wimmern, und die Töne schwollen an zu Seufzern
sterbender Eltern, und es kam der Donner zu Tode gequälter
Weiber, verzweifelnder Gatten, und die Töne braußten heran
immer gewaltiger, floßen zusammen, und ihr Donner hallte
wie der Donner des Weltgerichts. Drinnen aber wogte das
Meer der Lust in immer wilderer Brandung, und durch die
Brandung drang kein Donner, die Geigen spielten immer
luſtiger, und die Menſchen thaten immer greulicher und die
Schatten geberdeten ſich immer verzweifelnder. Da fuhr aus
Gottes Hand ein Bliß, die Lichter wurden blaß, die Menſchen erſtarrten, zuſammengedrückt zum ungeheuren Leichentuche
wurden die Schatten, und über's Haus wie über einen Sarg
hing das Leichentuch, ein Schrei hallte von Welten zu Welten,
brach ſich an den Feſten des Himmels; verſunken war Gebäude
und Leichentuch.

––––––––

Die Chöre der Engel wurden nicht geſtört; aber ſtille
ward's einen Augenblick in den Strömen der Geiſter, nur
einzeln der Schatten, die ſich dem Schlunde entrafft, ſtrebten
einen Hügel hinan, wie man den Menſchen, das Wild eilen
ſieht, wenn hinter ihnen her der Tod jagt. Auf dem Hügel
ſtand in unbeſchreiblicher Schöne eine Geſtalt. Licht war ihr
Kleid; Lichtſtröme floßen von ihr aus; ein blaß rother Schimmer, einer Krone von Roſen gleich, wand ſich ums Haupt.
Sie hob die verklärten Augen auf, hob betende Hände auf
Zu ihr hin drängten die dunkeln Schatten, wie zu der Waſſer-
quelle der dürſtende Hirſch; ſchienen die Strahlen ihrer Gebete, die wie feurige Lichtſtreifen gen Himmel zogen, zu ſuchen,
ſonnen zu wollen in ihnen ihre erſtarrten Glieder, heilen zu
wollen in dieſen lautern Strömen die Verdammlichkeit ihres
Weſens. Lichter ward die Geſtalt, feuriger ſtrömten die Wellen
ihres Gebetes, lichter ſchienen die Schatten zu werden. Da

wuchs aus den betenden Händen ein Kreuz empor in der Farbenpracht himmlischen Morgenroths. Dieses Kreuz wuchs höher und höher, wuchs in Räume hinauf, wohin mein Auge ihm nicht folgen konnte; und dieses Kreuz warf einen hellen Schein auf die schwarzen Schatten, es schimmerte um sie wie Hoffnung und Friede, ruhiger schien ihr Wesen zu werden und langsam schwebten sie am Kreuze empor, bis meine Augen sie nicht mehr sahen. Da rauschte herrlicher auf der Welten Lobgesang, glänzender strömten die Geister auf und nieder, von keinen dunkeln Schatten mehr durchzogen, und wie eine Sonne leuchtete der Hügel, auf dem die Gestalt gestanden war. Sie war entschwunden! Aber noch stand das Kreuz wie eine Säule des Himmels, leuchtete durch die unendlichen Räume, und um Kreuz und Hügel drängten sich die seligsten Geister.

Und mein Herz vergaß die Angst, als der Schrei durch die Welten tönte, und die Liebe und die Herrlichkeit, die ich jetzt erblickte ohne Schatten, füllten es wieder mit ungetrübter Wonne und Freude; und der Lobgesang, der immer lauter aus allen Himmeln drang, wiegte mich immer mächtiger auf den Wellen gläubiger Andacht, versenkte mich in ehrfurchtvolles Staunen.

Am Hügel, dem Kreuze nahe, sah ich einen strahlenden Engel, aus Glaube, Liebe und Hoffnung war sein Kleid gewoben, und kein Engel schwebte an ihm vorbei ohne Gruß und freudiges Wesen.

Seine Augen, leuchtend klar und mild, hafteten an eines demüthigen Hauses niedern Fenstern. Hinter denselben brannte ein bescheidenes Licht, ein schlichtes Weib war wach, sinnig war ihr Gesicht, aber spärlich ihr Aussehen; viele Kinder schliefen im niedern Gemache friedlich und reinlich. Sie aber rüstete bescheidene Gaben; was der Geist verlangte, was der Leib bedurfte, das ordnete sie sinnig und freundlich. Der Mutter war es schwer im Gemüthe und oft blickte sie zu

3*

einem Bilde auf; dann floßen ihre Thränen, aber leichter schien ihr Gang zu werden. Freundlich und sorgsam blickte sie nach den Schläfern; sah mit wehmüthiger Freude, wie auf ihren Gesichtern freudige Erwartungen sich spiegelten; wischte sich die Thränen ab und blickte in strahlender Liebe wieder zum Bilde auf, und in ihrem Auge stand geschrieben mit glänzender Schrift: Bist du mit mir zufrieden? bin ich deinen Lieben eine Mutter nach deinem Sinn? Hell, wie Sterne funkeln, strahlten draußen des Engels Augen, und dem Weibe war es, als flüsterten die funkelnden Sterne ihm freundliche Antworten, als fächelten ihm leise Winde freundliche Grüße zu. Still und selig ward es ihr wunderbarer Weise im Ge- müthe, sie löschte das Licht, und im Herzen ging ihr hell die Sonne des Friedens auf, und das Genügen, welches die Treue bringt, brachte ihr den süßen Schlaf. Aber hell wie Sonnen- strahlen strahlten die Augen fort, gingen von Haus zu Haus und drangen in die Herzen schlummernder Menschen, vom Greise bis zum Kinde. In diesen Herzen blühten dem leuch- tenden Engel Blumen der Liebe und der Dankbarkeit, und manches Herz war ein Garten der herrlichsten Blumen, und diese Blumen hatte er alle gepflanzet und der ganze Garten war sein.

Hier durfte er Kränze und Sträuche sammeln für Weib und Kinder, denen er keine Schätze gesammelt hatte für diese Erde. Die Herzen der Menschen waren die Ackerfelder gewesen, die ihm Gott zur Arbeit angewiesen, und die hatte er bestellt mit der Treue, die er von seinem Meister gelernt, und Gott hatte seinem Fleiße das Gedeihen gegeben, sie bewässert mit seinem Segen, daß seine Saat ins ewige Leben wuchs. Hier hatten seine Augen eingesammelt, was ihm gehörte, kehrten reich beladen zu den Geliebten und wollten spenden den reichen Segen, der den Kindern Häuser baut, seinen lieben Kindern, in deren Herzen ihm auch schon ein Gärtlein blühte, von sei- ner eigenen Hand gepflanzet, welches nun die Mutter mit

Freude und Treue wartete. Denn ihr Herz war von Jugend auf ein Garten Gottes gewesen, und ihres Mannes Hand war nur die des kundigen Gärtners, die das Vorgefundene veredelt und höher zieht.

Als er zurückkehrte zu den Seinen, sah er vor den kleinen Fensterchen viele viele hell leuchtende Geister, kleine Engelein wunderlieblich, jugendliche Geister wunderschön, hehre Gestalten in blendender Ehrwürdigkeit. Alle hatten den Himmel gefunden und waren gekommen, an den Kindern zu vergelten, was ihnen der Vater gethan; zu bewähren, wie reich Kinder durch fromme Eltern werden, auch wenn die Welt sie arm nennt. Sie legten dem Weibe den Kranz des Genügens auf, den Sinn, der in der Treue das wahre Leben sucht, den festen Glauben, daß bei der guten Mutter des Vaters Segen bleibe für und für. Um seine Kindlein schwebten dicht gedrängt die freudigen Geister und brachten das Beste aus den Reichthümern, die in den Schatzkammern des Vaters waren. Sie brachten ihnen den kindlichen Sinn von Freude durchglüht, brachten Einfalt des Herzens, offene Freundlichkeit, inniges Lieben und festes Wollen, heiteres Hoffen und ernstes Streben. Und als Alle gegeben hatten, da meinte der Vater das Beste noch ihnen selbst zu geben, er küßte die Kinder und hauchte sie an mit dem Feuer der Begeisterung, die nicht ängstlich die Sandkörner zählet, nicht Furcht und Hoffen, Gewinnen und Verlieren mit der Goldwage wiegt, die an das Höchste das Höchste setzet! Als heller dem Engel die Augen glühten, als er das Beste seinen Kindern gegeben glaubte, da schwebte in goldnes Licht getaucht, groß und in unaussprechlicher Schönheit ein Engel zu den Kindern in freudiger Eile. Sein ganzes Wesen duftete Freude; es war, als ob er, engem peinvollem Kerker entronnen, die freigewordenen Glieder Licht und Freiheit wollte trinken lassen. Aus wunderholdem dunkelm Augenpaar strahlte eine Fülle von Liebe, wie sie in sterblichen Herzen nimmer wohnet, und in unbeschreiblicher Lieblichkeit

lächelte er jedem auf seinem Wege. Mit Lilien- und Rosenduft war die schlanke Hand umwoben und in derselben hielt
er den köstlichsten Demant aus des Himmels köstlichster Krone;
sein Feuer strahlte tausend Sonnen gleich. Es war das Siegel des Auserwählten und mit diesem Siegel bezeichnete der
Engel die süßlächelnden Kinder, und vergalt mit dem Höchsten,
was ihr Vater für des Vaters Reich gethan. Und als der
Engel sie besiegelt hatte, schwebte er mit freudigem Winken
am Vater vorbei, der freudig und staunend dem Vater droben
dankte, daß er das Höchste gegeben.

Aber der Engel hatte sein Werk noch nicht vollendet, er
schwamm in der Wonne der Freiheit und des Gebens und der
Ausführung himmlischer Aufträge; an gar manches Tannenbäumchen hängte er den kindlichen Sinn und den harmlosen
Frieden, der von Gott kömmt und über allen Verstand geht.
Er war der Engel Gottes einer, die Gott zu armen Stief-
kindern sendet, denen Liebe nicht bescheert, deren selige Eltern
im Himmel weilen, denen Gott durch der Kinder Loos ihre
Seligkeit nicht trüben läßt und andere Engel sendet, sie zu bewahren, zu beschenken.

So sah ich den wunderherrlichen Engel vor hell erleuch-
tetem Hause. Die Fenster glänzten und drinnen glänzte es
noch mehr. In geschmücktem Gemache standen zwei Tische,
auf beiden lagen Geschenke. Der eine stand im Vordergrunde,
helle Wachslichter brannten auf ihm. Zwei kleinere Kinder
umrannten ihn. Zwei Gestalten standen dabei, eine seidene
Dame mit rauschendem Gefieder und ein schöner Herr, aber
seelenlos in allen Gliedern. Der Dame und des Herrn Gesichter glänzten, aus Freude an den Kindern, aus Freude, daß
sie so reich zu bescheeren vermocht, aus Freude an sich selbst.
Der beiden Kinder Gesichter aber glänzten nicht; sie freuten
sich nicht über das, was sie erhalten, sondern ärgerten sich über
das was sie nicht erhalten; ein heilloses Ungenügen hatte bereits seine Klauen in sie geschlagen. In roher Hast rennen

sie um den Tisch, suchen, was sie nicht finden; reißen an sich, was ihnen nicht gehört, und weinen und schreien, statt zu danken und sich zu freuen. Papa und Mama machen verblüffte Gesichter, suchen zu trösten, und versprechen Mehreres und Besseres auf's nächste Mal.

So ging es im Vordergrunde. Im Hintergrunde, wo schlechte Kerzen düster brannten, standen um spärlich gedeckten Tisch Stiefkinder und sollten sich freuen über magere Geschenke und sollten danken mit demüthigen Geberden. Und als sie danken wollten, schreit das Brüderchen drein, und als sie noch einmal anfingen, frug die Mama mit spitzigem Munde: ob wieder was nicht recht sei? Da traten die Thränen in die Augen der armen Kinder, sie hatten einmal eine ganz andere Mutter gehabt; und Bitterkeit wollte aufkeimen in ihren Herzen, und der Sinn, den ihre erste Mutter in sie gepflanzet, wollte sich verdüstern, und dann, ach, was wäre aus den armen Kindern geworden, und hätten sie nicht erst jetzt ihre erste Mutter so recht und für immer verloren? Als sie sich verdüstert umwandten nach dem dunkeln Hintergrunde, da hatte der goldene Engel Mutterstelle vertreten und reich bescheert. Da fanden sie den neidlosen Sinn, der sich mit Wenigem begnügt und Andern Vieles gönnt; die Liebe, die sich nicht verbittern läßt; das milde, treue Auge, das in sich die Fehler sucht und nicht in Andern. Am Bäumchen hing der seligen Mutter geistiges Ebenbild, und dieses Ebenbild senkte sich hinein in die Seelen der armen verlassenen Kinder und schmückte sie reich und köstlich, daß Mütterchen einst noch seliger werden wird im Himmel, wenn ihr die Stunde des Wiedersehens schlägt. Und als der schöne Engel sein Werk gethan, glänzten inniger noch seine dunkeln tiefen Augen, und auf dem glänzenden Vordergrunde ruhten sie barmherzig und weich, und Eltern und Kinder dauerten ihn und ans glänzende Tannenbäumchen hing er die Bitte: Vater, vergieb ihnen, sie wissen nicht, was sie thun.

Als er bescheert, seine Gaben ausgetheilt, seinen Aufträgen nachgekommen war in freudiger Hast, gesellte er sich zu andern, schaute hier einer Bescheerung zu, dort den süßen Träumen in den Seelen der Schlafenden. So sah ich ihn einem Engel sich gesellen, der in großmütterlichem ehrwürdigem Glanze und dem Sinn, der sich selbst vergißt und für Andere sorgt, weit hin gesehen ward im Himmel.

Als dieser Engel auf Erden lebte, war er eine Großmutter gewesen, und die Großmutter hatte im Bescheeren, im Streben, Andern Freude zu machen, gelebt. Die Neujahrstage waren ihre seligsten Tage gewesen, und viele Tage vorher hatte sie in tiefstem Ernste gelebt, der Allen das Rechte treffen will; in der größten Rührigkeit, die alles beschicken will und jedes zur rechten Zeit. Sie hatte Kinder und Enkel auf Erden, seine reichsten Schatzkammern hatte ihr Gott geöffnet, reichlich hatte sie genommen, hatte keines vergessen. Sie fand die Ihren schlummernd in ruhiger Behaglichkeit, fand reiche Bescheerungen überall, aber überall etwas vergessen, an das sie gedacht hätte, wenn sie noch auf Erden gewesen wäre. Jetzt hatte sie andere Gaben, bescheerte Allen: das Sorgen für Andere; die Liebe, die nicht müde wird; die Barmherzigkeit, die hilft zu jeder Zeit, und das Auge, das in allem den Vater sieht; den Sinn, der bei allem an den Vater denkt und, was ihm gehört und was zu ihm führt, höher schätzt als alle Schätze der Welt. Dann hängte sie Diesem besonders an sein Tannenbäumchen den heitern Sinn, den keine Wolke trübt, einem Andern den milden Sinn, der den glimmenden Docht nicht löscht, und einem Dritten den Ernst, der jedes Wortes Bedeutung mißt, und einem Andern noch das Genügen, das will, was der Vater giebt, und nicht alles, was Andere haben. So bescheerte die Großmutter reich und lange; dann schwebte sie zu den Schlafenden, freute sich ihres blühenden Gedeihens; jenen suchte sie besser zuzudecken, diesem die Decke zu lichten und sah auf einmal in einen blühenden Garten hinein, mit

welchem der himmlische Vater die gute Großmutter selbst bescheert hattte. Sie sah in ernsten und lieblichen Träumen ihr
Andenken blühen in den Herzen der Söhne, Töchter und Enkel; sah, wie jetzt Alle an die Großmutter dachten, die auch
immer an Alle gedacht; sah, wie Söhne und Töchter sie miß-
ten, die Enkel aber sie sahen im Traume, sie lebend glaubten,
jauchzten und dankten. Der großmütterliche Engel konnte sich
nicht satt sehen an dieser Bescheerung, nicht losreißen von den
Betten ihrer Lieben.

Längst schon war der Engel mit dem goldenen Strahlen-
glanze neuen Freuden nachgezogen. Was weilet er jetzt dort
vor jenen Fenstern, wo in der Stube verwahrloste Lichter düster
brennen und düster, das Haupt gebeugt, die Hände in einander gebogen ein Mann auf und nieder ging und oft bei drei
Wiegen stille stand, in welchen drei Knaben friedlich in den
Armen des Schlafes ruhten; und wenn er von den Wiegen
ging, war düsterer sein Gesicht, und tiefer war sein Haupt gebeugt. Er hatte den Knaben bescheeren wollen, aber er konnte
nicht. Vor einem Jahre hatte eine holde Gattin die Bescheerung geordnet, und an ihrer kindlichen Freude hatte sein Herz
sich erlabet, und ihre kindliche Freudigkeit war selbst die schönste
Gabe geworden für Mann und Kinder, für's ganze Haus. Vor
einem Jahre lag vor ihnen einem herrlichen Sterne gleich die
Zukunft; in der nächsten Zukunft war der Tod, den hatten sie
nicht gesehen. Schwarz umhängte dieser die leuchtenden Sterne,
und die Blume verblühte, und draußen in der kühlen Erde
schlummerte die, die sein hellster Stern ihm war. Er konnte
nicht bescheeren so alleine, und wenn er an die Wiegen trat,
so trat zu seinem Weh noch das Weh um seine Kinder. —
ach! ihr habt keine Mutter mehr! —, so mußte er seufzen allemal. Dann stand er vor ihrem Bilde: ja, so war sie, seufzte
er — und jetzt! und neues Weh überfluthete ihn.

Diesem armen Manne und seinen Kindern war noch nichts
bescheert, und der goldene Engel sah das Weh und seine schö-

nen Augen leuchteten bereits über den Kindern, wollten einen
hellen Schein werfen in des Mannes betrübtes Gemüthe. Da
schwebte in der Eile des Gedankens ein Geist daher; denn
schon begann lauter und lauter der Welten Lobgesang, rief die
Geister zur Anbetung; und die Sonnen strömten zusammen,
zu bauen des Allgewaltigen Thron. Wunderlieblich, ein gött-
lich Bild in dunkler Nacht, schritt er durch die Räume; aus
Sternenlicht und Himmelblau war sein Kleid gewoben, über-
flossen mit der Lilie reinem Glanze, in den Schimmer der
Rose getaucht. Liebe und Freude und Sehnen leuchteten aus
seinen Augen; er hatte sich verspätet, und doch hatte er noch
allenthalben zu grüßen mit freundlichen Blicken und Winken,
und alle Geister freuten sich seiner und alle schauten ihm freudig nach, wie er von der Liebe gezogen die Räume durchschritt,
und doch keinen freundlichen Gruß versagte. In den Schatzkammern Gottes hatte er sich verspätet, der Reichthum des
Himmels hatte ihn verblendet, auf und nieder war er geflogen,
sich kindlich freuend an der Herrlichkeit, dann suchte er und
wählte er und fand immer Schöneres und Herrlicheres und
legte das Herrliche weg und suchte noch Herrlicheres.

Da ward ihm angst über dem Wählen, denn schon waren
alle Kammern von Geistern leer; er ließ das Wählen, folgte
ihrem Zuge, wollte nur schauen und lieben, und daß ihm der
Allgütige das Köstlichste mit gegeben, das wußte er nicht. In
der Inbrunst der Liebe flog er über die Kinder in der Wiege
und senkte sich in ihren Schlaf hinein und in ihre Seelen
hinein und in denselben strahlte wieder seine Liebenswürdigkeit;
und als er wieder hinaufstieg in himmlischer Freude, denn in
Allen hatte er sein Andenken gefunden und im Innigsten das
eigene Bild und das Sehnen nach ihm, blieben die Strahlen
dieser Liebenswürdigkeit in den Seelen, er aber flog dem geliebten Manne zu.

Dieser betrachtete wehmüthig der Gattin Bild und sah
sie nicht, die ihn betrachtete mit lebendiger Liebe und der

himmlischen Freude in den freundlichen Zügen. Und doch schien das Bild, das er betrachtete, sich zu beleben, schien freundlicher und freundlicher zu lächeln. Ein unnennbares Etwas schien sich von demselben zu lösen. Er sah nichts, aber es war, als schwebe des Bildes geistiges Wesen, die ganze Freundlichkeit und Holdseligkeit desselben zu ihm heran, träufle, fließe, rinne leise, langsam, wunderseltsam durch ihn hin bis hinein in sein Innerstes, setze da sich an, mache sich Wohnung für immerdar. Es war ihm, als wehe, säusle, rege es sich so lieb und süß in ihm; und das Gefühl rann leise und langsam durch alle Glieder, alle Züge; es war ihm eigens wohl dabei, er wußte nicht wie, und es war ihm, als höre er eine Stimme, er wußte nicht woher: Willst du den Kindern Vater und Mutter sein? Und er mußte fröhlich ja sagen, er wußte nicht warum; aber er fühlte in ihm keine Trennung, keine Scheidung mehr; der Tod hatte seine Macht verloren, der Tod sein Recht; es war ihm, als sei er jetzt erst so recht eins geworden mit der Geliebten, um nimmer getrennt zu werden.

Und in seligem Staunen sah die selige Gattin dieser geistigen Vermählung zu, die der Vater da oben, der die Liebe ist, bereitet hatte, als die köstlichste Gabe, die sie dem armen Verlaßnen bringen konnte. Aufgelöst in Freudigkeit sah sie dem wunderbaren Wandel zu; hörte nicht die immer ehrfurchtgebietender daher wogenden Chöre der Welten zum Preise Gottes; sah nicht, wie die Wellen des Lichtes feuriger, gewaltiger durch die Himmel rollten, und in immer rascherer Bewegung die Geister die untern Räume verließen, die Menge schon geschieden war, und nur Einzelne, welche die Freude und die Liebe an die Ihren gefesselt hatte, von der Erde sich rißen. Es war fast, als ob sie auch äußerlich wieder gefesselt wäre in unauflöslicher Vermählung.

Da riß der goldene Engel, der in hoher Wonne dieser göttlichen Bescheerung zugesehen, das holde liebliche Wesen aus seinem Staunen; dasselbe folgte freudig seinem Führer, da es sein Bestes zurückgelassen wußte, und die schwesterlichen Geister schwebten den Strömen nach der Geister, dem reinsten Lichte zu.

———

Auch unser wundersame Garten, die Höhe, aus Licht gebaut, mit Licht begossen, blühend in Licht, zog in immer mächtigerem Zuge dahin; aber wir fühlten die Bewegung nicht, sie änderte lange meinen Gesichtskreis nicht und selig war ich im Schauen und bei den Meinen. Aber allmählig wehte mich ein schaurig Gefühl an, eng ward es mir, und doch immer seliger; ich fühlte immer deutlicher, wie wir in Räumen flutheten, in die mein Auge nicht gedrungen war, und vor mir erhob es sich in unermeßlichen Weiten wie eine Burg, ein Palast aus Sonnen gebaut, und durch seine Thore aus Sonnen gebaut flutheten wir. In der Nähe seiner Majestät hatte der Allmächtige die Kammer aus Sonnen gebaut für Alle, welche in seinen Welten Liebe suchten, nicht fanden und doch die eigene bewahrten; für Alle, welche der Liebe entrissen der Liebe bedürftig blieben; für Alle, welche Liebe säeten und zu harren vermochten auf der Liebe ewige Ernte; und mit der reinsten Seligkeit war diese Kammer gefüllt.

Da lebten selig die Kinder, welche Gott von den Brüsten der Mütter genommen nach ewigen Rathschlüssen; hier tranken sie aus hellen Bechern Seligkeit, und tausend schöner Mütter warteten sie und nährten sie mit seliger Liebe. Hier waren selig die Kinder alle, die auf Erden an harten Herzen verwelkt waren, deren Leben von stiefelterlichen Händen geknickt worden. Hier waren die Kinder, denen die Liebe ihres Lebens Element ist, hier strahlten sie und freuten sich und tausend schöne Mütter sonneten sich in ihrer Liebe. Hier sah man die Großmütter wallen, welche Kinder zu lieben wußten mit firnigem Ernste; sah die Mütter alle, die Gott von Kindern weggenommen; sah vor allem die Mütter alle, deren Kinder auf Erden

in harten Händen waren. Hier hielt Gott in Liebe sie ge-
feffelt und tröftete fie durch Kinder; das Loos der Ihren ift
ihren Augen verborgen. Andere Engel fendet Gott zu ihren
Kindern und forget für das Heil ihrer Seelen, und daß alles
zu ihrer Seligkeit dienen muß. Für Mütter würde nirgends
ein Himmel fein, fo lange fie in harten Händen, an harten
Herzen ihre Lieblinge fehen müßten. Hier fah man taufend
Mütter glücklich, die auf Erden umfonft nach Kindern fich gefehnt, denen von Gott das Glück auf Erden verfagt worden,
denen es nun Gott taufendfältig vergiltet, wenn fie in gläubiger Ergebung ausgeharret, mit den füßeften Elternfreuden
fonder Gram und Sorgen fie fpeifet und tränket. Selig über
alle Worte fah man hier, die einfam geblieben waren auf
Erden, die in unverftandenem Weh nach Seelen fich gefehnt
hatten, die keine Seele fanden, die fie eigen nennen konnten,
die ihr Weh verfchließen mußten in der einfamen Bruft. Begriffen wird auf Erden und gewürdigt nur das Weh nach
Geld und Ehre; das Weh nach Seelen lohnet Gott. Hier
reicht ihnen der gütige Gott die reinfte Seligkeit in vollen
Bechern; ihnen führt Gott die Kinder zu, die er von den Herzen der Mütter nimmt, ehe der giftige Hauch der Welt fie
berührt; läßt im Hauche ihrer Liebe fie aufblühen zu den
herrlichften Blumen des Himmels, die Sonnen gleich am
Throne des Allmächtigen ftehen, wartend feines heiligften
Dienftes.

Hierher ftrömten die Geifter zufammen zur heiligften Anbetung; tauchten in die Meere der feligften Wonne, die in den
Räumen flutheten; priefen die, die hier wohnten; priefen Gott
den Herrlichen, der fo herrlich lohnet. Immer majeftätifcher,
welterfchütternder tönte der Lobgefang; Sonnen um Sonnen
ftrömten herbei mit den feligften Geiftern, fügten fich ein dem
heiligen Bau und es wölbete fich über uns aus unzählbaren
Sonnen das Heiligthum im großen Weltentempel. Tief im
fernften Hintergrunde, wo das Licht am goldenften ftrömte,

war nicht Ruhe; dort war Wallen und Kreisen; dort war aus
den herrlichsten Sonnen der Vorhang gewoben, der vom Heiligen das Allerheiligste scheidet. Und der Vorhang bewegte
sich, Sonnenreihen rollten auf, und immer herrlicher in pur-
purgoldenem Lichte waren die, welche sichtbar wurden. Da
flammte nur eine Sonne noch einzig im Hintergrunde, unaus-
sprechlich war ihr Licht, Majestät und Herrlichkeit umschwebten
sie, mächtiger, in tiefster Ehrfurcht schwollen die Chöre auf,
und lichter ward die Sonne, und die Fülle unnennbarer Majestät strömte aus ihr, die Geister beugten betend sich, mein
Herz aber bebte im Tode, mein Auge wollte brechen, ertrug
die Fülle der Herrlichkeit nicht, in welcher die Gottheit nahte;
da umfaßte mich ein rosiges Engelein, es war das jüngste
Kind, das mir entrissen worden, ein Mädchen wunderhold;
und das Mädchen küßte mich mit seinen süßen Lippen und
rettete vom Tode mich, denn dem Sterblichen ists nicht vergönnt, lebendig Gott zu schauen. Ich fühlte, wie das wunderbare Auge leise sich schloß, Vorhang um Vorhang, aus
Sonnenreihen gewoben, fiel wieder vor das Allerheiligste, die
Gestalten schwanden, formlos ward das Licht, leise in wonnigem Behagen wiegten mich seine Wellen, trugen mich wieder
zurück in diese Welt, wo das Auge geschlossen bleibet, das nicht
aus Erde geschaffen ist. Gebunden ward ich wieder in die
Schranken und Fesseln der Sinne, die Sinne aber waren gebunden im Schlafe, und Morgens war's, als die Sonne des
Schlafes Vorhang hob, das Bewußtsein mir wiedergab; doch
lange ging es, bis ich es geordnet hatte.

Sonderbar war es mir zu Muthe. Frischer fühlte ich
meinen Körper, die peinliche Mattigkeit, die schwer in allen
Gliedern lag, war fort; rascher schien durch die Adern das
Blut zu rollen, mein Auge hatte wieder die Kraft, die nicht
nur sieht, sondern auch wahrnimmt, und heller und bestimmter
flogen die Gedanken durch die Seele. Ich fühlte, daß heilend
die Nacht über mir gewesen, daß mit reichen Gaben ich be-

scheert worden; noch standen die Bilder klar mir vor Augen,
in meinen Armen fühlte ich noch die Meinen, noch blendete
mich all' die unaussprechliche Pracht. Aber hatte ich das alles
wirklich erlebt, gesehen, oder nur geträumt? Noch fühlte ich,
fast wie eine frisch geschlossene Wunde, die seltsame Kraft, die
ohne Augen sieht, deren Schranken hinausgerückt sind in's Unendliche; und doch verflüchtigte sich immer mehr die geglaubte
Anschauung, und immer nebelhafter und formloser ward mir
alles, was ich in andern Welten gesehen, während Erlebtes bestimmt ausgeprägt im Gedächtniß bleibt und um so bestimmter,
als Gestalt und Form desselben seltsam und auffallend war.

So stiegen in mir die Gedanken auf und nieder, und je
mehr die Wirkungen der Nacht mir fühlbar wurden, um so
weniger wollten sie zur Ruhe gehn und das Räthsel dahin gestellt sein lassen.

Da gedachte ich Hiobs Worte: „Im Traume, im nächtlichen Gesichte, wann ein tiefer Schlaf auf den Menschen fällt,
wann sie schlummern auf ihrem Lager, alsdann entdecket Gott
das Ohr des Menschen und versiegelt ihre Züchtigung, daß er
den Menschen abwende von seinem Thun, die Hoffahrt vom
Manne nehme; daß er seiner Seele wehre, damit sie nicht in
die Grube komme, und seinem Leben, damit es nicht ins
Schwerdt falle." Und wenn die Bösen sich künden sollen oder
müssen zur Strafe für sich, zur Warnung der Lebendigen; können nicht vielmehr die Guten wiederkommen sich zum Lohne
als Träger guter Gaben für die Ihren? Ist das reine Licht
nicht eine Fülle himmlischer Gestalten, deren Formen unser
grobes irdisches Auge nicht wahrnimmt? So wogte es auf
und nieder in meinen Gedanken, lange wollte das Chaos sich
nicht gestalten: da begann endlich das Trübe sich niederzuschla-
gen, und aus dem Trüben traten folgende drei Dinge mir heraus in fester Gestaltung.

Hier leben wir in Räthseln, im Glauben, nicht im
Schauen, und was Gott unserem sterblichen Auge mit einem

Vorhange bedeckt hat, sieht kein sterbliches Auge: und welche Hand nach dem Vorhange freVlerisch greift, die wird für ihren Vorwitz von Gott geschlagen.

Wenn aber Gott sich kündet in der Morgenröthe, im Thau der Blume, in des Windes Spiel, und des Frommen Auge den Ewigen erkennet in allem Vergänglichen; warum soll daffelbe ihn nicht auch erkennen in des Traumes Spiel, diesen Offenbarungen des innersten Lebens des Menschen, diesen Weissagungen von Kraft und Schwäche, diesem wunderbaren Leben, das, wenn die Sinne ruhen, die Welt verhüllet ist, sich gestaltet als eine eigene Welt, bald verbunden mit dieser Welt, und bald abgeriffen von allem Bekannten, eine nie sichtbar werdende Insel im ungeheuren Meere des unsichtbaren innern Lebens, das in der Menschheit nach unbekannten Gesetzen ebbet und fluthet.

Wenn jede gute Gabe von Gott kömmt, dem Vater der Lichter, und dem Frommen alles zur guten Gabe werden soll, und wenn wir Rechenschaft zu geben haben von jeder: sind da nicht auch Träume gute Gottesgaben, und haben wir sie nicht anzuwenden zu unserem geistigen Wachsthume? Und wenn ich nun den genoffenen Traum brauchen will zum Glauben, daß man nicht suchen solle die Lebendigen bei den Todten, nicht trauern solle um die Gestorbenen, als wären sie todt und hätten wir keine Hoffnung; und wenn ich im Gemüthe Eindrücke durch die Meinen empfangen, sie verehren will, nicht mit Thränen und Weinen, sondern mit Ringen und Kämpfen, mit einem Leben nach ihrem Sinne, in Kraft und Heiterkeit, denn Gott wohnet ja im Lichte, nicht in der Finsterniß: sollte das eine Sünde wohl sein und gegen des Herrn Wort?

So stellte dieses sich fest, und das Grübeln ließ ich; ich faßte mich im Glauben und betete und arbeitete wieder. Bei den Todten suchte ich die Lebendigen nicht mehr; im Leben fand ich die Meinen wieder, nicht im Grabe. Ich weiß, sie sehen mich; was ich schaffe, was ich treibe, sie sind dabei, und wenn ich des Nachts träume, so spielen sie hinein in meine Träume und rathen und helfen mir und freuen sich über mich.

Wenn Kinder mich grüßen mit glänzenden Augen, ich lustig mit freundlichen Kindern spiele, sie an mir auf sich winden wie am Eichbaum der Epheu: dann sehe ich im Sonnenlicht und im Lichte der Sterne meiner Kinder freundliche Augen; sie lächeln mich an, sie winken mir zu, ich kenne sie, wie selig sie sich freuen, daß ihr Vater ein kindlich Herz bewahret, ihr Himmel ihm offen bleibet.

Wenn des Armen Elend mir zu Herzen geht, arme Kinder mir wie die meinen sind, arme Mütter getröstet von mir gehn, mein Wort in harte Herzen dringt, in Hütten und Herzen Friede bringt: dann sehe ich meines Weibes Sternenauge, es lächelt mir zu in des Windes Fächeln aus des Himmels blauem Grunde. Wenn ich heim kehre aus Wind und Wetter, naß und matt, so weht es mich wohlig an und freundliche Grüße wehen mir ums Herz und laben mich und stärken mich; und wenn Undankbarkeit und Unverstand anfachen des Zornes Flamme, graben nach dem Quell der Bitterkeit, die ihre Stelle hat in jedem Herzen, auf der Oberfläche bei den Einen, tief begraben bei Andern: dann fährt weich und sanft eine Hand mir über die Augen und süße Lippen küssen mich, und mir kömmt die Milde, die in Sanftmuth aushält, und nie anrechnet dem Unverstand seinen Unverstand. Wenn ich rathsame meine Sachen und treulich sorge für alles, was Vater und Mutter mir hinterlassen, für Haus und Hof, für Leib und Seele: dann sehe ich die Mutter mir freundlich nicken und stolz in die Runde schauen.

Wenn ich treu schaffe meine Pflicht, mich nicht die Furcht bewegt und nicht die Eitelkeit, nicht die Mode, nicht der Menschen Geschrei, und wenn ich den Rath bei Gott suche, und nicht von der Wage ihn nehme, auf der die Selbstsucht den eigenen Nutzen sich zuwiegt; dann sehe ich des Vaters ernſt Geſicht und ernſt auf mir ſeine Augen ruhn, und ſchaue ſeine Gebete im Herzen, daß des Herren Hand mich ſtützen und wahren möge auf dieſen Wegen.

Wenn ich in dunkler Nacht ſchwere Gedanken wälze in beſchwertem Gemüthe, wenn ich kämpfe am lichten Tage mit den Geiſtern der Nacht, da ſehe ich oft hehre Augen leuchten über mir. Es ſind alteidgenöſſiſcher Männer Augen, Helden-Augen, die durch Jahrhunderte leuchten, und leuchtend auf die Söhne ſehen, wie ſie verwalten das ererbte Gut, das theuer erkaufte Land, den in Blut und Treue getauchten Ruhm; wie ſie verehren den Gott, der in den Schlachten ihnen den Sieg gegeben, und im eigenen Hauſe die Demuth und den biedern Sinn. Und wenn ſie den Willen ſehn, der nach Kräften ringt mit der untreuen Zeit; den Muth ſehn, der keine Sperrwand fürchtet; das Auge ſehn, das offen iſt und wachet für Gott und Land: dann leuchten heller ihre Heldenaugen, und dieſe Augen ſprühen aus dem Segen frommer Väter, den feſten Sinn, der nicht vom blähenden Winde einer herzloſen Zeit ge-ſchwellt wird, den Sinn, der fürs Recht ſteht, nicht aufbraust, aber auch nicht matt wird, der langſam prüfet, aber dann aushält ſonder Wanken.

So erſcheinen mir die Todten im Wachen, im Traume; ſo ſind ſie mir nicht mehr todt, ſondern leben mir.

Wenn die Sonne freundlich ſcheinet und mild der Abend vom Himmel kömmt, dann zieht es mich, dann ruft es mich auf jenen Hügel, wo ich zum neuen Leben die Keime empfan-gen, wo die Aare fröhlich rauſchet, vom Schweizergarten reich umfangen, wo die Berge gen Himmel ſteigen, wo von den Bergen der Herr in Thäler und Herzen ſchauet und in Thäler und Herzen niederſteiget mit ſeiner Huld und Liebe, wenn der Boden nicht Wegeland iſt, nicht Felſengrund.

Wenn dann in der Sonne milden ſcheidenden Blicken alles verklärt vor mir liegt, die Thäler mit ihrem Grün, die Häu-ſer mit ihren Lebenden, die Kirchhöfe mit ihren Todten: dann schwimme ich in milder Freude, und weit wird es mir ums Herz. Dann gewinnt meine Freude festere Gestalt.

Es wird mir, als sehe ich Bänder gespannt von jedem Hause in die Kirchhöfe und von jedem Grabe hinüber in die Häuser und diese Bänder glänzen wie Liebesgaben, und diese Bänder sind schwarz wie Eisenketten und Verbrecherbande, und an den Ketten ziehen die Lebenden die Todten zur Rechenschaft und die Todten die Lebenden zum Genusse der Schuld, und an den hellen freudigen Banden ziehen die Lebenden die in den Gräbern zum Schauen ihrer Aussaat und die Todten halten die Lebenden fest und die glänzenden hellen Bande werden zu Wegweisern ins ewige Leben. Und Banden und Ketten verschlingen zu Brücken sich, und tausend Brücken sehe ich hoch gewölbet sich heben von jedem Kirchhofe zu jedem Hause, und auf den Brücken sehe ich körperlich und fest gestaltet die Gedanken wandeln, die von den Häusern in die Gräber gehen und von den Gräbern in die Häuser, und die Gedanken kenne ich alle, kann allen ihre Namen geben, aber die Lebenden drunten haben keine Ahnung von den Boten, die hin und her gehen, gesandt von einer Seele zur andern, mit Fluch beladen die einen, glänzend in Liebesgrüßen die andern. Und Brücken sehe ich, die sind öde und leer, und kein Leben ist mehr zwischen Häusern und Gräbern. Dann schaudert mich, höher muß ich mein Auge heben, es glitzert in meine Augen und Sterne sehe ich am hellen Himmel in der Sonne Schein. Stunden weit sehe ich den Brand der Sonne in hellen Fenstern, und der goldene Stern ist eines stundenweiten Blitzableiters goldene Spitze, in der die Sonne funkelt. Dann denke ich mir, wie doch das Licht von oben die Dinge da unten zu verklären vermöge und um so herrlicher, je reiner die Dinge seien, und wie weit so unbedeutende Dinge zu leuchten vermöchten, vom Lichte da oben verklärt, wenn sie rein seien, und je reiner, um so weiter, während Paläste der Könige, ganze Länder längst in's Dunkel versunken seien. Dann sehe ich die Sonne

zur Ruhe gehen und immer größer, immer goldener, immer
herrlicher, je näher sie dem Scheiden kömmt, und ihr letzter
Strahl ist ihr holdester Blick! Ach wer doch auch so sterben
könnte! Und der Blick geht nicht verloren, die Berge fassen
ihn, röthen sich, werden uns Pfänder und Bürgen, daß der
Sonne Glanz und Liebe uns nicht erloschen sei: nur eine
kurze Nacht, dann kömmt ein neuer Morgen, und wenn der
Morgen kömmt, so fassen sie wieder der Sonne erste Blicke
und senden sie zu Thale und künden uns, daß der Tag wieder
komme, ein neuer junger Tag in der Sonne Licht und Liebe.
Dann hebt sich, wie wenn die Sonne zur Ruhe ist, der Mond
über die Berge kömmt und Licht spendet an der Sonne Stelle,
bis die Sonne wieder kömmt, der Gedanke, daß die Häupter
der Menschen verklärt seien unsern Bergen gleich, welche auf-
fangen die letzten Liebesblicke der Scheidenden, sie leuchten
lassen, bis sie selber blaß werden in des Todes Hauch. Und
diese Häupter, werden sie nicht auch die ersten Liebesblicke empfangen, wenn der ewige Morgen kömmt?

Dieser Gedanke wird mir zum Monde, er leuchtet mir
nach Hause, er steht mir am Himmel, so lange ich ein Pilgrim
bin und die Heimath suche.

Die

Waſſernoth im Emmenthal

am 13. Auguſt 1837.

〜〜〜〜

Vorwort.

Es gab eine Zeit, wo man ob den Werken Gottes Gott
vergaß, wo die dem menschlichen Verstande sich erschließende
Herrlichkeit der Natur die Majestät des Schöpfers verdun=
kelte. Diese Zeit geht vorbei. Aber noch weilt bei Vielen
der Glaube: das Anschauen der Natur führe von Gott ab,
Gott rede nur in seinem geschriebenen Worte zu uns; für
seine Stimme, die tagtäglich durch die Welten zu uns spricht,
haben diese keine Ohren, daß Gott zu seinen Kindern rede
in Sonnenschein und Sturm, daß er im Sichtbaren darstelle
das Unsichtbare, daß die ganze Natur uns eine Gleichnißrede
sei, die der Christ zu deuten habe, thäte jedem Noth zu er=
kennen. Zu Förderung dieser Kenntniß ein Scherflein bei=
zutragen, versuchte die nachstehende Darstellung der Unter=
schriebene. Wer zu deuten weiß, was der Herr ihm schickt,
verliert nimmer das Vertrauen, und alle Dinge müssen zur
Seligkeit ihm dienen. Fände in dieser Wahrheit Trost ein
Unglücklicher, würde sie den rechten Weg einem Irrenden
erleuchten, offenbar machen einem Murrenden die Liebe des
Vaters, zur Anschauung des Unsichtbaren einen Menschen

führen, deſſen fünf Sinne ſeine einzigen Wahrnehmungs= quellen waren, dann hätte der Verfaſſer ſeinen Zweck er= reicht; andere Anſprüche macht er nicht. Zu treuer Dar= ſtellung des Ereigniſſes waren Andere berufener als er; aber da Alle ſchwiegen, verſuchte er die Darſtellung auf ſeine Weiſe. Was er ſah und hörte, ſtellte er dar in möglichſter Treue. Wer ſolche Ereigniſſe erlebte, weiß, wie mit ver= ſchiedenen Augen die Menſchen ſehen, wie verſchieden ſie die Farben auftragen auf das Geſehene; es wird ſpäter der Entſcheid unmöglich, wer recht geſehen und recht erzählt, und nur das läßt ſich ausſcheiden, was offenbare Merkmale der Täuſchung oder der Lüge an ſich trägt. Dies die Ur= ſache, wenn jemand einen Irrthum zu erkennen glaubt; wiſſentlich hat der Verfaſſer keinen hineingebracht. Das Ereigniß an ſich war ſo groß, daß der Menſch umſonſt ſeine Kraft anſtrengt, es würdig darzuſtellen, daß er ein Thor ſein müßte, wenn er in ſeiner Beſchränktheit aus= ſchmücken wollte, was der Herr mit flammenden Blitzen in's Gedächtniß geſchrieben den Bewohnern des Emmenthals.

Jeremias Gotthelf.

Das Jahr 1837 wird vielen Menschen unvergeßlich bleiben, die nicht ihren Träumen oder ihren Sünden allein leben, die einen offenen Sinn haben für die Stimme Gottes, welche zu uns redet in Schnee und Sonne, bei heiterem Himmel und im Dunkel der Gewitternacht.

Es war ein merkwürdiges Jahr, aber ein banges, angstvolles für Tausende; wohl ihnen, wenn diese Angst jetzt ihre Frucht trägt — ein gläubiges Vertrauen.

Der Winter, welcher bereits im Oktober 1836 angefangen, den 1. November eilf Grad Kälte gebracht hatte, wollte nie aufhören, der Frühling nie kommen. Am Ostersonntag den 26. März fuhren viele Herren lustig Schlitten, lustig gings auch von Biel nach Solothurn, wo sonst mancher Winter keine Bahn bringt. Während es lustig ging auf den breiten Straßen, konnte auch manch arm Mütterchen nicht an den auferstandenen Herren denken. Es hatte kein Holz mehr, die zitternden Glieder zu wärmen, die Kälte drang ihm durch die gebrechlichen Kleider bis an's Herz hinan. Es mußte hinaus in den schneeigten kalten Wald, einige Reiser zu suchen, oder mußte den schlotternden Körper zusammendrücken in eine Ecke, in den eigenen Gliedern noch irgendwo nach einem Restchen Wärme spürend. Wenn diese frierenden Mütterchen den Zehnten gehabt hätten von dem an selbem Tage zum Ueberfluß getrunkenen Wein, wie glücklich hätten sie am Abend ihre erwärmten Herzen in's Bett gelegt.

Aber auch mancher Bauer drückte sich in die engste Ecke seiner Stube, um das Brüllen der hungrigen Kühe an der leeren Krippe nicht zu hören, um nicht hinaus zu sehen in die Hofstatt, wo der Schnee so dicht in den Bäumen hing, so hoch am Boden lag, kein Gräschen sich regte. Er hätte gerne geschlafen, um nicht an seine Bühne denken zu müssen, auf der kein Heu mehr war, durch die der Wind so schaurig pfiff; doch Sorgen sind Wächter, die nicht schlafen lassen.

Am ersten Apriltage wehten Frühlingslüfte durch's Land, und frohe Hoffnungen schwellten alle Herzen; aber alle Hoffnungen wurden in den April geschickt. Schnee wehte wieder durch alle Lande, legte in Deutschland mannshoch sich, er lagerte sich ordentlich, als ob er übersömmern wollte im erstaunten Lande.

Zum eigentlichen Schneemonat ward der April, selten leuchtete die Sonne, ob sie warm sei, erfuhr man nicht; Gras sah man nicht, kein Lebenszeichen gaben die Bäume.

Die Noth ward groß im Lande. Heizen sollte man die Stuben, und hatte kein Holz; füttern sollte man das Vieh, und hatte kein Futter. Es war Jammer zu Berg und Thal; in den Stuben seufzte, in den Ställen brüllte es tief und nöthlich.

Mancher Bauer machte sich so oft und so weit er konnte in Weid und Wald hinaus, und wenn er wieder heim mußte, so wollten seine zögernden Füße nicht vorwärts, wollten gar nicht auf den Platz, wo ihm, wie er genau wußte, das hungrige Muhen seiner Kühe wieder in's Ohr dringen, im Herzen wiedertönen würde. Des Nachts wußte er nicht, auf welche Seite sich legen, damit er nicht höre, wie es seufze und stöhne draußen in den Ställen. Endlich übermannte das Elend sein Herz, er stieß seine schnarchende Frau an und sagte: Frau, du mußt morgen zeitlich auf, mußt mir z'Morge machen, ich muß in die Dörfer hinab, muß um Heu aus, ich kann's my Armi Thüri nümme usg'stah. Dann stund er auf, machte nicht einmal Licht, zählte seine Fünfundbreißiger im Genterli, und rechnete mühselig nach: ob es wohl ein oder zwei Klafter er-

leiden möge? Hatte er das ausgerechnet und sich wieder in's
Bett gelegt, so kam es ihm erst vor, wie das wieder einen
Strich durch seine Rechnung mache, daß er keinen neuen Wagen
könne machen lassen, daß ein dritter oder vierter Zins ihm
auflaufe, und statt des Schlafes kam eine neue Trübseligkeit
über ihn. Am Morgen zog er seufzend die Ueberstrümpfe an,
die Frau band ihm das Halstuch um, ermahnend: er solle doch
zeitlich heim kommen, sie hätte nicht Zeit zu füttern, und die
Magd gebe gar unerchant yche.

Er wanderte, er zog von Dorf zu Dorf, er fragte von
Haus zu Haus, nicht nach dem Preise des Heu's, sondern
bloß nach Heu, und glücklich pries er sich, wenn er welches
fand. Freilich that es ihm weh, zwanzig bis fünfundzwanzig
Thaler zahlen zu müssen für ein Klafter, und vielleicht am
Ende für was — für Esparsettenstorzen; aber es war doch
etwas Freßbares, es war besser als Tannennadeln, die auch
an Orten zu drei Fr. per Centner verkauft worden sein sollen.

Wenn er endlich seinen matten Pferden das Füderchen
lud, wie sprang er jedem Heuhalm nach, den der neckische
Wind ihm entführen wollte; und wenn mit dem Füderchen die
Pferde matt das Land auf sich schleppten, wie schwermüthig
und beladen zottelte er hinter dem Gespann her!

Hat niemand wohl hinter einem der Hunderte von Fudern,
die für so viele, viele tausend Franken Heu in's Emmenthal
führten, einen Fuhrmann in's Gesicht geschaut? In demselben
hat er in großer Schrift lesen können ohne Brille, was in dem
armen Manne vorging, wie er rechnete und rechnete: wie lange
er an diesem Heu füttern könne. War er mit der trostlosen
Rechnung fertig, so sah er auf zum Himmel: ob nicht bald
die Sonne kommen wolle warm über den Schnee. Und wenn
dann der alte eisige Wind ihm das Wasser aus den Augen
peitschte, sah niemand, wie schmerzlich seine Gedanken sich hin-
wandten zu seinem leeren Genterli, in welchem keine Fünfund-
dreißiger mehr waren. Aber wie der arme Mann später, nach-

dem dieses Heu zu Ende war, das Stroh aus den Stroh-
säcken, das Stroh vom Dach, wo man Strohdächer hatte,
fütterte, das sah selten jemand, denn das that er im Verborgenen. Wenn aber der Mann mit nassen Augen in finsterm
Stalle den letzten Strohsack leerte, so rieb manche Kuh den
ungeschlachten Kopf dem armen Manne am schmutzigen Zwilch-
kleide ab, und leckte erst seine rauhen Hände, ehe sie hungrig
in's zerknitterte Stroh biß; es war fast, als ob die gute
Kuh den Schmerz ihres Ernährers mehr fühlte, als den eigenen Hunger.

Freilich gab es auch Leute, die nicht Heu kauften, nicht
Mitleid hatten mit ihrem Vieh, und zwar nicht aus Geiz,
sondern aus — Stolz und Hochmuth. Der Aetti habe auch
nie Heu gekauft, sagten sie, und sie wollten lieber ihr Vieh
verhungern lassen, als daß man ihnen nachrede, daß sie einmal auf ihrem Hofe nicht Futter genug für ihr Vieh gemacht
hätten. Ja, sie wollten nicht einmal Vieh verkaufen, damit
man ihnen nicht entweder Geld- oder Futternoth vorwerfe, damit es nicht heiße; sie hätten nur so und so viel Stück zu
überwintern vermögen. Sie fürchteten, das thäte ihren Ehren
Abbruch; aber wie zwanzig Kühe, die Tag und Nacht von
einem Knubel herab brüllen, was sie in die Haut zu bringen
vermögen, einen Bauer verbrüllen können fast bis in's Län-
derbiet hinein, fast bis in's Aargau hinab, daran dachten sie
nicht. Es gab welche, deren Pferde des Morgens nicht mehr
aufstehen konnten, die mit Fuß und Gabel das älteste auf-
jagten, es zum Stall austrieben, um es dem Hungertode preis-
zugeben.

Da wehten am ersten Maitage wieder Frühlingslüfte;
es grünte in den Matten, laut jauchzten die Menschen, und
gierig graste das ausgetriebene Vieh das Wenige, was
es fand.

Karst und Pflug wurden etligst gerüstet, die Kuttlein an
die Ofenstange gehängt, die Winterstrümpfe in den Spycher,

aus den Dörfern schwärmte es aus, wie aus dem Stock die Bienen, und am heißen dritten Maitag glaubte man alles gewonnen. Aber ein Gewitter verzehrte die vorräthige Wärme und — der Winter war wieder da.

Man jammerte in allen Hütten, auf allen Höfen, ganz besonders aber die Küher. Viele wußten kein Futter mehr zu kaufen, mußten fort aus den Ställen, und Schnee verfinsterte noch die Luft, lag weiß über den Ebenen und klaftertief auf den Bergen. Manchen Küher trieb die Angst auf seine Alp, er hoffte es droben besser anzutreffen, als es von unten das Ansehen hätte, hoffte aufzuziehen, und anfangs mit dem Heu nachhelfen zu können, das er auf dem Berge gemacht und im Staffel gelassen hatte. Aber was fand er? Schnee fast mannstief, und wenn er mit Lebensgefahr zum Staffel sich durchgearbeitet hatte, — kein Heu mehr! So konnte er nicht auf den Berg, konnte aber auch nicht bleiben unten im Lande. Da wuchs manchem Küher der Gram über den Kopf, und das Sterben wäre ihm lieber gewesen, als das Leben.

Und wenn sie wegfahren mußten aus ihren Winterquartieren im Schneegestöber, die hungrigen Kühe, wenn sie am Wege ein mager Gräschen abraufen wollten, das Maul voll Schnee kriegten, auf den Bergen der Schnee höher und höher sich zu thürmen schien, und sie auf diese Berge zu mußten in Gottesnamen: da sah man manchen harten Kühersmann die Augen wischen, ja manchen hörte man schluchzen, und zwar weit.

Wie es anfangs auf den Bergen gegangen, wie Tannkries das Köstlichste war, was man den Kühen, die dazu noch fast erfroren, bieten konnte, will ich nicht erzählen. Und wenn ich's erzählte, so würde sich niemand darüber verwundern, schneite es doch auch unten im Lande noch den 19. Mai.

Da grub sich tiefer und tiefer grimmig Zagen bei den Menschen ein. Man hörte wieder rollen durch's Volk Weissagungen über den nahenden Untergang der Welt. Alle drei,

vier Jahre wird der Untergang der Welt ganz bestimmt vor-
ausgesagt, und eine Menge Leute glauben daran, nehmen es
aber ziemlich kaltblütig, und bereiten sich nach ihrer Weise
darauf vor.

Vor sechs, sieben Jahren sollte der Merkur die Erde zer-
stören; da wurde man in einem gewissen Schachen räthig:
mit dem Erdäpfelsetzen zu warten, bis der gefährliche Tag
vorüber sei. Es wäre doch gar zu ärgerlich, meinten sie, wenn
sie die Mühe umsonst haben sollten. Der Seiler-Daniel
aber sagte zu seiner Frau: Lisi, wir haben noch zwei Hammli
in der Heli, koche die doch, heute eins, und morgen wieder
eins, es wäre gar zu schade, wenn die übrig bleiben sollten,
und wir nichts davon hätten. Aber die früheren Untergänge
der Welt stellte man sich plötzlich schnell vor, und auch fürchterlich, aber wie viel gräßlicher der jetzt drohende langsame
peinvolle Untergang in Kälte und Hunger?

Wenn Andere auch an den Untergang der Welt nicht
dachten, so begannen sie doch zu zagen: der liebe Gott möchte
sie vergessen haben. Sie erkannten, daß alle Großhansen im
Lande und alle Großmäuler alles machen könnten, nur die
Hauptsache nicht. Sie konnten mit all' ihrem Witz keine
Wärme machen, kein g'schlacht Wetter zum Erdäpfelsetzen; auf
alle ihre Machtsprüche kam kein Frühlingszeichen, zeigten sich
keine sömmerlichen Spuren. Sie begannen zu glauben, der
liebe Gott wolle seine Sonne erkalten, wolle sie erlöschen lassen.

Mensch! wie wäre dir, wenn einst an einem Morgen
keine Sonne aufstiege am Himmelsbogen, wenn es finster
bliebe über der Erde? Wie wäre es dir um's Herz? Schauer
um Schauer, immer todeskälter, würden es faffen, wenn deine
Uhr schlüge Stunde um Stunde, Morgenstunden, Tagesstunden,
Abendstunden, und die Finsterniß wollte nicht weichen, schwarze
Nacht bliebe unter dem Himmel. Was hülfen da alle Lichter
und Laternen? Der Mensch könnte sie nicht einmal anzünden
vor Grauen und Beben. Den Jammer, das Entsetzen auf

Erden, wenn einmal an einem Morgen die Sonne ausbleibt,
kann keiner sich denken. Am fürchterlichsten wird das Entsetzen
die armen Sünder schütteln, in deren Herzen auch keine Sonne
scheint. O wie wird dann klein werden, was groß war, und
groß, was so klein und armüthig schien! In so manches
Herz scheint Gottes Sonne nicht, scheint das Licht der Welt
nicht hinein, das kam die Menschen zu erleuchten. Lichter und
Laternen von allen Sorten zünden die armen Schächer an in
ihren Herzen, lassen Irrlichter flunkern darin herum; aber der
trübe Dämmerschein erleuchtet den Graus, den Moder, die
Todtengebeine nicht, und der Geblendete, der nur in sein Laternchen sieht, brüstet sich noch mit demselben und den flun-
kernden Irrlichtern, rühmt sich, daß er sein trüb und verblen-
dend Laternchen nicht gegen die Sonne tausche und ihr strahlend Licht. Der Arme wird mit Entsetzen inne werden, was
für ein Unterschied es sei zwischen einer Laterne und der Sonne,
wenn die Sonne seinen Augen erlöscht am Himmelsbogen.

Es begann der arme Menschenwurm mit Gott zu hadern;
die Ungeduld des vergebenen Wartens verwandelte sich in Bitterkeit, fast in Verzweiflung.

Die Menschen dachten nicht daran, daß Gott ihnen auch
einmal werde zeigen wollen, was Warten, vergebenes Warten
sei, wie bitter es sei, jeden Hoffnungsschimmer in eine Täuschung sich verflüchtigen zu sehen. Und wie lange lassen die
Menschen Gott warten auf das Bezahlen ihrer Gelübde, bis
sie reimen ihre That mit dem Wort, bis sie erwiedern seine
Liebe? Ist nicht eben darin auch groß seine Liebe, daß er
euch einmal so recht zeigte, wie angsthaft schon das Warten
sei auf seine Sonnenblicke, damit ihr fühlen möchtet zur
rechten Zeit, wie gräßlich einst ein vergeblich Warten auf
seine Liebesblicke sein würde. In diesem Wartenlassen war
also nicht der Zorn Gottes, sondern die Liebe des Vaters;
er wußte wohl, daß, wenn es Zeit sei, seine Kraft in Tagen
vermöge, wozu der Mensch Wochen nöthig glaubt. Und als

die Zeit da war, den 24. Mai, winkte er, und die Sonne brannte auf die Erde nieder, die düstere Wolkendecke fiel, der Schnee schmolz, und in den Feldern und auf den Wiesen ward ein Leben mächtig, das der Mensch nie gesehen hatte. Die Nächte schienen mit Himmelsgewalt ausgerüstet, und an's Wunderbare gränzte, um wie viel einzelne Pflanzen aufschossen in einer Nacht. Mit dem Beginn des Brachmonats kränzten sich die Bäume mit ihrem Blüthenschmuck, üppig und prächtig; aber wie die große Welt die Jugend gerne um die Früchte des Alters bringt, so blühen die Bäume wohl schön in der Sommerhitze und den majestätischen Gewittern, aber die Blüthen verwelken bald, und die Frucht bildet sich nicht oder fällt im Werden ab, weil ihr die Nahrung fehlt.

Wie die Kühe sich freuten über das duftige Gras, wie die Menschen jubelten über die Wärme, über den Schweiß, der ihnen von der Stirne rann, konnte jeder sehen und hören, der Luft schöpfte im freien Lande. Die trübe Zeit war vorüber, eine herrliche war eingekehrt, und Gottes Pracht und Macht wurden alle Morgen neu. Aber die trübe Zeit, der gräßliche Futtermangel, entstanden durch fünf trock'ne Sommer, wird hundertfältig Früchte tragen, und besonders den Emmenthalern. Am Ende ist denn doch Gott der beste Prediger, der gewaltigste Lehrer in allen Dingen; er macht in wenig Zeit den Menschen begreiflich, wozu Menschen lange lange Zeit umsonst gebraucht. Er lehrt und predigt über alle Dinge, auch über weltliche, er ist's, der den Bauern im Emmenthal gepredigt hat, wie gut der Klee sei; und wie vortheilhaft die Esparsette auf ihren Grienbüggeln in allen Jahren, besonders in den trock'nen. Was sie niemanden geglaubt, das glaubten sie endlich ihrem Gott, da er es ihnen handgreiflich zeigte an den hämpfeligen Rippen ihrer armen Kühe. Und wie das Sechszehnerjahr Erdäpfel pflanzen lehrte (dieses Jahr besonders, und nicht das Branntenwein-

brennen, wie ein unweiſer Mann behaupten will, hat den
vermehrten, ſo vortheilhaften Erdäpfelbau hervorgerufen), ſo
werden dieſe Jahre Futter pflanzen lehren im Emmenthal, bis
die Milch bachweis fließt. Es war Wetter, wie nur Gott
es machen konnte; das ſchnellgewachſene Heu wurde prächtig
eingebracht, und auch das Korn kam gut in die Scheuern.

Die große Hitze bei der feuchten Erde mußte ſtarke Gewitter erzeugen; beſonders gewitterhaft ging der erſte Hunds-
tag vorüber, der ein Vorbild ſein ſoll für alle übrigen Hunds-
tage. In der That witterte es auch die folgenden Tage gewaltig. Den 20. Juli entlud ſich ein Gewitter über die Egg
zwiſchen Heimiswyl und Rüegsau, wie ſie in dieſer Gegend
ſeit Jahren ſelten waren. Nicht von mächtigen Donner-
ſchlägen will ich reden, in denen die Erde erbebte mit allem,
was ſie trug, ſondern von den Waſſerſtrömen, die ſich über
die Mannenberg-, Ramisberg-, Allmisberghöhen ergoſſen, und
zu beiden Seiten in die Thäler ſtürzten. Was die Waſſer
auf den Bergen fanden, brachten ſie zu Thale nieder, riſſen
Erdlawinen los, verſandeten den Fuß der Berge und ſchwellten
den Rüegsaubach, der ſonſt ſo beſcheiden um die Füße der
Rüegsauer ſich windet, zu einer ſelten geſehenen Höhe. Er
trug Holz, wälzte Felſenſtücke, grub ſich neue Läufe, ergoß
ſich über Matten, ließ zappelnde Fiſche zurück auf denſelben,
machte Straßen unfahrbar, und wollte mit aller Gewalt dem
Wirthe zu Rüegsau in den Keller, um ihm Fuhren in's
Weltſchland zu erſparen, oder vielleicht deſſen Wein dem dur-
ſtigen Schachen zuzuführen. Der Wirth ſtund alle Leibesnoth
aus, den ungebetenen Gaſt, der weder Gold noch Silber,
ſondern nur Sand und Kieſelſteine mit ſich führte, vom
Keller abzuhalten. Während das halbe Dorf Theil nahm
an dieſem Kampfe für den Wein und gegen das Waſſer, denn
das ganze Dorf war dabei betheiligt, verſuchte das Waſſer
heimtückiſch einen andern Streich. Vor einem Spycher ſtund
ein Fäßchen mit ungelöſchtem Kalk, bis dorthin ſpülte das

Wasser unbemerkt, schlich dem Fäßchen an die Füße. Da fing es an zu zischen und zu brausen in demselben, und noch eine Viertelstunde, so hätten die Leute mit Feuer zu thun und das Wasser im Keller freie Hand gehabt, aber ein kluger Mann, der seine Augen gerne in allen Ecken hat, sah den Rauch und rief zur nöthigen Hülfe.

Auf der andern Seite der Egg, Heimiswyl zu, strömten die Wasser, was sehr merkwürdig ist, wieder feindselig besonders auf einen Keller los, und zwar auf den, oder vielmehr die Keller des Lochbachbades. Die Wasser in ihrer Bosheit und ihrer fanatischen Wuth gegen die Keller dachten nicht daran, daß den Fundamenten des dortigen Hinterhauses so unsanfte Berührungen unangenehm sein möchten. Sie stürzten sich mit fürchterlicher Gewalt dem Hause, den Kellern zu, nicht nur als ob kein Wein im Keller, sondern kein Stein auf dem andern bleiben sollte. Da war kein Wirth, der dem Wasser unschädliche Bahnen anwies, keine Dorfschaft, die um den Wein besorgt, ihm mannlich zur Seite stund; aber beide ersetzte eine kuraschirte Hausfrau, die den Muth nicht verlor, dem Wasser sich entgegen stemmte, so gut es sich thun ließ, und schuld ist, daß der Schaden nicht größer wurde, als er ward.

Dieses Gewitter schädigte Einzelne bedeutend, ängstigte viele Leute, gab Stoff zu mancher Rede; aber daran dachte man nicht, daß es nur ein ganz kleiner Vorbote eines Riesengewitters sei, mit dem der Schoos der Wolken schwanger ging.

Es blieb heiß, und den vierten August war ein stark Gewitter. Da schien auf einmal der Sommer zu schwinden, der Herbst einzukehren; und auf wunderbare Weise theilten sie den Tag unter sich. Der Morgen war herbstlich, man glaubte der Kühe Läuten, der Hunde Jagdgebell hören zu müssen, dann ward der Abend wieder sömmerlich und von des Donners Stimme hallten alle Berge wieder. Ganze Nebelheere hatten der Schweiz sich zugezogen, waren über die Berge gestiegen, hatten in die Thäler sich gestürzt und lagerten sich grau und wüst über den Thalgründen und an den Thalwänden. Von allen Seiten waren sie hergekommen, als ob alle Mächte der ehemaligen sogenannten heiligen Allianz, die rings uns umgürten, vereint in ihren Ländern alle Dünste und alles die Luft Trübende zusammengeblasen und fortgeblasen hätten über ihre Gränzen weg über unsere Berge herein, daß es sich da ablagere und niederschlage zu Graus und Schrecken der armen arglosen Schweizer. Wirklich berichten Astronomen, daß in Deutschland, und besonders im Norden desselben, wo die pfiffigen Preußen wohnen, die witzigen Berliner, die unsern Herrgott Morgens und Abends mitleidig bedauern, weil er nicht Witze zu machen verstehe wie sie, die Atmosphäre nie so lauter und durchsichtig gewesen sei als in jenen Tagen des Augusts, wo am Morgen Nebelmassen, am Abend Wolkenmassen schwarz und schwer den Schweizern, mit denen jeder unverschämte Belli sein Bubenwerk treiben zu können meint, über die Köpfe hingen, den Gesichtskreis trübend, das Athmen erschwerend.

Diese Massen waren nicht arglose Wölkchen, die auf sanfter Winde leichten Fittigen reisen von Land zu Land und rosenroth in der Abendröthe Schein lächeln über's Land herein; diese Massen bargen Verderben in ihrem Schoose und entluden sich unter Blitz und Donner gewaltig und zerstörend.

Zuerst schienen sie nur Spaß treiben zu wollen, etwas groben freilich, so wie man ihn um den Schwarzwald herum gewohnt ist und an der Donau rauhem Strande und an der Oder superfeinem Sande. Sie jagten die Kühe auf dem Leberberge in die Sennhütten und erschreckten die L...nauer, ihnen ihre Herzkäfer, mächtige Schweine durchs Dorf schwemmend.

Dann zogen sie, wie Anno 1798 die Franzosen, vom blauen Berge weg das Land hinauf der Hauptstadt zu, trüb und feucht. Sie wetterten zwei Tage über der Hauptstadt, daß ein Theil der Hauptstädter zu zagen begann, der andere

5 *

sich erboßte, daß es so laut hergehe im Lande ohne obrigkeitliche Bewilligung. Und rathlos zwischen beiden Theilen stund
verblüfft ein Direktor — oder Präsident, mit seinen zwei
müßigen Sekretärs, und wußte nicht recht, sollte er erschrecken
oder sich erbosen; er drehte mühselig und vorsichtig in steifer
Cravatte den Kopf nach beiden Seiten, um zu erforschen, was
am räthlichsten sei. Aber die Blitze zuckten, feurigen Schlangen gleich, der Donner schmetterte seinen Schlachtenruf, die
Winde braußten ihr Loblied, sie frugen nichts nach Landjäger-
kommandanten, nichts nach Polizeidirektoren, sie zuckten, schmet-
terten und braußten als die Herren des Landes, deren Ruf
und Schelten Alles unterthan.

Bäume brachen, Häuser krachten, Thürme wankten, bleich
verstummte das Menschenkind und barg seinen Schrecken in
des Hauses sichersten Winkel. Und als die zornigen Wolken
den Herrlein und den Fräulein gezeigt hatten, wer Meister
sei im Lande, wälzten sie sich, jeden Tag von neuen Dünsten
schwerer, durch neue Nebelmassen gewaltiger, noch weiter das
Land hinauf. Aber zu reich gesättigt vermochten sie sich nicht
zu schwingen über der hohen Berge hohe Firnen, dem trocknen
Italien und dem weiten Meere zu. Schon an den Voralpen
blieben sie hängen, tobend und wild, und sprühten mit gewaltigen Wassergüßen um sich. Die Truber, die Schangnauer,
Marbacher, die Escholzmatter wurden tüchtig eingeweicht, die
Röthenbacher glaubten argen Schreck erlebt zu haben. Menschenleben gingen verloren, Land wurde verwüstet. Die zwei
wilden Schwestern, von ungleichen Müttern geboren, die zorn-
müthige Emme und die freche Ilfis stürzten in rasender Umarmung brüllend und aufbegehrend das Land hinab, entsetzen
die Zollhausbrücke und überall ward ihnen zu enge im weiten
Bette. Bebend stand der Mensch am allgewaltigen Strome.
Er fühlte die Gränzen seiner Macht, fühlte, daß nicht er es
sei, der die Wasserströme brausen lasse über die Erde, und sie
wieder zügle mit kühner mächtiger Hand. So wild und auf-

gebracht hatte man die Emme lange nie gesehen. Unzählbare Tannen und viel ander Holz schwamm auf ihrem grauen Rücken und erschütterte die Brücken; aber diesmal ward ihrer Gewalt ein baldig Ziel gesetzt und der grauende Morgen fand sie bereits ohnmächtig geworden.

Am Morgen des 13. Augusts erhob sich die Sonne bleich über ihrem lieben Ländchen. Der Mensch glaubte, der Schreck von gestern, als sie so schnell von dem wilden Heere überzogen ward, weile noch auf ihren blassen Wangen. Der arme Mensch dachte nicht, daß das Grauen vor dem auf der lieben Sonne Antlitz war, dessen Zeugin sie sein sollte an selbigem Tage. Es war der Tag des Herrn und von Thal zu Thal klangen feierlich die Glocken, sie klangen über alle Eggen, in alle Gräben hinein und stiegen dann in immer weicheren Klängen zum Himmel auf. Und von allen Eggen und aus allen Gräben strömte die andächtige Menge dem Hause des Herrn zu. Dort stimmte in feierlichen Klängen die Orgel feierlich der Menschen Seelen, es redete tief aus dem Herzen herauf der Pfarrer tief in die Herzen hinein; und aus manchem Herzen stiegen gen Himmel Wölkchen christlichen Weihrauchs — das Sehnen, daß der Herr einziehen möge in sein himmlisches Jerusalem — in des frommen Beters geheiligtes Herz. Vom hohen Himmel herab hörte das wüste Wolkenheer das feierliche Klingen, das sehnsüchtige Beten. Es ward ihm weh im frommen Lande. Es wollte dem Lande wieder zu, wo wohl die Glocken feierlich läuten, wo wohl viel die Menschen beten, wo aber in den Herzen wenig Sehnen nach dem Himmel ist, sondern das Sehnen nach Liebes-Genuß und des Leibes Behagen. Und auf des Windes Flügeln durch Windessausen wurde allen Nebelschaaren und allen Wolkenheeren entboten, sich zu erheben aus den Thälern, sich loszureißen von allen Höhen der Hohnegg zu, um dort zu grauenvoller Masse geballt durchzubrechen in das Thuner Thal, und von diesem lüsternen Städtchen weg einen leichten Weg zu finden aus dem frömmern Land ins ähnlichere Land. Sie gehorchten dem Ruf. Schaar um Schaar, Heer um Heer wälzte dem Sammelplatz sich zu. Von Minute zu Minute wurde dichter und grauenvoller der ungeheure dunkle Wolkenknäuel, der an die Wände der Hohnegg sich legte und deren Gipfel zu beugen suchte zu leichterem Durchgang für die schwer beladene Wolkenmasse. Aber der alte Bernerberg wankte nicht, beugte sich nicht, wie ungeheuer der Andrang auch war, wie klug ein kleines Beugen auch scheinen mochte. Als die Wolkenheere in tausend Stimmen heulend, tausendmal fürchterlicher als tausend Hunnenheere heranstürmten, lag schweigend der Berg da in trotziger Majestät und sperrte kühn den Weg, nach alter Schweizerweise, die den Feind hineinließ in's Land, aber nicht wieder hinaus. Da hob höher und höher der Knäuel sich, aber durch die eigene Schwere immer wieder niedergedrückt, ergrimmte er zu fürchterlicher Wuth und schleuderte aus seinem feurigen Schoose zwanzig züngelnde Blitzesstrahlen auf des Berges Gipfel nieder und mit des gewaltigsten Donners Getöse versuchte er zu erschüttern des Berges Grund und Seiten.

Aber der alte Bernerberg wankte nicht, umtoset von den grimmigsten Wettern, beugte sein kühnes Haupt nicht vor den zornerglühten Blitzesstrahlen. Unten im Thale stund lautlos die bleiche Menge rings um die Häuser, im Hause hatte niemand Ruhe mehr; vor dem Hause stund neben dem blassen Mann das bebende Weib, und schauten hinauf in den gräßlichen Wolkenkampf an des Berges Firne. Schwarz und immer schwärzer wie ein ungeheures Leichentuch mit feurigen Blitzen durchwirkt, senkte sich das Wolkenheer über die dunkel werdende Erde und auch durch das Thal hinab fing es an zu blitzen und zu donnern. Ein langer Wolkenschweif, die Nachhut des großen Heeres, dehnte sich das lange Thal hinab, und am trotzigen Berge zurückgeprallte Wolkenmassen eilten blitzend und donnernd, geschlagenen Heeressäulen gleich, über die Häupter der Zitternden. Schwer seufzte der Mann aus tiefer Brust; ein „das walt Gott" nach dem andern betete in dem bebenden

Herzen das bebende Weib. Da zerriß im wüthenden Kampfe der ungeheure Wolkenschoos, losgelassen wurden die Wassermaffen in ihren luftigen Kammern, Wassermeere stürzten über die trotzigen Berge her; was dem Feuer nicht gelang, sollte nun im grimmen Verein mit den Waffern versucht werden. Es brüllte in hundertfachem Wiederhall der Donner, tausend Lawinen donnerten aus den zerrissenen Seiten der Berge nieder in's Thal; aber wie kleiner Kinder Gewimmer verhallt in der mächtigen Stimme des Mannes, so kam plötzlich aus den Klüften der Hohnegg und der Schyneggschwand über der Donner und der Lawinen Schall eine andere Stimme, wie Trompetengeschmetter über Flötengelispel. Waren es Seufzer versinkender Berge? War es das Aechzen zusammengedrückter Thäler? Oder war es des Herrn selbsteigene Stimme, die dem Donner und den Lawinen gebot? Lautlos, bleich, versteinert stund die Menge, sie kannte den Mund nicht, der so donnernd wie tausend Donner sprach durchs Thal hinab.

Aber in einsamer Bergeshütte sank auf die Kniee ein uralter weißbärtiger Greis; und hob die sonst so kräftigen Hände zitternd und betend zum Himmel auf: „Herrgott, erbarme dich unser! betete er. Die Emmenschlange ist losgebrochen, gebrochen durch die steinernen Wände, wohin du sie gebannt tief in der Berge Schoos, seit Anno 64. Sie stürzt riesenhaft durch den Röthenbach ihrer alten Emme zu, vom grünen Zwerglein geleitet. Ach Herrgott, erbarme dich unser!" Er allein da oben hatte die Sage von der Emmenschlange noch nicht vergessen, wie nämlich der zu besonderer Größe anschwellenden Emme eine ungeheure Schlange voran sich winde, auf ihrer Stirne ein grün Zwerglein tragend, welches mit mächtigem Tannenbaum ihren Lauf regiere; wie Schlange und Zwerglein nur von Unschuldigen gesehen würden, von dem sündigen erwachsenen Geschlecht aber nichts als Fluß und Tannenbaum. Diese Schlange soll von Gott gefangen gehalten werden in mächtiger Berge tiefem Bauche, bis in un-

geheuren Ungewittern gespaltene Bergwände ihren Kerker
öffnen; dann bricht sie los, jauchzend wie eine ganze Hölle,
und bahnt den Wassern den Weg durch die Thäler nieder.
Es war die Emmenschlange, deren Stimme den Donner überwand und der Lawinen Tosen. Grau und grausig aufge-
schwollen durch hundert abgeleckte Bergwände stürzte sie aus
den Bergesklüften unter dem schwarzen Leichtuche hervor, und
in grimmem Spiele tanzten auf ihrer Stirne hundertjährige
Tannenbäume und hundertcentnerige Felsenstücke, moosicht und
ergraut. In den freundlichen Boden, wo die Oberei liegt,
stürzte sie sich grausenvoll, Wälder mit sich tragend, Matten
verschlingend, und suchte sich da ihre ersten Opfer. Bei der
dortigen Sägemühle spielte auf hohem Trämelhaufen ein liebliches Mädchen, als die Wasser einbrachen hinter dem Schallen-
berg hervor. Um Hülfe rief es den Vater, auf der Säge sich
zu sichern rief ihm derselbe zu vom gegenüberstehenden Hause.
Es gehorchte dem Vater, da wurde rasch die Säge entwurzelt
und fortgespült wie ein klein Drucklein. Das arme Mädchen
hob zum Vater die Hände auf, aber der arme Vater konnte
nicht helfen, konnte es nur versinken sehen ins wilde Fluthen-
grab. Aber als ob die Sägeträmel dem Kinde hätten treu
bleiben wollen, faßten sie es in ihre Mitte, wölbten ihm ein
Todtenkämmerlein und thürmten sich unterhalb Röthenbach zu
einem gewaltigen Grabmale über ihm auf. Sie wollten nicht,
daß die Schlange es entführe dem heimischen Boden, sie hüte-
ten es in ihren treuen Armen, bis nach Wochen die Eltern es
fanden, und es bringen konnten an den Ort der Ruhe, wo
sein arm zerschellt Leibchen ein kühles Plätzlein fand, gesichert
vor den bösen Fliegen, die es im Tode nicht ruhig ließen, aber
auch sein Kämmerlein den Suchenden verriethen.

Einen armen Köhler jagten die Wasser in seine Hütte,
zertrümmerten ihm diese Hütte und wollten ihn weiß waschen,
den schwarzen armen Mann, bis er weiß zum Tode geworden
wäre; aber auf einen Trämel, der ihm durch die Hütte fuhr,

setzte er sich, und ritt nun ein halsbrechend Rennen mit
tausend Tannen, bis er Boden unter seinen Füßen fühlte
und an dem Berge hinauf sich retten konnte. Der arme
Mann weiß nichts mehr zu sagen von seiner Todesangst und
Todesnoth, aber daß der Bach ihm seine Effekten weggenommen, aufs wenigste einundachtzig Batzen werth und darunter
zwei Paar Schuhe, von denen die einen ganz neue Absätze gehabt, das vergißt er nicht zu erzählen und wird es auch im
Tode nicht vergessen.

Die Kühe in der Riedmatt hatten am Morgen ihre
Meisterleute ungern gehen sehen an die Kindstaufe in der
Grabenmatt, hatten ihre Häupter bedenklich ihnen nachgeschüt-
telt; als nun der Donner brüllte und die Wasser brausten, da
retteten sie sich in eine Hütte und schauten von da wehmüthig
übers Wasser nach der Grabenmatt, ob der Meister nicht kommen wolle ihnen zu Rath und Hülfe. Als die Wasser die
Hütte zerstießen, da riefen sie gar wehlich nach dem Meister,
und vom Wasser fortgerissen, wandten sie ihre stattlichen Häupter immer noch dem erwarteten Meister entgegen, doch umsonst.
Es wußtens die Kühe, wie tief ihr Elend dem Meister ins
Herz schnitt, der eine der geretteten aber schwer verletzten Kühe
nicht zu schlachten vermochte, weil sie ihm zu lieb war. Während in der Weid die Kühe verloren gingen, stunden im Hause
die zurückgebliebene Magd und ein Knabe Todesnoth aus.
Auf dem Brückstock hatten sie sich gerettet und der Knabe
das Fragenbuch, in dem er in der Stube gelernt hatte, mitgenommen. Auf dem Brückstock lernte derselbe nun fort und
fort in Todesangst und Todesschweiß, bis die Noth vorüber
war, im Fragenbuch. Das war ein heißes Lernen! Der
Knabe nennt es Beten — und wird dasselbe eben so wenig
vergessen als der Köhler seine alten Schuhe mit den neuen
Absätzen.

Die tiefe Furth wurde dem Bache zu enge immer mehr,
er riß die Ufer immer weiter auseinander zur Rechten und

zur Linken, stieg hoch hinauf zu beiden Seiten, warf schwere Steine in hohe Matten, bespülte den Fuß des höher gelegenen Dorfes Röthenbach und gewaltige Tannen bäumten hoch sich auf, den Menschen, die sie nicht erreichen konnten, wenigstens zu drohen. Unterhalb dem Dorfe zerriß er die dortige Säge- mühle und stürzte sich nun das liebliche Thälchen hinab.

Um ihre Hütten stunden dort schon lange die armen Be- wohner schauernd in dem Feuer des Himmels, welches das Thal erfüllte, die Menschen blendete, Menschen und Hütten zu verzehren drohte. Da drang das furchtbare Tosen zu ihnen heran, ihm nach alsobald stürzte schwarz die ungeheure Fluth, hoch auf ganze Bäume werfend, radweis schwere Trämel über- schlagend vor sich her. Ein Stück des Bodens, der sie vom Bache trennte, nach dem andern verschwand. Die Fluth wühlte sich um ihre Füße, untergrub des Hauses Seiten, warf Tannen durch die Fenster, erschütterte mit Trämeln den ganzen Bau, alles in wenig Augenblicken. Da wards den armen Leuten, als ob die Tage der Sündfluth wiederkehrten; es floh wer fliehen konnte nach allen Seiten der hohen Bergwand oder hohen Bäumen zu. Mütter ergriffen ihre Kinder, Söhne tru- gen ihre Väter, arme Wittwen führten ihre Ziegen, Andere flohen in Angst mit dem, was ihren Händen am nächsten lag, mit einem Hausgeräth oder gar mit einem Stück Holz oder Laden.

Aber wer steht dort unter der Thür der Hütte, die im Wasser wankt, wankend und blaß, winkend mit den Händen, da ihr Jammergeschrei im Rollen des Donners, im Toben der Fluth, im Krachen der fortgerissenen Holzmasse ungehört ver- hallt? Eine arme Kindbetterin ist's, die vor einer Stunde ein Kind geboren, aufgeschreckt worden ist aus ihrer ohnmäch- tigen Schwäche durch das Brüllen der Wogen, und das Kind im Fürtuch tragend bis an des Hauses Schwelle sich schleppte, aber die Kraft nicht hatte, durch die sie umringenden Wasser sich zu wagen mit dem wimmernden Kindlein. Schon glaubte sie zu fühlen, wie der Tod kalt an's Herz ihr trete, vor den Augen flimmerte es ihr, auf den Wellen getragen wähnte sie sich; da zeigte Gott einem wackern Manne das arme winkende Weib. Der zauderte nicht, folgte dem Winke, setzte das eigene Leben ein und rettete kühn die Mutter und ihr Kind. Wohl, es giebt noch getreue Schweizerherzen!

Mitten zwischen Röthenbach und Eggiwyl stunden zwei Häuser mitten im Thale, nicht weit von des Baches flacher gewordenen Ufern, „im Tennli" nannte man die beiden Häuschen, von denen das eine ein Schulhaus war, das andere ein Krämer bewohnte mit Weib und Kindern, von denen zwei die Gabe der Sprache entbehren. Die Wasser hatten des Krämers Haus umringt, ehe er fliehen konnte mit seinen Kindern, seiner Kuh; durch die Fenster der untern Stube schlugen gewaltige Tannenbäume, er flüchtete sich mit den Seinen in die Kammern hinauf. Aber nun erst sahen sie recht die Größe ihrer Noth, die Wuth der Fluth, die unaussprechliche Gewalt, mit welcher die größten Bäume, wie Wurfgeschütze hoch aufgeschleudert wurden und ihrem Häuschen zu, wie sie an den Fenstern vorbeifuhren und sogar das Dach über den obern Fenstern beschädigten. Sie sahen das oberhalb leetstehende Schulhaus aufrecht daher schwimmen und an der westlichen Ecke des Daches sich feststellen; es schien ein Schirm von Gott gesandt, Holz stauchte davor sich auf, ein immer sicherer werdendes Bollwerk. Da betäubte die Hoffenden ein fürchterliches Krachen, eine Woge hatte das Schulhaus fortgerissen, mit ihm das schützende Holz. Auf's neue donnerten die Tannen, Sturmböcken gleich, an das schutzlose Häuschen; auf's neue gruben die Wellen dem Häuschen das Grab; es senkte sich mehr und mehr, und mit lebendigen Augen mußten die Armen immer näher schauen ins grause Grab hinab, das ihnen die wüthenden Fluthen tiefer und immer tiefer gruben. Sie ertrugen den Anblick nicht, er war fürchterlicher als ein sterbliches Herz ertragen mochte. In der obern Ecke der Kammer knieten sie nieder, die Eltern die

Kinder umschlingend, die Eltern von den Kindern umschlungen;
dort weinten sie und beteten und bebten und kalter Schweiß
bedeckte die Betenden. Und die Kinder jammerten den Eltern
um Hülfe und die Stummen liebkosten und drängten sich an
die elterlichen Herzen, als ob sie in denselben sich bergen möchten, und die Eltern hatten keinen Trost den armen Kindern
als Beten und Weinen, und daß sie alle miteinander unter-
gehen, in der gleichen Welle begraben werden möchten. Ueber
drei fürchterliche Stunden harrten sie aus, betend und weinend,
litten jede Minute die Todespein, litten hundertachtzig Male
die Schrecken des Todes, und die Herzen schmolzen nicht, ihre
Augen brachen nicht in dieser gräßlichen Noth! Der Herr
hörte das Beten. Das entsetzte, untergrabene, und halbein-
gefallene Häuschen blieb stehen, und die armen Kinder mußten nicht trinken aus den trüben Waffern. Der Mann mit
seinen Kindern wird sein Lebtag an seinen Herrn im Himmel
denken, den mächtigen Retter in so großer Noth, sonst verdiente
er, daß der Herr auch seiner nicht mehr gedächte in einer andern Noth.

Von da bis zur Mündung in die Emme liegt noch manches schöne fruchtbare Heimwesen, liegen Mühle und Säge und
gerade oberhalb der Mündung Eggiwyl. Dieses Thälchen herunter brauste die wüthende Fluth, durch Ströme aus jeder
Bergesrinne immer höher anschwellend, in ganzer Thalbreite,
zerstörte die Säge, nahm im wohlbesorgten Leimegut ein
Scheuerchen mit zwei Kühen weg, und stürzte nun auf Eggiwyl zu. Auch hier hatten die wilden Wetter getobt auf un-
erhörte Weise, und als nun von oben her das Schnauben und
Brüllen der Waffer den Donner überstimmte und die Blitze
immer feuriger zuckten, da ergriff alle der heilige Schrecken
des jüngsten Tages. Sie glaubten der Posaune Ruf zu hören,
sie gedachten ihrer Sündenschuld, ihre Kniee wankten, trugen
sie kaum auf den nächsten Hügel, kaum vermochten sie zu beten,
nicht um ein gnädiges Gericht, sondern um des Vaters Er-

barmen. Unten im Dorfe hatte des Sagers Familie vor dem
strömenden Regen sich in die Stube geflüchtet, nur der alte
Vater war noch draußen geblieben zu sehen, was da kommen
werde. Seiner alten Frau war nicht wohl in der Stube ohne
Aetti, der nicht mehr flink auf den Beinen war, sie wollte ihn
holen unten im Baumgarten, wo der Alte, auf seinen Krücken-
stock gelehnt, in die Wetter schaute. Da brachen plötzlich die
Wasser ein, erfaßten die beiden alten Leute und trugen sie der
brüllenden Emme zu. Der alte Mann wurde an einen Baum
geschwemmt und kaum hielt er sich an demselben fest, sah er
sein altes Fraueli bei sich vorbei treiben, bittend die Hände
aufheben, glaubte zu hören wie sie, „ach Gott" sagte — und
er konnte nicht helfen, konnte seinem alten Fraueli nicht helfen,
das seinetwegen in den Wassern schwamm, mußte es in den
Fluthen begraben sehen, während er selbst gerettet wurde. Hat
der Mann wohl die Lösung der Fügung gefunden: warum der
liebe Gott sein Fraueli zu sich genommen, ihn selbst noch auf
Erden gelassen hat?

Das Dorf Eggiwyl war bis hinauf zum Pfarrhaus über-
fluthet, die Mühle beschädigt, aber besonders die untere Säge
dem Fluthendrange ausgesetzt, wo des alten Sagers Sohn mit
Weib und Kind in der Stube war. Sie retteten sich mit
schwerer Noth hinauf auf das Futter, aber als sie die Häupter
ihrer Lieben zählten, fehlte ihnen ein theures Haupt, ein
rosenrothes dreijähriges Mädchen. Sie suchten es so gut sie
konnten, glaubten es endlich in den Fluthen vergraben und
jammerten laut um den Liebling. Den Jammer hörte endlich
ein tüchtiger Mann, der von dem Wasser überfallen, auf einem
Baume geborgen saß. Der Drang zu retten stieg ihm zu
Herzen und er vom Baume, über wankende Trämel weg durch
die schäumende Fluth und sprang durch ein Fenster in die
Stube, in welcher Stühle schwammen und Tische. Er suchte
da das Kind und fand es nicht. Er rief, aber kein Stimm-
chen antwortete ihm. Er suchte endlich im Nebenstübchen.

Da fand er das Kindlein erstarrt, bis an den Hals in Schlamm und Sand eingemauert, das Köpfchen in den Unrath gesenkt, zwischen zwei Betten, wohin es die Eltern so oft getragen hatten, wenn ihns die Schlafnoth angekommen war, und wo es jetzt Rettung gesucht haben mochte in seiner Wassernoth. Der unerschrockene Mann machte sachte das Kindlein los, trug es den gleichen Todesweg zurück, ohne daß der Fuß ihm bebte oder stärker das Herz ihm klopfte. Erst als er das Kindlein legte in der Mutter Schoos und dem Vater die stille Freude aus den Augen glühte („als der Vater ihm um den Hals fiel", pflegt man sonst in solchen Fällen zu schreiben, aber ein Eggiwyler nimmt wohl den andern bei dem Hals, aber daß ein Eggiwyler dem andern um den Hals gefallen sei aus Zärtlichkeit, weiß man sich seit Mannesdenken nicht zu erinnern), da klopfte dem mächtigen Manne doch stärker das Herz und trieb ihm die Röthe ins Gesicht. Ein inneres Etwas sagte ihm: der himmlische Vater hätte gesehen, was er gethan, und das werde ihm wohl kommen an jenem Tage, dessen Einbrechen sie heute erwartet, der jeden erreichen wird zu der Stunde, die der Vater festgesetzt hat.

Das Mädchen kam wieder zu sich, blühte noch in selber Nacht einem Röschen gleich und verlangte dringend zu Großmüetti in's Bett, — ach das arme Kindlein wußte nicht, wie naß und kalt dem Großmüetti gebettet worden war.

Der Zusammenfluß der Emme und des diesmal mächtigern Röthenbachs war fürchterlich, der ganze Thalgrund ward angefüllt mit wüthenden Wassern, bedeckt mit Holz und Häusern, zwischen denen eine Kuh oder ein Pferd seinen betäubten Kopf nach Rettung emporhob. Wie die tausend und tausend Stücke Holz, ganze Tannen mit ihren Wurzeln, ästige Bäume, hundert Fuß lange Bautannen, Trämel von drei Fuß im Durchmesser, die Schwellen- und Brückenhölzer, die Hausdächer, die Spälten alle den Weg fanden im engen Bette der Emme durch das dichte Schachengesträpp, das meist an beiden

Seiten des Flusses sich hinzieht, könnte niemand begreifen, wenn man nicht bedächte, welche ungeheure Gewalt die Holzmasse riß durch Dick und Dünn, eine Gewalt, entstanden eben durch die unnennbare nachdringende Holzmenge und die furchtbare Wassermasse, geschwängert mit fetter Erde und darum doppelt so schwer und doppelt so gewaltig.

Keine Tentsche schützten das Land, hie und da brach auch kein Schachen mit seinem Unterholz den Zug des Stromes, darum wankte in der Holzmatt das dortige Krämerhaus im Wasserstrome, darum überschüttete er das schöne Dippoldswyl, riß dem reichen Zimmezeier ein Scheuerchen um und zahlte ihm dafür mit Sand und Steinen aus. Untenher wendet sich die Emme von der rechten Thalseite auf die linke in kurzer Beugung. Wenige Schritte unterhalb der Beugung ohne Schutz, fast in gerader Richtung mit der Emme oberm Lauf, stunden zwei Häuser, von denen eins wieder ein Schulhaus war. Hier nun stürzte die Hälfte der Emme, krumme Wege hassend, gerade fort, zertrümmerte das eine Haus, jagte durch das Schulhaus Trämel als ob es Kanonenkugeln seien, und ergoß sich über das fruchtbare Horbengut, mehr als zwölfhundert Korngarben mit sich schwemmend.

Der andere Theil der Emme fluthete unter der schönen Horbenbrücke durch, wo kein Joch den Wasserstrom hemmte, das Anhäufen des Holzes erleichterte. Und doch war es der halben Emme zu eng unter dem weiten Bogen, sie wühlte sich um die Brücke herum, würde in kurzer Zeit den Brückenkopf weggerissen, die Brücke in die Wellen gestürzt haben, wenn nicht jede irdische Gewalt ihr Ende fände und also auch der Emme Macht und Gewalt. Sie rührte bei der Eschau Säge das Holz untereinander und strömte durch Stall und Stuben, sie erbarmte sich des schönen Ramseigutes nicht, wurde erst recht wild, als der noch nicht abgebrochene mittlere Satz der unglücklich angefangenen Bubeneibrücke ihren Lauf hemmte, und überströmte dort fürchterlich.

Wie es den armen Leuten allen durch alle die Schächen nieder in all den schlechten ärmlichen Häuschen ward, als der gestrige Schreck in dreifachem Maaße wieder kam, als der Strom so plötzlich sie überfluthete, Leben und Habe gefährdend, und niemand wußte, wohin sich retten, welches Ende der Vater da oben der Noth gesetzt, das kann ich nicht beschreiben. Ginge Einer aber von Häuschen zu Häuschen, er würde vieles vernehmen und in jedem Häuschen Neues, Rührendes und Schönes, Heldenmuth von Mann und Weib, Gottesfurcht bei Jung und Alt; er würde hören von manchem Gewissen, das aufsprang im Donner der Fluthen, von manchem Glauben, dem die gewaltigen Wogen nicht nur des Hauses Thüre, sondern auch des Herzens Pforten sprengten zu offenem weitem Eingang. Aber das Alles so recht schön und treu zu erzählen wäre schwer.

Ich aber bin nicht gegangen von Häuschen zu Häuschen, sondern nur der Emme nach, sah wie furchtbar sie wider Schüpbach anrannte und wieder in der dortigen Beugung die Säge theilweise zerstörte, die Brücke zerriß, in immer wüthenderem Laufe den Emmenmattschachen überschwemmte, die dortige Straße durchbrach und die heute matte schwesterliche Ilfis verächtlich bei Seite schiebend, der Zollbrücke zustürzte, um dort das gestern angefangene Werk zu vollenden.

Sie kam gerade noch zu rechter Zeit, um den dortigen Arbeitern die Mühe des Abbrechens zu ersparen, und einer Schaar Neutäufer tückisch den Uebergang zu wehren, boshaft ihnen Wasser um die Füße wirbelnd zu abermaliger Taufe, trübes freilich, aber wie es zu ihrer Lehre paßt, nach welcher der O..bach-S.... bald ihr heiligster Heiliger werden wird.

Mit gewaltigen Armen riß sie die Brücke weg, trug sie spielend fort, als ob sie dieselbe bei der berühmt gewordenen Wannenfluh aufführen wolle; doch zertrümmerte sie dieselbe obenher. Bei der Wannenfluh erbarmte sie sich Menschen

und Vieh, spühlte die damals zu schmale Straße, auf der
Menschen den Hals, Pferde die Beine gebrochen hätten, theil-
weis fort, und nahm den Rest von circa zwanzig bis dreißig-
tausend Franken Lehrgeld, welches der gute Stand Bern ihr
zahlte, damit sie seine mit zwei-, dreitausend Franken besoldeten
oder betaggeldeten Ingenieurs schwellen und straßen lehre, in
Empfang.

Der theure Koth, den sie da verschluckt hatte, würgte sie,
sie spie ihn zu beiden Seiten wieder aus, rechts, wo der sich
alles einbildende X keine Schutzmauer nöthig gefunden hatte,
über das Ramseigut, links über den Schnetzischachen, wo ihn
die liebe Republik noch einmal bezahlen mußte, und wahrscheinlich wieder theuer. Dem aber frug die wüthende Emme
nichts nach, wahrscheinlich eben so wenig als die, für welche
der Staat das Lehrgeld bezahlt.

Wo keine Felsen ihr im Wege stunden, ging sie in nie
gesehener Fülle über beide Ufer weg, trug die größten Tannen
über die höchsten Tentsche und jagte sie mit rasender Gewalt
durch die Schächen. Eben diese Wasserfülle hauptsächlich be-
wahrte die untere Gegend vor unendlichem Unglück, vor einem
Durchbruch der Emme, einem Ergießen des Hauptstromes
durch eingerissene Schwellen und Dämme in's freie Land hinaus. Wäre der erfolgt, dann wären Dörfer zu Grunde gegangen und viel mehr Menschenleben, indem man in Ebenen
dem Wasser nicht entfliehen kann wie in Thälern, wo die zwei
Seitenwände wenige hundert Schritte auseinander liegen. So
ergoß die Emme nicht an einem Orte, sondern fast allenthalben und zu beiden Seiten ihren Ueberfluß, so entlud sie
sich auch einer Masse Holz, die, im Strome geblieben, noch
manche Brücke zerrissen hätte. Auf die armen obrigkeitlichen
Schwellen und Arbeiten hatte es die Emme mit besonderer
Bosheit abgesehen, wahrscheinlich weil die für den Staat
Schwellenden sie frecherweise ein klein Mühlenbächlein genannt
hatten.

Am Fuße von Lützelflüh lag auch eine Schwelle, die trotz allem Warnen auf neue Mode, d. h. auf Land gebaut worden war; schon lange lag sie im traurigsten Zustande, aber man sagte es nicht gerne, und zu klagen hielt der Respekt die untern Besitzern ab. Aber der verhöhnte Egglwylfuhrmann kannte keinen Respekt, er zerstörte die letzten Reste dieser traurigen Schwelle und nahm eine Ecke Land mit sich. Zum rechten Einreißen hatte er keine Zeit, sonst hätte diese theure aber traurige Schwelle auch noch ein theures Ende genommen.

Auf der Brücke zu Lützelflüh stund eine bange Menge. Hier und obenher hatte man ein Anschwellen der bereits verlaufenen Emme nicht geahnet. Wohl sah man seit drei Uhr einen schwarzen Wolkensaum an den obern Bergen, sah Regen dort und Blitze und hörte hie und da einen dumpfen Donner; kleine Tropfen waren gefallen, ein schöner Regen strich gegen Abend über's Land und gelassen rüsteten die Männer ihre Tubakpfeifen, um einem Schoppen nachzugehen. O wenn der Mensch wüßte in jeder Stunde, wie es andern Menschen wäre zur selben Stunde, dann wäre ihm selten mehr eine glückliche Stunde vergönnt!

Auf einmal erscholl der Emme Gebrüll in dem friedlichen, sonntäglichen Gelände. Man hörte sie, ehe sie kam, lief an die Ufer, auf die Brücke. Da kam sie, aber man sah sie nicht, sah anfangs kein Wasser, sah nur Holz, daß sie vor sich her zu schieben schien, mit dem sie ihre freche Stirne gewappnet hatte zu desto wilderem Anlauf. Mit Entsetzen sah man sie wiederkommen, so schwarz und hölzern und brüllend, und immer höher stieg das Entsetzen, als man Hausgeräthe aller Art daher jagen sah: Bütten, Spinnräder, Tische, Züber, Stücke von Häusern, und diese Trümmer kein Ende nahmen und der Strom immer wilder und wilder brauste, immer höher und höher schwoll. Wo ein fühlend Herz war, das brach in Jammer aus über das entsetzliche Unglück, dessen Zeugen der Thäter selbst an ihren Augen vorbeiführte.

Dem wilden Strome war auch diese Brücke im Wege.
Er stürmte mit hunderten von Tannen an deren Jöcher, schmetterte Trämel um Trämel nach, stemmte mit großen Haufen
Holz sich an, schleuderte in wüthendem Grimme ganze Tannen
über diese Haufen weg an die Brücke empor wie ein Schwefel-
.hölzchen, brachte endlich das Dach einer Brücke und verschlug
damit die Bahn zwischen beiden Jöchern. Da krachte die
Brücke und hochauf stürzten die Wasser mit jauchzendem Ge-
brülle. Ein jäher Klupf ergriff die auf der Brücke Weilenden,
kaum trugen die zitternden Gliedern sie auf sichern Grund:
ein angstvoll Bangen klemmte die Herzen der Umstehenden zusammen, die Stimme stockte in des Menschen Brust. Der
Nachbar faßte am Arme den Nachbar und nur ein einzelnes:
Jetzt, Jetzt! wurde hörbar unter der lautlausen Menge. Die
Brücke wankte, bog sich, schien klaffen zu wollen fast mitten
von einander, da′zerschlug der Strom in seiner Wuth sein
eigen Werk, schmetterte einen ungeheuren Baum mitten an das
schwellende Dach. Nun borst statt der Brücke das Dach und
verschwand unter der Brücke in den sich bäumenden Wellen.
Es war der Durchgang wieder geöffnet, es ward wieder frei
die Stimme in des Menschen Brust, und jede frei gewordene
Brust brachte ein „Gottlob" zum Opfer dar. Es wußten
diese Menschen, daß man das Aergste erwarten muß, wenn
blinde Wuth sich selbst den Weg verlegt. Aber wo das Aergste
droht, da hilft oft Gott; er gebeut, und die machtlose Wuth,
die sinnlose Leidenschaft zerstört durch eigenes Beginnen die
eigenen Zwecke.

Tobend wüthete die Emme das Thal hinunter, viele hundert Fuß breit, fast von einem Emmenrain zum andern, Hasle
und dem Rüegsauschachen zu. Dort hatten die Winkelwirth-
schaften sich längst geleert, männiglich ängstlich die.dreifach ge-
jochte Brücke verlassen, die mit ihren engen Zwischenräumen
den Holzmassen den freien Durchgang wehrte. Hier, wie an
allen obern Orten, dachte kein Mensch an Maßnahmen zu

Schirmung der Brücke, wie es doch in früheren Zeiten üblich war, und namentlich bei der Haslebrücke. Die gehemmte Emme bäumte Tanne auf Tanne, Trämel auf Trämel, bis weit oberhalb der Brücke thürmten sich die krachenden Holzhaufen. Zu beiden Seiten strömten nun die Waffer aus mit immer steigender Gewalt und suchten dem Strom eine ungehemmte Bahn. Noch einige Minuten und ihr Beginnen wäre auf der Hasle Seite gelungen. Es harrten in den Schrecken des Todes die Kalchofenbewohner der einbrechenden Wafferfluth, welche die ganze Oberburg Ebene verwüstet, ein neues Bett sich gegraben hätte. Es flohen die Rüegsauer durch das steigende Waffer, und überall war ein Beten, daß die Brücke doch von einander gehen möchte. Und die Betenden erhielten den Beweis, daß Gott oft Gnade für Recht ergehen läßt. Die Brücke brach in zwei Theile, diese kreuzten sich majestätisch mitten auf der Emme, schwammen aufrecht einige hundert Schritte weiter hinunter, pflanzten dort nicht weit von beiden Ufern sich auf, stellten das Bild zweier zerstörten Sägemühlen dar, und unglaubliche Holzmaffen fingen sich an denselben. Mitten auf dem Grunde, gegenüber Hasle, oder etwas unterhalb, lagerten sich ebenfalls furchtbare Holzstöße ab, schwellten die Emme wieder, die weiter oben einen Einbruch versuchte, aber zu rechter Zeit von tapfern Männern daran verhindert wurde.

Nachdem oberhalb Burgdorf holzsüchtige Jungen den Muth gehabt hatten, von der wilden Jungfrau eigenmächtig den Holzzehnten zu erheben, schnob diese um so empörter die Bürger Burgdorfs an. Diese vergaßen diesmal das Tändeln mit der Jungfrau, ja vergaßen fast einen Witz zu reißen und schirmten mannlich und glücklich Brücken und Häuser. Nur hielten sie es nicht der Mühe werth, für die lockere Schinderbrücke, die seit Menschengedenken eine lockere war, und wahrscheinlich in Ewigkeit eine lockere bleiben wird, damit man in der soliden Zeit nie vergesse, was locker für ein Wort gewesen, ihr Leben zu wagen.

Verächtlich eilte sie über die niedere Kirchbergerbrücke weg, die mit dem Bauche fast auf dem Grunde ruht; was nicht unter ihr durch mochte, sprang lustig über sie hin. Sie wußte, es wäre in Utzenstorf viel zu löschen und abzukühlen gewesen, auch kannte sie ihren alten Weg, auf dem sie in den Sechsziger Jahren mitten durch's Dorf gegangen und beim Spritzenhaus einen Mann ertränkt hatte, noch gar wohl; allein eigener Wogendrang trieb sie gerade aus, und nur ein klein Brücklein nahm sie weg. Den Bätterkindern goß sie eine gute Portion Wasser über ihr Büchsenpulver. Den Wylern vertrieb sie für einige Zeit die Lust zum Wässern, aber nicht zum Prozediren; den Herren von Roll zu Gerlasingen schonte sie, die waren ihr zu gute Kunden, um ihr Schwellen und Dämme verderben, dem Canton das Holz verwässern zu helfen. (Es nimmt Einen doch wunder, was die Solothurner für ein Gewissen haben. In ihrem Canton erlauben sie keinem Berner an ihren Fyrtigen zu arbeiten, die den Berner doch nichts angehen; ungenirt ziehen sie aber an unserem und ihrem Sonntag mit ihren wüsten Banden Emme auf und ab durch unsern Canton und ärgern alle Leute. Kömmt euch denn euer Glaube nicht nach in unsern Canton, oder glaubt ihr, es gebe keinen Sonntag in unserm Canton? Das könnte aber, nach der herrschenden Erbitterung zu schließen, ein baldiges trauriges Ende nehmen. Leute, laßt doch die Emme am Sonntag ruhig, stört sie nicht muthwillig, sonst zeigt sie euch wieder was sie am Sonntag kann, und läßt auch euch am Sonntag nicht ruhig!)

In Biberist hatte sie Lust, die Abweißsteine am dortigen Stutz, die seit Jahren da liegen, ohne daß sie jemand aufgerichtet hätte, zurecht zu setzen. Wahrscheinlich fiel ihr ein, das Solothurner Blatt werde vielleicht einmal seine Nase nicht nur in andere Cantone stecken, sondern auch in den eige-

nen Canton, und dort dahin, wo es Noth wäre, an den Bi-
beristſtutz z. B., darum eilte ſie vorbei und brünſtig in die
Arme ihrer älteren Schweſter. Auch dieſe hatte durch die
Zulg und Rothachen einen Theil der Waſſer empfangen, die
über die Gipfel der Berge eingebrochen, aber auf der Weſt-
und Südweſtſeite niedergeſtürzt waren. Vereint trugen beide
Trümmer weit in's Aargau, bis in den Rhein hinunter. In
Aarau wurde ein Brett der Schüpbachbrücke mit folgender In-
ſchriſt aufgefangen: Ich bendicht Dälenbach brugvogd zu der
Zyt in Schüpach han im namen der zweien Uirteln diſe brüg
laſen bon 1652.

Nach einem unendlich langen Abend lagerte endlich die
Nacht über der Erde ſich. Wolken bedeckten den Himmel.
Was dem Auge verhüllt ward, das kam mit dreifachem Grau-
ſen durch das Ohr zum Bewußtſein des Menſchen. Da riſſen
die Wolken auseinander, und durch die Spalte ſah der Mond
nieder auf die Waſſerwüſte; ſeine blaſſen Strahlen erleuchteten
Streifen des ſchauerlichen Bildes.

Man ſah Wogen ſpritzen, Tannen im Waſſer ſich bäumen, rieſigen Schlangen gleich, ſah ganze Bäume ihre Aeſte
hervorrecken aus dem flimmernden Wellenſchaum, man glaubte
Kraken ihre ungeheuren Arme ausbreiten zu ſehen in dem un-
gewohnten Waſſer. Bald verhüllte der Mond ſich wieder, ergraut darüber, was ſeine Strahlen enthüllten, und das ganze
Bild verſank in ſchwarze Nacht.

Da gingen die Menſchen; die Einen ihren Häuſern zu,
Andere zur Labung und weil die angefüllte Bruſt noch der
Rede bedürftig war, einem Schoppen nach, Wenige blieben zu wehren und zu wachen in der Nähe des Fluſſes,
der in dem Maaße, als ſeine Wuth ſchwand, an Heimtücke
zunahm.

Wo Menſchen ſich fanden, da war bange Nachfrage nach
den Uebelthaten, die der Fluß unten und oben im Lande aus-
geübt. Wie auf Windesflügeln flog die Kunde den Fluß hin-

auf, den Fluß hinab; man wußte nicht woher sie kam, wußte nicht wer sie brachte; augenblicklich war sie in aller Ohren, und jeder Mund sprach sie gläubig nach. Röthenbach, Eggiwyl, Schüpbach sollten zerstört, Eschau, Bubeneisägen weggenommen, ungezählte Menschenleben verloren gegangen sein; man nannte Viele und die Weise ihres Todes. Mit der Rüegsaubrücke seien nicht weniger als fünfzig Menschen dem Tode verfallen, mit dem Lochbachsteg ebenfalls Menschen dem Fluß zur Beute geworden, so lauteten die Nachrichten; und wie die Brücken zu Burgdorf, Kirchberg, Bätterkinden gebrochen worden, wußte man ganz genau. Zu Bestätigung des Unglaublichen, was anderwärts vorgegangen sein sollte, erzählte man sich das Unglaubliche, was man mit eigenen oder befreundeten Augen gesehen haben wollte. Auf der Brücke zu Lützelflüh erzählte man sich von Kühen und ihrem Gebrüll, von einem Kinde in der Wiege, von Männern auf einer Tanne, welche alle sichtbarlich unter der Brücke durchgefahren sein sollten. Man erzählte: auf dem Klapperplatz hätte die Emme eine Bäurin sammt Roß und Bernerwägeli fortgerissen, und diese Bäurin sei mit Roß und Wagen unter der Brücke durchgefahren, das Roß noch eingespannt und lebendig vorauf, die Bäurin bolzgrad, munter und fett hinten auf dem Sitz, das Leitseil in der einen Hand, aber mit der andern hätte sie mit einem rothen Nastuch sich die Augen ausgewischt. Ja man erzählte: auf einem aufrechtstehenden Kirschbaum sei Einer daher geschwommen gekommen, in seiner Angst hätte er immerfort gekirset, so stark er konnte; den eben voll gewordenen Kratten hätte er über die Brücke herein reichen wollen. Solches erzählte man an Ort und Stelle, wo es geschehen sein sollte, niemand hatte es selbst gesehen, und doch wurde das Meiste geglaubt; nur das letzte Müsterlein wollte Vielen doch gar zu ung'hürig vorkommen.

Es ist eine merkwürdige Sache, wie bei allen großen Unglücksfällen an Ort und Stelle, noch während denselben oder doch unmittelbar darauf, Dinge erzählt werden, ob denen Einem die Haare zu Berge stehen, die lauter Lug sind, erzählt, geglaubt werden von Mann zu Mann, und woher sie kommen, wird nie ergründet. Es verzehrte einmal das Feuer ein ganz Städtlein. Um die Mitternachtstunde hatte der Blitz eingeschlagen, um fünf Uhr Morgens erzählte man sich an Ort und Stelle folgende Dinge: Ein einzig Kind sei verbrannt, man wisse nicht wo und wie; ein Weib sei erschlagen worden von einer zu einem Fenster herausgeworfenen Kommode; ein durch viele Brandwunden scheußlich zugerichtetes Weib hätte einen Mann dringend um den Tod gebeten, der habe unb'sinnet sein Sackmesser genommen und es dem Weibe in die Brust gestoßen; der Pfarrer sei ganz feurig seinem Hause entronnen, und in einem Wirthshause sei eine große Kammer ganz voll Handwerksbursche gewesen, die seien alle mit Haut und Haar verbrannt. Und von allem diesem war keine einzige Sylbe wahr.

So wie dieses geschieht, wird auch selten ein bedeutend Unglück sich ereignen, dessen Ankündigung man nicht durch besondere Zeichen will vernommen haben. Als am Abend der großen Wassernoth die Leute bei ihren Schoppen zusammensaßen, die Neuigkeiten alle verhandelt waren, und die Nacht mit ihrem geheimnißvollen Schauer näher und näher ihrer Mitte zurückte, sagte Einer: Man hätte es eigentlich wissen können, daß es etwas Furchtbares geben werde. Ein Holzhändler hätte ihm erzählt: er sei in den letzten Tagen auf den Bergen hinter Röthenbach gewesen, und hätte dort Kröten oder Frösche auf Tanntschuplene angetroffen; und wenn diese Thiere in die Höhe sich flüchteten, so sei dies ein untrüglich Zeichen, daß sie nicht mehr sicher auf der Erde seien, das fühlten sie lange voraus. Das komme ihm curios vor, sagte ein Anderer, doch hätte auch er es bestimmt voraus gewußt, daß die Emme groß kommen würde, nur auf eine andere Art. Er habe nämlich letzthin um Mitternacht an der Emme Pfähle

schlagen hören, auch in Rüederswyl habe man es deutlich vernommen, und das sei das gewisseste Zeichen von einer nahen
außerordentlichen Wassergröße. Davon hatten die Meisten
auch gehört, äußerten ihren Glauben an diese Vorbedeutung,
aber auch ihre Neugierde: was eigentlich denn dieses Pfähle-
schlagen sei, und woher es rühren möge? Einer, dem man es
ansah, daß sein Geldseckeli bei weitem nicht so groß sei wie
sein Durst, sagte: wenn man ihm einen Schoppen zahle, so
wolle er verzählen, was das sei. Er hätte es oft von seiner
Großmutter erzählen hören; die hätte aber auch mehr gewußt
als andere Leute, und es allemal voraussagen können, wann
die Emme groß kommen würde. Des Handels wurde man
bald einig, und folgendes vernahm man: Vor vielen tausend
(hundert, wollte er wahrscheinlich sagen) Jahren ist das Schloß
Brandis nicht da gestanden, wo das, welches im Uebergang
1798 verbrannt ist, sondern auf dem darüber liegenden Hügel
ob dem Burgacker, wo man weit hinaus sah in's Land und
in viele Gräben hinein. Zur selben Zeit wohnte in dem
Schlosse ein gar grausamer Zwingherr, der seine Leute ärger
behandelte als das Vieh. Das ganze Jahr durch mußten seine
Lehensleute oder Leibeigenen für ihn bauen, jagen, pflügen,
fischen, holzen u. s. w. Er war grausam reich und alles Land
weit und breit gehörte ihm. Er saß ganze Tage auf hohem
Thurme und schaute über all sein Land weg, wie seine Bäuerlein arbeiteten für ihn; und wenn er eins nicht emsig genug
gläubte, so geißelte er es Abends im Schloßhofe mit eigener
Hand oder sprengte flugs auf seinem fuchsrothen Hengst an
ihn's hin und schlug es, daß die Steine hätten schreien mögen. Nicht halb genug gab er ihnen dazu zu essen; sie mußten dann noch zu Hause den Weibern und Kindern wegessen,
was diese mit Noth und Mühe für sich gepflanzet hatten. Selten einen Tag hatte ein Mann, um für sich zu arbeiten, und
doch sind sie ihm das, laut ihren alten Pergamentbriefen nicht
schuldig gewesen.

Aber wenn Einer ein Wort nur redete von diesen Brie-
fen oder daß ihm sonst etwas nicht recht sei, so warf ihn der
Zwingherr in's Thurmloch und ließ ihn dort unter Kröten
und Schlangen verrebeln. Man soll diese Gefangenen oft bis
in's Thal hinab haben schreien und lamentiren hören. So hatten die armen Leute auch einen ganzen Winter nichts für sich
arbeiten können, nicht einmal holzen, geschweige denn schwellen
an der Emme; und doch sei die Schwelle ganz weg gewesen
und schon im vergangenen Herbst hätte die Emme großes Unglück angerichtet und den Leuten alle ihre Erdäpfel verderbt
(der nimmt, wie Viele, die Erdäpfel auch als eine Naturnoth-
wendigkeit an, die so wenig je hätten fehlen können als die
Sonne). Das sei gerade obenher gewesen, wo jetzt die Farb
und Bleiche sei.

Da hätte der Müller eines Abends gemerkt, daß der Flühluft komme über die Berge vom warmen Italien her, und
daß der Steigrad von oben bis unten sein schwarz Wegli bekommen hätte, das sicherste Vorzeichen hilben Wetters. Marei,
habe er seiner Frau gesagt, morgen soll ich für den Herrn
Steine führen von Oberburg, aber das darf ich nicht. Schon
schmilzt der Schnee, grausam viel liegt in den Flühnen; wenn
nicht geschwellt wird, so nimmt die Emme mir Haus und
Mühle weg. Ich will auf's Schloß und es dem Herrn sagen,
so viel Verstand wird er doch haben, daß er das begreift, ist die
Mühle doch soviel sein als mein. Uli, habe seine Frau gesagt,
dahin gehe mir bei Leib und Sterben nicht; es ist besser, die Emme
nehme dir die Mühle weg, als der Herr schlage dir den Gring
ein. Mühlene giebt es noch viele, aber Kopf bekömmst du
keinen andern mehr.

So disputirten sie die halbe Nacht mit einander, aber
der Müller gab der Frau nicht nach. Am Morgen zeitlich
machte er sich auf und betete noch in der Kirche zu Lützelflüh
zwei Vaterunser; denn zur selben Zeit beteten nicht nur die
Müller noch, sondern sogar die Wirthe. Der Müller war ein

mächtiger Mann mit Achseln wie Tennsthore, aber doch wurden ihm die Beine schwer, als er den Schloßberg aufging. Im Hofe bellten die Hunde, Pferde wieherten; die Knechte waren gerüstet mit Spieß und Schwerdt, und ein Bäuerlein stund unter ihnen. Der hatte Bericht gebracht, daß er zwei Bären gesehen hätte in der Nacht beim Mondenschein, draußen auf der Egg, wo jetzt Neuegg, nicht weit von der Hölle, liegt. Der Herr war aufgefahren aus dem Bette, hatte Jagd befohlen, befohlen, so viel Bäuerlein zusammen zu treiben, als in der Eile möglich wäre: denn er lechzte nach Bärenstreit und Bärenfleisch, und an Bauernfleisch war ihm nicht viel gelegen.

Zugleich mit dem Müller kam er in den Hof, rasselnd mit Schwerdt und Sporen, fast sieben Schuh hoch und mit rothen Augenbraunen fingerslang. Mit seinen grauen Augen blitzte er durch den Schloßhof, und mit seiner Löwenstimme ließ er manches Donnerwetter erkrachen über die Knechte, die ihm zu langsam geschienen hatten in seiner Bärenbrunst.

Da trat ihm bescheiden der Müller in's Gesicht und bat drungelich: daß der hohe Herr ihn doch an diesem Tage möchte zu Hause lassen mit noch Einigen, um zu schwellen, der Flüh, luft gehe, und der Steigrad habe ein schwarzes Wegli, breit fast wie der Schloßweg, und schon regne es warm von den Bergen her, und Schwelle sei keine mehr, wie der gnädige Herr wisse.

Mit dem eisernen Handschuh schlug der Ritter dem Müller auf's Maul und befahl ihm, statt Steine zu führen, die Bären treiben zu helfen. Der Müller wollte einreden demüthiglich, aber der Ritter, schon zu Roß, schlug ihn auf den Kopf mit der Eisenfaust, trieb ihn mit bäumendem Roß zum Thor hinaus, und voran durch den schmelzenden Schnee mußte der Müller dem Ritter. Mit altem Buchenlaub wischte der Müller sein blutend Gesicht ab, aber sein wuthblutendes Herz konnte er mit keinem Laub abwischen.

Die Bärenspur war bald gefunden, sie führte gerade in die Hölle. Die Schlucht war umgangen, die Jäger verstellten sich, die Bäuerlein fingen an zu treiben; die Hunde blieben gekoppelt. Der Ritter wagte lieber Bauern als Hunde an die gefährliche Jagd. Die Bären hielten hart, wie kein Wild gerne ein trocknes Lager verläßt, wenn der Sturm beginnt. Endlich stürzten ganz nahe vor den Treibern beide aus dem finstern Schlund und beide schnurstraks auf den Ritter zu. Der stellte sich ihnen entgegen wie eine Mauer, und wehrte sich handlich mit Schwerdt und Spieß. Aber zwei wüthende Bären sind doch mehr als ein Ritter, der abgesessen vom Pferd, darhalten muß. Der Müller sah des Ritters Drangsal, und als biederer Schweizermann gedachte er nicht an das Vergangene, sondern nur, daß ein Mensch in Bärennoth sei; er sprang dem Ritter zu Hülfe, und schnell waren die Bären gefällt.

Der Ritter saß wieder hoch zu Roß; auf Schlitten waren die Bären gelegt, die Bäuerlein zogen die Schlitten; der Müller zog mit an den Schlitten, und kein Wort des Dankes hatte ihm der Ritter gesagt. Sie hatten ein mühselig Ziehen; der mit warmem Winde gekommene Regen hatte nicht nur den Schnee geschmolzen, sondern auch den Boden aufgeweicht, und des Müllers Kraft war nöthig. Als sie diesseits Schaufelbühl hervor gegen die Hochwacht kamen, sahen sie wüthend die Emme und bereits eingebrochen durch den Farbschachen niederfluthen. Da ließ der Müller ungefragt seinen Schlitten fahren, stürzte durch den Wald in's Thal nieder, den nächsten Weg seiner Mühle zu. Aber schon fand er seine Mühle nicht mehr, fand oben an der Halde Weib und Kinder, aber der Säugling fehlte. Nachbarn hielten das verzweifelnde Weib, das in die Fluthen sich stürzen wollte, dem ertrunkenen Kinde nach. Lautlos, mit gerungenen Händen stund der Müller an der Halde Rand über dem wilden Wasser. Da kam auf fuchsrothem Hengst der Ritter angesprengt und drang mit Toben und harten Reden auf den Müller ein, daß er unbefugt den Schlitten verlaſſen. Der aber hob ſeine geballten Fäuſte zum Ritter auf und nannte ihn Kindesmörder und des Teufels leibhaftigen Sohn. Da ſchmetterte des Ritters Streitart auf ſeinen Retter nieder, und rücklings mit geſpaltenem Schädel ſtürzte dieſer die Halde hinab in die wilde Fluth.

Da hob die Müllerin ihre Hände zum Himmel auf und verfluchte den Ritter: daß er keine Ruhe im Grabe haben ſolle, ſondern Emme auf und ab ſchwellen müſſe in dunkler Nacht bei drohender Waſſergröße, und ſtürzte ſich dann ihrem Mann und ihrem Kinde nach in die Wellen. Lange noch ſah die betäubte Menge blutige Kreiſe von des Müllers geſpaltenem Schädel das Waſſer niederziehen, und neben ihnen hoch aufgeſtreckt die fluchende Hand der Müllerin.

Aber trotzig, würdig ſeines trotzigen Geſchlechtes, ritt der Ritter heim, und trotzig geberdete er ſich je einen Tag wie den andern. Aber eine unſichtbare Gewalt ſchien den mächtigen Leib zu verzehren, er fiel alle Tage ſichtbarlich zuſammen, und ehe das Jahr um war, und der Flühluft wieder kam von den Bergen her, ward der trotzige Freiherr von Brandis begraben zu Lützelflüh. Dort liegt er, tief in der Kirche Chor, ſein Grabmal ſieht man nicht. Aber wenn der Flühluft über die Berge weht, wenn der Steigrad den ſchwarzen Streifen zeigt, wenn heiße Dünſte wettern wollen in den Bergen, ſo regt es ſich und ſtöhnt in des Ritters Grabe. Er muß auf, muß faſſen mit ſeiner knöchernen Hand die ſchwere Streitart, muß in ſeinem eiſernen Gewande die Emme auf und ab, die rothen Augenbraunen flatternd im Nachtwinde. Wo er lockere Pfähle ſieht, da muß er hämmern mit ſeiner Streitart, muß neue einſchlagen, wo die Noth es will, der Menſch ſie nicht gewahrt; muß durch ſein Hämmern, das ſchauerlich wiederhallt an den Felſen durch die Nacht, die Anwohner warnen, zu wehren und zu wahren zu rechter Zeit der Emme Schwellen und ihr Eigenthum; und muß dann ſtehen da, wo er den

Müller erschlagen, bis er wittert Morgenluft, bis von der Mühle herauf der Hahn kräht, dann erst darf er wieder in seines Grabes Moder.

Die Familie schmerzte dieser Bann; um schwer Geld sollte ein kundig Mönchlein ihn lösen, denn der Glaube, daß mit Geld und Gewalt alles zu machen sei, hatte sie so trotzig gemacht. Der aber sprach nach langem Forschen: Dieser Fluch löst sich nicht, bis die Emme zahm wird, bis sie keine Schwellen mehr braucht, bis kein Herr einen Müller drückt, bis kein Müller sich ob fremdem Mehl vergißt.

Da erschrak die Familie, verkaufte Haus und Hof und verließ das Land; sie wollte den grauenvollen Ahnherrn nicht schwellen und hämmern hören von hohem Schloß in dunkler Nacht, an den Schwellen und Wehren ihrer Leibeigenen. Aber da bleiben mußte der Alte und schwellt fort und fort, denn wann wird wohl der Fluch sich lösen?

So sprach der Bursche, der unterdessen mehr als einen Schoppen getrunken hatte, aber viel weitläufiger, als es hier zu lesen ist. Seinen Zuhörern war mancher kalte Schauer über die Haut gelaufen, aber doch gar wohlig war's ihnen um's Herz geworden, und die Schoppen, die sie bezahlten, zählten sie nicht. Wenn nur der Bursche die ganze Nacht durch erzählt hätte, die ganze Nacht durch hätten sie Schoppen bezahlt ungezählt. Aber er endigte, die Thüre ging auf, und den alten Ritter glaubten sie zu sehen, die rothen Augenbraunen flatternd im Nachtwinde; da ward ihnen gar schaurig zu Muth, und weit weg von der Thüre floh jeder. Doch es war nur ein Postillon, der zu der zurückgebliebenen Post sehen wollte.

Da eilten sie nach Hause, aber Manchem fröstelte es den Rücken auf, bis er heim war und den Kopf auf dem Hauptkissen hatte. Der Schlaf fehlte keinem, wohl aber Allen schwamm bald das Bett in der Emme, bald kam die Bäurin auf dem Wägeli dahergefahren, bald ein ungeheurer Tannen-

baum; oder er jagte Bären, fühlte des Ritters Handschuh im
Gesicht, oder gar dessen Streitart auf seinem Schädel. Alle
konnten schlafen in weichem Bette, keine Schuttstatt war ihr
Bett, keinem war ein theures Haupt verloren gegangen, und
wem kein Engel Gottes an der Haupteten wachte, dessen selbsteigene Schuld war es.

Am folgenden Morgen zeigte die Sonne ihr Antlitz nicht
am Himmel, sie verbarg es hinter dichtem Wolkenschleier; sie
wollte das Elend nicht sehen, welches der gestrige Tag gebracht, nicht sehen den Jammer aller Art, der zu Tage trat
in dem dreizehn bis vierzehn Stunden langen Thale, welches
die Wasserfluth durchtobt hatte. Dieses Thal, durch welches
die Emme fließt, bis sie in die Aare sich mündet, also das
eigentliche Emmenthal, ist eines der schönsten und lieblichsten
im Schooße der Schweiz, und gar manches Kleinod des Landes erhebt sich auf den mäßigen Emmenhügeln und luegt
freundlich über's Land, oder steht keck auf der Emme abge-
wonnenem Schachen oder Moosgrunde und erntet in reicher
Fülle da, wo ehedem die Emme Steine gesät und Steine ge-
wässert. Wer kennt nicht die üppige Wasservogtei im Solothurnergebiet mit ihren schönen Matten, dem fruchtbaren Acker-
land, den herrlichen Bächen, den schönen Kirchthürmen, statt-
lich und stolz über den finstern Strohdächern, der Dörfer
kothigem Wesen, dem lustigen aufgeräumten Völkchen, das
vor lauter Aufgeräumtheit nicht immer alles sieht, was noch
aufzuräumen wäre? An der Emme liegt Landshut, erniedrigt
vom hohen Altisberg, wo es ehedem stund, auf niedern Felsen
in's ebene Land, dem Ritterthum eine fünfhundertjährige Vorbedeutung. Auf dem jenseitigen Ufer erheben zwei Thürme
sich aus der Bätterkinder reichem Dorfe. Der eine weiset
nach dem Wirthshause mitten im Dorfe, wo bei beschränkter
Aussicht es laut hergeht unter den vielen Leuten; der andere
nach dem einsamen Kirchlein auf dem einsamen Hügel, wo
endlich des Dorfes Bewohner lautlos schlafen um das Kirch-

lein herum, um sie eine der schönsten Ebenen der Schweiz.
Begränzt von niedern Bergen, hinter ihnen die hehren weißen
Häupter, über Allem weit und tief der unergründliche Himmel.

An die Emme stößt der Utzenstörfer großes Gebiet und
ihr in weitem Gefilde liegendes, unendliches Dorf, in welchem
der Fremdling alles findet, was er sucht (doch selten den
rechten Weg), nicht nur Heu und Stroh, Eier und Tauben,
sondern auch Gutes und Böses, den Sinn, das Herz zu
schmücken und die Sucht nach eitelm Narrenwerk.

Auch Fraubrunnen läßt sein Moos bis an die Emme
gehen, und die Emme hörte deutlich der Gügler Fluchtgeschrei,
aber auch das unglückliche Treffen Anno 1798, wo die in
Schußweite unbedeckt vor einem Walde hirnlos aufgestellten
Schweizer sich tapfer wehrten gegen die übermächtigen Franzosen, doch umsonst. Dort rannte ein hochgewachsenes Mädchen heldenmüthig drei Franzosen an und fand, Pardon ver-
schmähend, den Tod. Dort lief aber auch ein arm Mannli
über Hals und Kopf davon, und, auf dem Moose über einen
Maulwurfhügel stolpernd, rief es fallend aus: Ach, meine
armen Kinder! Es glaubte in seiner Herzensangst von einer
Kugel zum Tode getroffen niedergeworfen zu sein.

Ueber die Emme hin auf Fraubrunnen nieder sieht das
wohlbekannte Kirchberg, dessen Kirchthurm schön und schlank
weit umher gesehen wird in der reichen Gemeinde, ein Finger
Gottes, aufgehoben den reichen Magnaten zur Erinnerung:
von wem der Segen komme in Feld und Haus.

Wo Burgdorf liegt, oberhalb Kirchberg, weiß jedes Kind
im Lande. Der Demant des Thales, erhebt es sich auf seinen
Hügeln, das alte von Bern hartbedrängte, bezwungene, das
neue Bern hartbedrängende, ihm übermächtig gewordene Burgdorf, Schloß und Kirche einander gegenüber, verbunden durch
die dazwischen liegende Stadt, beide die Hüter der Stadt;
das Schloß mahnend an einen freien, die Kirche aufrufend
zu einem frommen Sinn. Der fromme Sinn hat das Bürger-

thum erhoben zu einem freien Sinn, der das Schloß, hoher
Grafen hoher Sitz, in seine Hand gebracht. Freiheit und
Frömmigkeit sind zwei Schwestern, die Wunder thun vereint;
aber flieht die Frömmigkeit, besteht die Freiheit nicht, die
holde Maid verwandelt sich in ein zottig grauenvoll Ungethüm.
Ein Unfrommer ist ein Knecht, darum haßt er die Freiheit
Anderer; in die Fesseln, in denen er liegt, will er die Andern
schlingen. Möglich, daß er seine Sklaverei Freiheit heißt,
daß er zu seinem Stroh Heu sagt, Schlitten seinem Schleif-
trog. — Und was sollte die Burgdorfer hindern, fromm zu
sein? Hat nicht der Herr sie mit einem Garten umgürtet wie
ein Eden, und in diesem Garten Menschenwerke aufrichten
lassen, die Zeugniß reden, daß der Mensch nicht bloß aus
Staub geboren, sondern zu einem höhern Leben bestimmt sei?
Hat er sie nicht umgürtet mit einem freien Lande, und was
hilft dem Menschen frei sein, wenn er aus Staub für den
Staub geboren ist? Was hilft frei werden dem Hund, dem
das Fressen des Lebens Höchstes ist, und das Fressen aus des
Herrn Hand das Kommodste? Was hilft frei werden ihm, der
als Hund geboren ist, als Hund leben soll, als Hund sterben
wird? Freiheit ist der Hunde Elend, ein Herr ihnen Noth-
wendigkeit.

Wenn doch die Menschen alle die Augen aufthäten und
in den Garten Gottes schauten, statt nur in Bücher, besonders in weltsche, es würde mancher mehr sehen, als er sieht.

Während in einem schönen, ziemlich ausgerundeten Emmen-
becken mild und freundlich Oberburg und Hasle liegen, Oberburg mit seiner alterthümlichen Kirche auf Felsengrund, Hasle
mit seiner leichtgebauten, auf nicht viel ertragendem Moos-
boden, strecken Heimiswyl und Rüegsau aus tiefen Gräben
hervor, Heimiswyl seinen Thurm, Rüegsau sein Thürmchen,
schicken ihre Bäche der Emme zu, und bewachen auf hohen
Bergen von mächtigen Höfen weg aus den hier beginnenden
glitzernden Emmenthalerhäusern, den appetitlichsten Bauern-

häusern der Schweiz, vielleicht der ganzen Welt, der Emme Grillen. Mit sonnigen Augen, den Fuß spülend in der Emme Wellen, sieht Lützelflüh hinauf an die mächtigen Berge, woher die Emme kömmt, sieht nieder an den blauen Berg, wohin sie fließt, sieht frei und froh über gesegnetes Land weg hinüber nach dem schwesterlichen Rüederswyl, wo ein dunkler Berg frühe Schatten wirft, aber die Menschen nicht verfinstert, nur einen Vorhang zu ziehen sucht vor den Nesselgraben.

Nachdem der Rahnflüher goldenes Gelände die Emme in halbem Bogen umspannt, streckt der Klapperplatz an derselben lang sich hin, repräsentirt durch das Zollhaus, und jenseits liegt lustig auf sicherem Boden und sicher vor der Abendsonne Brand das alte Lauperswyl, mit prächtigen Kirchenfenstern weit hin funkelnd.

Durch den fruchtbaren Langnauerboden, wo g'wirbige Leute wohnen, hervor, stürzt sich bei Emmenmatt die wilde Ilfis in die Emme, die dann, bei Schüpbach noch freundliche Blicke in die schönen Signauermatten sendend, in's enge Eggiwylerthal hinauf sich beugt. Zwischen tannichten Hügeln oder Bergen strömend, bewässert sie manchen schönen Hof an der Berge Fuß; und wie gut vieles Land am Fuße der Berge ist, ahnet man nicht im unteren Lande, wissen es doch manchmal selbst die Besitzer nicht.

Heimelig steht im Winkel, wo der Röthenbach in die Emme sich mündet, Eggiwyl mit seinem kleinen Kirchlein am Thalrande. Ein schmal, aber liebliches Thälchen hat der Röthenbach sich ausgegraben, und von allen Bergen mußte jeder Regenguß die beste Erde schwemmen in dasselbe, während fetter Mergel an vielen Stellen in der Tiefe liegt. Schöne Heimwesen, Sägen, Mühlen liegen in dem schönen Grunde, doch nach Röthenbach zu auch ärmliche Häuschen, deren Bewohner aber dort an der Sonne behaglicher leben, als viele Palastbewohner Schattseite. Das Thälchen schien so friedlich, daß weder Menschen noch Natur hier den Frieden stören, daß man Unfriede und Aufruhr hier nur träumen zu können schien.

Dieses schöne Thal, das zu unterst in ein Becken sich mündet, worin vor grauen Jahren die Aare und die Emme ihre Gewässer, nach raschem Lauf vom Gebirge her, an der Sonne rasten ließen, das nach oben immer enger wird, in ungezählte Seitenthäler hineinsieht und in Klüften und Felsenspalten hoch an den Bergen ausläuft, war's, welches so traurigen Anblick darbot. Oben im Thale bebte der Mensch vor den Thaten der Wasser, der verwüstenden Gewalt der Natur; aber das Thal hinab trat aus der Menschheit heraus noch erschütternderes Elend zu Tage. Doch unmöglich ist's, das graue, grasse Bild jenes Montag Morgen auf irgend eine Weise lebendig andern Menschen vor die Augen zu zaubern, unmöglich, das lang gewundene Thal und die darin wimmelnden Menschen darzustellen in wahren Treuen. Der Anblick eines Schlachtfeldes, einer zerschossenen Stadt oder Festung, ist furchtbar und mannichfach, aber es sind alles Zerstörungen von Menschenhänden. In allem diesem liegt nur etwas Kleinliches, Unzusammenhängendes, Zufälliges; aber wo ein Element tobte, von Oben angeregt, da ist in der Zerstörung eine großartige Einförmigkeit, ein Ungeheures, welches auszudrücken alle Buchstaben zu klein sind. Wer einen Schauplatz gesehen, wo die Elemente ungezähmt wütheten, wird ihn nie vergessen, aber auch nie darstellen können.

Es möchte jemand wähnen, gegen der großen Donau ungeheuren Ausbruch verschwinde der kleinen Emme kurzer Zornanfall. Er täuscht sich. Der Donau Anschwellen war Folge eines fatalen Stockens des Eises; der Emme Größe erzeugte ein schreckliches Gewitter, das mit Wasser und Feuer die Thäler erfüllte, die Festen der Erde erschütterte. Der Donau Fluthen waren unendlich größer, aber wilder war der Emme Strom. Menschen verschlang die Donau mehr als die Emme, aber fester als die Pesther ihre Häuser hat Gott seine Berge gebaut, die Zuflucht der Thalbewohner. Viel mehr Häuser begruben in Ungarn die Wellen, unendlich mehr Eigenthum ging verloren als bei uns; aber Ungarn ist ein weites Land und doch nur ein Theil des noch weitern Oestreichs, da geht in der Masse der Einzelne verloren, und ein großes Unglück wird klein in so weitem Lande. In einem kleinen Lande aber hat jede zerstörte Hütte Bedeutung, und die Gesammtheit sieht nicht nur den Schaden jedes Einzelnen, sondern fühlt auch dessen Schaden. O es ist gar heimelig in kleinem Lande, wo das Weh des einen Theiles das ganze Ländchen durchzittert! Im weiten Oestreich legen einige Landes-, einige Handelsfürsten Hunderttausende in Conventionsmünze zusammen; im kleinen Ländchen steuert der Bruder dem Bruder sein Scherflein, wie er es eben hat, in verdächtigem Luzernergeld oder in schlechten Neuenburger Batzen, und die schlechten Batzen heilen den Schaden besser, als die Hunderttausende in Conventionsmünze. Und wenn ein armes Bäuerlein mehr geben würde, als der Schultheiß oder der Landammann, was ja leicht möglich sein könnte, so wäre kein Metternich da, der das Bäuerlein des Hochmuths bezüchtigen, sondern vielleicht ein ehrlicher Schweizer, der dem Landammann oder Schultheiß Kargheit vorwerfen würde, denn man giebt hier eben nicht deswegen viel, um der Größte zu sein, sondern um dem Bruder am beßten zu helfen.

Die alten treuen Hüter des Thales, die schützenden Berge, sahen traurig und düster in die Verwüstung nieder. Sie waren fest gestanden, die alten Berge, in der Wuth der Wasser, aber furchtbar waren ihre Seiten zerrissen, sichtbar Stunden weit waren ihre tiefen Wunden. Sie werden vernarben diese Wunden, aber die Narben werden den Nachkommen noch lange reden von der Noth am dreizehnten August 1837, wenn im Thale auch jede Spur derselben längst verschwunden ist. Freilich viel grausiger als die Berge sah am ersten Tage das Thal aus. Was in demselben abgelagert, was weggenommen worden, hatte es in eine lange Schutt- und Sandbank umgeschaffen,

auf welcher Bäume zu tausenden herum und über einander
lagen. Bald hatte der Strom das Thal mit Geröll und Steinen übergossen, bald Schlamm und Sand aufgehäuft bis hoch
an die Bäume, an die Häuser hinauf, bald aber Land und
Straßen verschlungen, einen tiefen breiten Abgrund gerissen in
den schönen Boden.

Auf diesem Felde der Verwüstung schwankten zerstreut
menschliche Wohnungen, untergraben hier oder dort, bald eine
Seite, bald den Hinter- oder Vordertheil hinaushängend in
den Bergstrom, umlagert von Holz, Schlamm oder Steinen.
Eingeschlagen waren die Fenster und aus ihren leeren Fenster-
löchern sahen sie Einen an wie erblindete Menschen aus leeren
Augenhöhlen; und aus solchen Fensterlöchern ragten ungeheure
Tannen heraus, wie vor Zeiten nach wilder Schlacht Speere aus
Menschenaugen. Die reinliche Nettigkeit der Stuben war verschwunden, grauer Schlamm füllte sie an, klebte rings an den
Wänden; aufgespühlt war der Boden, hie und da guckte ein
Hausgeräthe, ein Bettstück aus der übelriechenden Masse, und
verschüchterte Hühner stunden neugierig auf der Schwelle, drehten den Kopf bald links, bald rechts, und konnten gar nicht
fassen, wo die Tischbrucke hingekommen und die Menschen, die
sonst rings sie umsaßen. Hie und da sah man ein Haus, das
Front gemacht hatte gegen den Strom, fast unversehrt stehen
und glänzen mit wohlerhaltenen Fenstern. Eine Baumgruppe
vor dem Hause hatte es gerettet, den Strom gebrochen, den
Sturm der Tanne gewehrt. Die treuen Bäume sahen traurig
und zerschlagen aus, denn gar mannlich hatten sie fest gehalten
und gestritten, für die treue Hand, welche sie besorgt und gepflegt hatte in gesunden und kranken Tagen. Wie ein Held
im Sturme des wildesten Kampfes mächtig und ungebeugt,
wenn ringsum die Schwächern fallen, hielt oberhalb der Luchs-
matt ein gewaltiger und schlanker Saarbaum einsam den tosen-
den Wogenschwall, ganzer Wälder Andrang, festen Fußes aus,
und zeigte am folgenden Tage, wie hoch im Thale Tags zuvor

die Wellen schlugen, und wird es noch den Enkeln erzählen, wenn er von seinen Wunden heil wird.

Keine Mühle klapperte mehr im Thale, keiner Säge Pochen hallte an den Bergen wieder, auf keinem Baume zwitscherte ein lustig Vögelein, die Stille des Grabes lag schauerlich über dem verödeten Gelände. Nur hie und da, bei dämmerndem Morgen, spazierte eine Krähe über die Trümmer, wühlte eine Elster im Kothe; aber die Krähe krähte nicht, selbst die Elster schwieg, wie vom Graus ergriffen.

Da erschienen nach und nach Gestalten der flüchtig Gewordenen zwischen den Trümmern. Lange, lange war den Armen die kurze Sommernacht geworden. Das Erlebte, das Verlorne, die Zukunft wälzten sich schwer über ihre Gemüther, unterbrachen alle Augenblicke den Schlummer, oder ängstigten ihn mit furchtbaren Traumgebilden. Aber Mancher konnte, wollte nicht schlafen, wenn schon die freundlichen Bewohner der Berge ihr weichstes Bett ihm anboten. In der Angst der plötzlichen Flucht, wo keine Abrede möglich war, jedes von dem Orte aus, wo es in selbem Augenblicke stund, fliehen mußte, waren die Familien auseinander gekommen. Der gleichen Bergseite waren die Bewohner eines Hauses zugelaufen, aber nicht am gleichen Punkte sie erreichend, waren sie bald durch weite Gräben getrennt und wußten nichts mehr von einander. Der Mann wußte nicht, war seine Frau im nassen Grabe oder ihm zur Rechten oder zur Linken, die Mutter vermißte ihre Tochter, der kühnere Sohn war vielleicht auf einem Baume geblieben, und hatte erst, nachdem er den ganzen Graus gesehen, eine Zufluchtsstätte gesucht. Es waren am Sonntage Viele ihrem Strich oder ihren Geschäften nachgegangen. Diese wußten nicht, wie es ihren Leuten gegangen, ihre Leute bangten, die Wasser möchten auf dem Wege die Wanderer übereilt haben; sie fanden sich an diesem Abend nicht wieder zusammen. Da nun war Jammer und Wehklage, und ferne blieb der tröstende Schlaf. Man kann sich denken, wie mit dem erften Morgenſchein die Unglücklichen ſich aufmachten und nicht warteten, bis das z'Morgeneſſe z'weg war, ſo dringlich ihre freundlichen Wirthsleute ſie baten, nur einen Augenblick noch darauf zu warten, weil ſie drunten doch nichts erhalten würden.

Wie ſie geſtohen waren am Abend, jedes nach ſeiner Kraft, ſo eilten ſie jetzt am Morgen dem Thale wieder zu, jedes ſo ſchnell es mochte; und wo jedem zuerſt der Anblick in die Tiefe ward, da wurzelte ein ſein Fuß, die Hände rang er über dem Kopf zuſammen, und ein namenloſes Weh erfaßte ihn; dann riß er ſich los, ſtürzte in's Thal, zu ſehen, was ihm genommen worden, was geblieben ſei.

Wie die Alten ihre zitternden Glieder anſtrengten, wie der Stock zitterte in ihren ſchwachen Händen, den Rüſtigen nachzukommen, wie dann der Huſten ſie überfiel, Herzklopfen ſie ſtille ſtellte, wie ihre Seele vorwärts ſtrebte, aus den Augen hervorzubrechen ſchien, den Voraneilenden nach, und wie der träge ſchlaffe Leib die Seele bannte, das war ein herzbrechend Luegen.

Aber noch hinter dieſen Alten, die vorwärts ſtrebten und nicht vorwärts kamen, nicht einmal Athem fanden zu gegenſeitigem Jammer, wankte eine jugendliche Geſtalt, ohne Stock aber mit gebrochener Kraft, auch ſie hatte keinen Athem zum Gehen, keinen zu Worten, nur zum Weinen, und um auch den zu finden, mußte ſie alle Augenblicke niederſitzen an des Weges Rand. Wie naß der Boden ſei, merkte ſie nicht. Es war ein Bäbi, das einen Hans gar zu lieb hatte, dem nun die Angſt das Herz zuſammendrückte: ob Hans nicht treulos es verlaſſen würde, da es nichts mehr beſitze als die Fetzlein an ſeinem Leibe.

Als Bäbeli ſo ſaß in naſſem Jammer und im naſſen Graſe, da fragte es eine Stimme: He, biſt du's Bäbi, was hockiſch da und thuſt ſo nöthli? Es war Hans. Aber Bäbi konnte ihm nicht antworten, es ſchluchzte, daß es ihr's über und über erschütterte. Thu doch nicht so wüst, tröstete Hans, d's Pläre trägt dir nichts ab, komm du gleich zu uns, wir haben dir z'werche und z'esse, und verkünden können wir dann ja lassen, so bald es uns anständig ist. Da wohlete es Bäbi auf einmal, seine Augen glänzten, die Beine wurden ihm wieder leicht, der Athem kam wieder zum Reden, es gab Hans die Hand und sagte: Ih hah glaubt, du sygisch o so ne wüste Hung wie mänge Angere u layisch mih hocke, wil ih nüt meh hah, u das het m'r fast welle d's Herz abdrücke. Du bisch geng e Göhl, sagte Hans, wed selligs vo m'r glaubt hesch, warum hesch mih de yche glah? Zürn doch recht nüt, sagte Bäbi, aber es macht's jetzt afe gar Mänge e so, es isch gar e bösi Welt, es isch afe nüt meh d'r by z'sy. Glücklich und leicht, Hand in Hand, zogen beide den Andern nach und man sah es Bäbi gar nicht an, daß es ihm übel ergangen.

Vereinzelt kamen die Unglücklichen herab zum Grabe ihrer Habe. Der Mann stund trostlos bei dem zerstörten Land, an dessen Verbesserung er Jahre lang gearbeitet hatte, bei dem untergrabenen, verschlammten Hause, das erst neu unterzogen oder zurecht gemacht worden war; das Weib sah zu Thüre und Fenster hinein nach ihrem Hausgeräthe, dem Bette, das erst mit neuen Federn gefüllt, mit neuen Faßenen geziert worden war. Der Anblick wollte ihnen fast das Herz zerreißen. Da hörte der Mann oder das Weib hinter sich ein: „Gottlob, daß du da bist!" — es war die Stimme des Vermißten. Und siehe, aus dem Herzen war schon der halbe Jammer gewichen, und ein Plätzchen war frei geworden für den Trost, daß es doch vielleicht nicht so gräßlich kommen werde, als man es sich gedacht, daß Gott wohl noch alles zum beßten leiten werde, da er ja bereits so Theures wiedergegeben, das man verloren geglaubt.

Andere stunden da, lautlos, zerschlagen, nur eines Gedankens voll. Gestern waren sie gesessen in diesem Hause, es war ganz gewesen, sie hatten Hausgeräth gehabt, Vorräthe, fruchtbringendes Land, muntere Kinder, sie waren da gesessen, waren aber nicht zufrieden gewesen, hatten gemurrt und geklagt über mancherlei, hatten geglaubt, der liebe Gott hätte Allen gegeben, nur ihnen genommen, hatten das gering geschätzt, was sie empfangen, über das sich gehärmt, was sie nicht hatten, so hatten sie geredet gesunden Leibes, der zu essen und werchen sattsam hatte. Mitten in diesem Grollen hatten die Wasser sie aufgejagt und in die Flucht — und jetzt, wie fanden sie ihr Besitzthum wieder, als sie wieder kamen? Da gedachten sie der am gestrigen Tage geführten Reden. Ach in den Boden hinein hätten sie finken mögen über derselben Vermessenheit; ach, wie gerne wären sie jetzt zufrieden gewesen mit ihrem geringen Zustande, wie gerne wollten sie jetzt Gott danken für seine Güte, wenn es noch wäre wie gestern! Aber er war dahin, dieser Zustand, den sie mit so undankbarem Herzen genossen hatten; und Gott hatte ihnen einen andern gegeben, um an demselben sie Dankbarkeit zu lehren, denn wer im Glücke sie nicht lernt, den unterrichtet Gott durch Unglück. Der verlorne Sohn war bei seinem Vater auch nicht zufrieden, erst als er mit den Schweinen ihre Träber theilte, wußte er, wie gut er es vorher bei seinem Vater gehabt. Tausenden von Menschen, denen der Geier der Unzufriedenheit, der Ungenügsamkeit am Herzen frißt, deren Mund beständig von Klagen überströmt, möchte ich dieses Beispiel vor Augen aufrichten und daran schreiben: Wer die Gegenwart unzufrieden verachtet, dem kommen selten Tage des Friedens, jeder kommende Tag macht den vergangenen gut, nimmt einen Theil des Glückes, das man nicht geschätzt, bringt eine neue Last, an die man nicht gedacht, und wo das Leben eitel Jammer war, da ist das Ende der größte. Und an die Rückseite möchte ich schreiben: Aus dem Herzen kömmt nicht nur alles Böse, sondern auch alles Elend, für welches der Mensch keinen Trost bei Gott sucht, oder keinen bei ihm findet.

Am traurigsten aber gestaltete das Unglück sich, wo Unfriede unter der Familie war; hier gab man sich auch in der Noth nicht freundliche Blicke. Gerne hätte das Eine das Andere schuld gegeben an dem ganzen Ereigniß, nun ärgerte man sich wenigstens durch gegenseitige Vorwürfe, daß nicht mehr gerettet worden; und neben dem Gram nistete sich der Groll noch tiefer in die Herzen hinein.

Wo aber Friede war in den Gemüthern, Friede mit Gott und Friede untereinander, da fand sich auch der Muth wieder und das Vertrauen vielleicht noch am gleichen Tage, und der Sinn breitete sich in ihren Herzen aus, der zu dem Beten führt: „Der Herr hat's gegeben, der Herr hat's genommen, der Name des Herrn sei gelobt." Aber man kann sich nicht vorstellen, wie schwer ein armes Weib hat, zu diesem Sinn zu kommen, ein armes Weib, das mit sechs Kindern z'Hus war und jetzt mit blutendem Jammer das Stücklein Erdäpfel sucht, welches es im Frühjahr mit so saurem Schweiß bepflanzt hatte, das Stücklein, welches ihm alles in allem war, seine Kuh, seine Schweine, seine Metzg, sein Kornfeld, sein Kabisplätz, sein ganzer Wintertrost. In einem Stübchen wohnt es mit seinen Kindern, um den Hauszins dient oder taunet der Mann, und wenig bleibt von seinem Lohn für die sogenannten Hauskosten; wenn er noch gehörig für die Kleider sorgen kann und für etwas Brod, so stellt er sich schon wacker.

Und so ein arm Weib, das Geld für die Haushaltung aus seiner Kunkel ziehen, die Kinder warten, speisen und lehren muß, das bei anbrechendem Tage hinaus muß, seinen Erdäpfelplätz zu säubern, die Erdäpfel zu setzen, zu putzen: welches das ganze Jahr hindurch zu jedem Hämpfeli Mist Sorge getragen hat, wie zu Zuckerbröcklene, die Zeit dazu kaum seinem Rade, seiner Haushaltung abstehlen konnte, den ganzen Sommer durch rechnete: ob es wohl genug Erdäpfel erhalten werde und ob auch gute, denn sie sind ja sein Alles in Allem, Voressen, Bratis und Dessert, — ach, so ein armes

Weib, was muß das fühlen, wenn all sein Schweiß, seine Noth umsonst war, wenn es seine sechs Kinder sieht und keine Erdäpfel!

Und so ein altes schitteres Mutterli, das nichts auf Erden mehr hat als ein Bett, ein Rad, sieben Bohnenstauden, sechs Kabislöcher und zwanzig Zeilen Erdäpfel, dem die Gemeinde den Hauszins zahlt, wie muß dem sein, wenn es vor seinem nahen Tode sein Bett, sein Rad, seine Plätzchen verliert; sein Bett war sein Trost, sein Rad der einzige Freund, die Plätzlein sein Brodkorb, seine Freude, wenn es diese alle verliert, und nun gar nichts mehr hat auf Erden, wie muß wohl dem armen Mutterli sein um's Herz? Kann sich wohl eine junge Frau mit Rosen im Gesichte, Gold um den Hals, Seide am Leibe und ringsum die Hülle und Fülle, vorstellen, wie es ihr wäre, wenn Rosen, Gold und Seide verschwunden, sie nichts mehr hätte, als um einen schittern Leib einen bösen Kittel, ein Bett, ein Rad, sieben Bohnenstauden, sechs Kabislöcher und zwanzig kurze Zeilen Erdäpfel, und wie ihr dann wäre, wenn noch Bett, Rad, Plätzlein dahin gingen? Die junge Frau kann vielleicht dunkel ahnen, wie ihr wäre, wenn Rosen, Gold und Seide schwänden, aber das zweite vermag sie nicht zu fühlen. Sie meint vielleicht, wenn sie nichts mehr hätte als ein Bett, ein Rad und sechs Kabislöcher, so wäre ihr dieser Verlust gleichgültig und würde mit dem Andern gehen. Sie irrt, die junge Frau, das kann sie nicht fassen, wie lieb man am Ende das gewinnt, was man einzig noch besitzt — wohl ihr, wenn sie es nie erfassen muß!

So stund Gruppe um Gruppe im wüsten Thale, rathlos, muthlos die ersten Stunden. So ungeheuer schien die Verwüstung, so maßlos der Schade, daß niemand zur Arbeit Muth faßte, weil niemand durch Arbeit dem Greuel zu Boden zu kommen hoffte, kein Ende, keinen Nutzen der Arbeit sah. Es waren furchtbare Stunden und die Sonne schien nicht in's Thal, darum sah es noch grauenvoller in demselben aus, darum waren noch muthloser die Menschen, denn Unendliches vermag die Sonne über die Erde und über die Gemüther, und die, welche am meisten an der Sonne sind, kennen den letzten Theil ihrer Macht am wenigsten.

Von Eggiwyl das Thal nieder sah es ebenfalls traurig und verschlammt aus. Häuser waren beschädigt, Pflanzungen verdorben und mühsam errungenes Vermögen, die Frucht vieljähriger Arbeit, hart mitgenommen in der Holzmatt. Seltener sah man hier das Land mit Steinen überführt, sah Steine meist nur da, wo kein Holz, Unterholz und Stämmiges, auf und hinter den Schwellen stund, an welchem der Stoß der Emme sich brach. Wo sie ungehindert floß, in Zug kommen konnte, da riß sie Steine hinein; wo aber Holz die Strömung hemmte, schwebte sie nur und ließ bloß Sand fallen und Schlamm. Lehholz an der Emme und besonders auf den Wehren, wo dessen Wurzeln die stärksten Bänder werden, ist der beste Schutz; wo kein Holz ist, da taugen auch die sonst so nützlichen Tentsche wenig, denn in die Länge vermöchten sie den ungebrochenen Anprall nicht auszuhalten.

Da oben waren freilich keine Tentsche, wie unten im Lande, da oben lebte man vertraulicher mit der Emme, oder traute mehr auf Gott, ich weiß nicht welches von beiden. Aber die Emme mißbrauchte furchtbar das leichtsinnige Vertrauen, und Gott zeigte, daß man auf ihn nicht trauen dürfe, wo der Mensch sich selbsten helfen kann. Nun werden die Menschen wohl klug werden und Tentsche bauen; in frechem Muthwillen hat ihnen die Emme selbst das Material dazu freigebig geliefert.

Auch hier sah man Gruppen jammern und Verlornes suchen; sah sie die Stellen suchen, wo ihr Korn gestanden, und wo aus dem Schlamme hie und da eine Aehre trübselig mit versandeten Augen aufblickte, sah sie an Zäunen und an Bäumen weggeschwemmtes Korn suchen, sah sie dort zusam-

menlesen Flachs und Hanf, die auf der Spreite weggespühlt
worden.

Flachs und Hanf, so mühselig gepflanzt, so sehnsüchtig
erwartet, um ein Zinslein daraus zu berichtigen, um aus Ku-
der und Knöpfen Leintücher machen zu lassen am Platz der
alten verlöcherten, wo bald der Mann der Frau, bald die
Frau dem Mann des Morgens helfen mußte, die in die Löcher gerathenen Beine ohne Schaden für die Tücher in's Freie
zu bringen; Korn, auf das man sich so gefreut hatte, um
doch einmal selbst in die Mühle geben, einmal selbst backen,
einmal aus eigenem Mehl einen Weißbrei machen zu können
an einem Sonntage, nun war das meiste verschwunden oder
verdorben.

Wohl las man zusammen, was man an Häägen und
Bäumen fand, riß aus dem Schlamm, was man konnte, oder
schnitt bloß die Aehren ab, wusch mühselig in Bächen und
Brunnen Korn und Hafer, Hanf und Flachs, aber bei aller
unendlichen Mühe trug es doch wenig ab. Was so ein arm
Mannli fühlen mochte, während es am Bache sein verdorbenes Korn wusch? Der Ertrag eines Jahres verloren, verloren alle gehabte Mühe und Arbeit, neue Arbeit, neue Mühen
vor Augen, nur um später mit Mühe wieder säen zu können;
ob auch ernten? das eben frug es mit bitterem Gemüthe. Das
arme Mannli hatte Jahre lang bös gehabt, hatte am letzten
Neujahr keinen Wein gehabt über Tisch, seit langem, langem
keinen Schoppen getrunken, um einige Neuthaler zu erübrigen,
weil es sein Stallwerk neu mußte machen lassen, wenn es
nicht einfallen, sein Kühlein nicht erfrieren sollte. Oder es
wollte einige Kronen abzahlen, die es in der theuren Zeit
hatte aufnehmen müssen und seither noch nicht erschwingen
konnte. Oder es sollte Bodenzinse und Zehnten abkaufen
helfen, und entlehnte nicht gerne Geld dazu auf wucherischen
Zins. Dafür hatte es geraggeret und gedarbt, und jetzt alles
dahin, und es zurückgeschlagen für viele Jahre; vielleicht

für sein ganzes Leben! Wie mühselig geht es einem solchen Mannli nicht, bis es zum nöthigen Kreuzer kömmt, geschweige denn zu einem übrigen, wie beengt ist ihm sein Weg dazu? Es muß ihn herausschlagen aus magerm Lande, dessen Verbesserung ihm über Verstand und Kräfte geht, auf zufälligen Nebenverdienst kann es nicht rechnen, ist abhängig von jeglichem Wetter, ist ausgesetzt einer Menge Unglück und Mißgeschick, — sein Kuhli ist sterblich, seine Ziege vergänglich.

Wer will es dem armen Mannli verargen, wenn ihm weh ward am Bache, das Weinen ihm im Herzen kochte, der Muth ausgehen wollte, die Kraft mit dem Zweifel zu ringen begann, ob denn auch ein Gott für ihn's im Himmel wohne? Ein Herr hat schwer es zu fassen, was solche Striche durch die Rechnung für ein arm Mannli sind. Wenn einem Herrn ein Zins nicht eingeht zur Stunde, so wird er unwirsch und redet von bösen Zeiten und Abzwacken in der Haushaltung; und wenn ein Apotheker- oder Doktor-Conto über sein Budget hinaus geht, so giebt er eine Mahlzeit; eine Soiree weniger, kauft sich keine neue Kalesche. Wird ein Kaufmann mit einer Spekulation hart geschlagen, wie viele neue Hoffnungen zu neuen Spekulationen breiten sich nicht vor ihm aus? Er versagt sich deswegen keine Ausfahrt, keine Badefahrt, höchstens unterschreibt er zu irgend einem wohlthätigen Zweck einige Franken weniger. Sie wissen nicht, wie diesem armen Mannli zu Muthe ist. Es ist vielleicht eine einzige Art von Herren, die das Mannli in etwas begreifen können. Die stehen freilich nicht am Bache, schmutziges Korn zu waschen, aber sie sitzen am Bureau und erlesen Conto's, rechnen zusammen, rechnen wieder zusammen, aber wie sie auch rechnen mögen, sie sind in diesem Jahre wieder ärmer, der unbezahlten Conto's mehr geworden; wieder ein Kapital ist aufgezehrt, wieder die Einnahme kleiner und die Ausgaben wollen nicht abnehmen, wollen kein Ende nehmen. Ein solcher Herr sieht, daß in diesem Jahre es wieder mehr zurückgegangen als im vorigen, er sinnet, wo das wohl hinaus solle? Der arme Herr sieht keinen Ausweg. Sie leben bereits so schlecht als möglich; wenn es niemand sieht, nehmen sie für acht Personen zwei und ein halb Pfund Rindfleisch und ein halb Schöppli vierbatzige Nidle per Mal. Aber Aufwand vor der Welt müssen sie doch machen um der Kinder willen; der Frau darf die Toilette nicht geschmälert, verständiger kann sie nicht gemacht werden, und auch er hat nicht die Kraft, sich dieses oder jenes zu versagen. Es fühlt der arme Herr, wie er tiefer und tiefer rutscht einem bösen Ausgang zu. Er kann sich nicht zurückhalten, so wenig als ein Bube den fliegenden Schlitten an der mit Eis belegten Schütte; da macht er es wie der Bube, er macht die Augen zu. Er thut das Bureau zu, zieht den unbezahlten Rock an, stäubt noch einige Stäubchen sorgfältig mit dem Finger weg und geht in die große Societät zu einer Parthie Wist, oder zum Distelzwang etwas Solideres zu essen, als er zu Hause findet.

Trübselige Mannleni sah man das ganze Thal hinab, so weit die Emme übergelaufen war, und wüst und grau sah es aus durch die Schächen und an den Rändern der Emme.

Und doch wimmelte es von frühem Morgen an wieder so lustig durch die Schächen an den Rändern der Emme, auf dem Bette der Emme selbst und bei den Brücken. Von den Höhen aus allen Winkeln stoben Leute, die Holz witterten an der Emme, Leute die Holz wittern wie Raben das Aas. Sie hatten nichts verloren oder Unbedeutendes, darum waren sie so lustig bei der Arbeit. Sie gedachten nicht an die Unglücklichen oben im Thale, sie gedachten nur an das Glück, so viel Holz umsonst zu erhalten, so viel Geld zu Branntewein zu ersparen. Und diesen Branntewein begannen sie zu trinken, Flasche um Flasche sich zutragen zu lassen und Gesundheit zu machen auf das viele Holz, das gute Geschick.

Unter ihnen freilich waren auch Leute, die diesen Sinn nicht hatten, die arbeiteten um Brücken frei zu machen, das gewonnene Holz als Lohn ihrer Mühe betrachteten und später die milde Hand gegen die Unglücklichen aufthaten. Es arbeiteten auch Leute, die gar kein Holz wollten, sondern nur um der Emme freie Bahn zu machen, weiteres Unglück zu verhüten; aber diese beiden Arten waren in weit geringerer Zahl.

Ungeheure Holzhaufen waren überall aufgestaucht, Tannen lagen umher wie Kieselsteine und darauf stürzte die Menge sich. Es wimmelte auf und an der Emme, wie in einem Bienenkorbe, der stoßen will. Aber sie trugen das Holz nicht zusammen, wie fleißige Bienen den Honig, die neidlos um die Blumen lustig surren, friedlich in die Blumen sich theilen und in den Korb es ablegen zu allgemeinem Gebrauch. So viel des Holzes auch war, so hätte doch jeder alleine alles mögen. Wer kennt nicht die Fabel von jenem Hunde, der mit einem Stück gestohlenen Fleisches im Maul über einen Steg ging und unten im Wasser sein eigen Bild erblickte mit dem Fleisch im Maul, wie er nun das Fleisch fallen ließ, in's Wasser sprang, um seinem Bilde das Fleisch zu entreißen, weil er nicht dulden mochte, daß ein Anderer auch Fleisch habe, oder weil er dessen Stück größer glaubte als das seine. So waltete giftiger Neid zwischen den Wimmelnden, keiner gönnte dem andern auch nur ein kleines Stück, geschweige denn ein größeres, jeder suchte das Beste für sich und glaubte doch sich übervortheilt. Die Beschädigten meinten, ihnen gehöre das Holz, die Unbeschädigten gehe es nichts an. Die Unbeschädigten, Hergelaufenen, die größere Menge meinte dagegen, sie hätte das nächste Recht dazu, sie erhielte bei diesem ganzen Unglück nichts als Holz, während, wenn alle Ueberschwemmten entschädigt würden wie an einem gewissen Ort, wohin bei geringem Schaden wahrscheinlich die erste und reichlichste Steuer gekommen (Spaßvögel meinten, die dasige

Bittschrift müßte schon am Abend vor der Ueberschwemmung
gemacht worden sein): so hätten die Beschädigten großen Pro-
fit, sie rühmten sich ja selbsten dessen, und um diesen Preis
würde sie (die Menge) sich recht gern alle Jahr ein paar Mal
überschwemmen lassen.

Ja in Vielen wohnte der teuflische Sinn, der über jedes
Unglück, aus dem sie den kleinsten Nutzen ziehen, sich freut,
dessen Wiederholung alle Tage sich wünscht, unbekümmert um
die, welche dabei zu Grunde gehen. So wie Beschädigte und
Unbeschädigte sich giftig ansahen, so machten die Armen auch
nicht süße Augen denen, die vermöglich waren und doch Holz
sammelten. Der mangelte es nicht, hieß es, aber er ist der
wüstest Hung, er gönnt armen Leuten nichts, man sollte solche
bei den Beinen aufhängen, die nie genug sehen, aber das
wird ihm kein Glück bringen, er wird hoffentlich nichts desto
mehr haben, so redeten sie. Der Neid zwang sie endlich zu
gemeinsamem Arbeiten, und bei diesem Arbeiten tranken sie
Branntewein und waren so preußisch, stolz und bösmäulig, daß,
wer durch sie hinging, nicht nur keinen Dank auf einen Gruß
erhielt, sondern froh sein mußte, wenn er ungeneckt von ihnen
weg kam. Jeder Bettelbub streckte seinen Kopf bolzgrad auf
und machte der ganzen Welt ein trotzig Gesicht. Hintendrein
klagten dann alle bitterlich, daß ihre Ausbeute die Mühe nicht
gelohnt, daß sie allein mehr geschafft hätten, daß die Obern
den besten Theil vorweg genommen, wurden gar noch böse
über die Eggiwyler und Röthenbacher, daß sie für die Emme
nicht mehr Holz zweg gehabt hätten. Und doch sammelte
mancher zwei bis drei Klafter und beklagte sich noch bitterlich.
Und wo waren alle die, die für den ganzen Winter mit Holz
sich versehen hatten, als es eine Steuer galt für die zu Grunde
Gerichteten? Welche gaben? Wie Viele hatten keinen Kreuzer
für sie, sie waren freilich arm, aber das Unglück hatte ihnen
doch für Franken Holz zugeworfen. Ach es giebt Leute, mit
denen man Mitleid haben sollte, und es fast gar nicht kann,

Leute, die meinen, sie seien nur da um zu fordern, zu nehmen,
unverschämt zu sein; andere Leute seien nur da für sie, wie die
Kirschbäume für die Spatzen; die aber selbst für niemanden
da sind, sich aller Menschenpflichten enthoben glauben, die höchstens einem Saufbruder sechs Kreuzer leihen für einen Schoppen Branntewein. Das sind meist Leute ärmerer Art, doch
nicht Alle; o nein, auch Reiche haben Kieselsteine in der Brust
statt Menschenherzen. Gab es nicht auch solche, die mit eigenen Rossen das erbeutete Holz zum eigenen Hause führen
konnten, und welche wirklich die Aermern vom Holzsammeln
ganz ausgeschlossen wissen wollten, aus dem Grunde, daß sie
auch nicht schwellten; oder welche das gesammelte Holz gerne
auf die Rechtsamenen vertheilt hätten?

Gab es nicht Einen, der schon nach der ersten Ueberschwemmung, am verhängnißvollen Sonntag Morgen, während
dem Gottesdienst, von armen Leuten in seinem Schachen ge-
sammeltes, zugeschwemmtes Holz zu seinem Hause führen ließ,
wahrscheinlich um seine mit Wedelen verpallisadirten Fenster
noch besser zu verschlagen? Und dieser Mann besitzt Hunderttausende und Wälder, aus denen er für mehrere Tausende Holz
schlagen lassen könnte, zum größten Vortheil des Waldes; rings
um sein Haus läßt er Scheiterbygen unten abfaulen, und für
etwas Gutes hat er nie einen Kreuzer, traut nie einem Menschen, nicht einmal unseres Herrgotts schöner Sonne, sonst
würde er sie doch in seine Stube gucken lassen. Er behauptete
das Recht dazu zu haben, weil die Emme ihn geschädigt habe
und nicht die armen Leute. Und hätte ihm die Emme noch
hundert Fuder mehr sogenannten Sand, der aber mit Mergel
an den meisten Orten reich geschwängert ist, auf sein schattig
Moos getragen, wo er sich nicht satt wässern kann, weil ihn
das Waffer reut, das er nicht aufreiset, so hätte er noch lange
keinen Schaden, sondern großen Nutzen gehabt. Und hätte
er wirklich großen Schaden gehabt, so hätte er nicht am
Schweiße armer Leute sich erholen, sondern bedenken sollen,

daß es Gott der Herr sei, der ihm eine Mahnung gegeben
habe: daß wem viel gegeben worden, von dem viel gefordert
werden werde. Und wenn der Herr dein Gott Rechnung von
dir fordert über das anvertraute Gut, was willst du antworten, Mann?

Doch es gab noch Andere, die höher stehen, die einsehen
sollten, daß ihre Existenz von der Achtung, in welcher sie bei
dem Publikum stehen, abhange, die das Strandrecht auf die
unverschämteste Weise in Anspruch nahmen, die Arbeiter bezahlten und tränkten, um Holz ans Land zu bringen und Holz
aller Art zu zerstückeln, zu verstümmeln.

Diesem Zerstückeln von Bauholz trat endlich ein Verbot
entgegen, wirkte aber nicht schnell genug. Ach du mein Gott,
wer führt denn eigentlich die Befehle der Regierung aus?
Wenn ich sie wäre, ich würde extra Belohnungen aussetzen für
alle die, welche mir zu Willen wären und an die Hand gingen.
Hintendrein kam ein anderer Befehl, daß alles aufgefischte
Holz zum Besten der Beschädigten verkauft werden solle. Und
wie wurde jetzt dieser Befehl ausgeführt? Wie suchte man an
Orten dieses Holz auf, und wer suchte es auf? Ich bin wieder überzeugt, die Herrn von Roll werden aus extra Gründen
besser bedient. Ach wenn ehrliche Leute im eigenen Hause so
sicher wären, als jenes aufgefischte Holz vor den Häusern, und
Bettler auf den Straßen, sie wären glücklich. Welche unverschämte Rechnungen wurden nicht für das Herausziehen und
Führen dieses Holzes eingegeben! Die Ortschaften und Gemeinden, die dieses thaten, und ihre Rechnungen verdienten
billigermaßen bekannt gemacht zu werden, und besonders die
Ortschaften, die reich entschädigt wurden, viel Holz vermeukt
hatten und für das wenige Holz, welches sie zur Hand stellten,
unverschämter Weise eine Rechnung machten, welche den Werth
des Holzes überstieg.

Wahrhaftig, man muß wenig Ehre im Leibe haben, um
so handeln zu können, und sich ganz des Grundsatzes trösten:

wer unverschämt ist, der lebt dest bas. Und wenn man solche Menschen bei jeder Gelegenheit öffentlich stempelte, besserte es nicht? Und wenn Beamtete mit dem nöthigen Ernst, mit gehöriger Schärfe statt Schwäche, Hand ob hielten, besserte es wieder nicht?

Es heißt, und wenn es wahr ist, so ist es merkwürdig, dieser Befehl sei auch auf die Gemeinden Eggiwyl und Röthenbach ausgedehnt worden, diese hätten sich aber widersetzt, und mit Recht. Sie wollten nicht das eigene Holz (denn wem war es weggenommen worden, als ihnen?) verkaufen lassen, um den Erlös mit allen Schächleren, denen die Emme kein Holz genommen, aber viel gebracht, trotz dem Befehl, zu theilen. Und wie unbillig wäre es gewesen gegen die Besitzer der Klasse, die keine Entschädniß erhielt, denen es vielleicht das meiste Holz genommen und die das auf ihrem Lande liegende hätten verkaufen müssen lassen für Andere, die entschädigt wurden bei weit kleinerem Schaden?

Durch die Holzfischer eilten die Holzhändler, die Trämel gehabt bei den geschädigten oder weggerissenen Sägen, oder Flöße an der Emme, und suchten das verlorene Holz auf. Jeder wollte sein Holz kennen und zeichnete das erkannte an mit seinem Zeichen; und solcher Zeichen fand man viere von vier verschiedenen Holzhändlern an einem einzigen Trämel. Es wollte halt keiner zu kurz kommen.

So ging es Emme auf und ab, als ob Banden hungriger Irländer in unser Land eingebrochen wären, das bei ihnen übliche Strandrecht geltend zu machen. O es waren gräßliche Gegensätze zwischen den betrübten Geschädigten und den so gierig Haschenden. Während die Ueberschwemmten ihre Hütte jammernd reinigten, machten Unbeschädigte jubelnd Beute. Betäubter ward der Menschenfreund am ersten Tage in dem Tosen der Emme, aber betrübter am zweiten Tage, als die Menschen losbrachen in ihrer thierischen Gier.

Aber wenn der Menschenfreund sein Angesicht verbergen

will, so trittet ihm wieder das Aufrichtende entgegen; wenn
das Häßliche im Menschengeschlecht am grellsten sich darstellt,
so taucht gegenüber seine Herrlichkeit leuchtend auf; wenn die
Schuld, die den Menschen vor Gott verwerflich macht, am gewaltigsten hervorbricht, so stellt sich ihr entgegen eine reine
versöhnende That, die das Bewußtsein uns erhält, daß denn
doch noch etwas Göttliches in uns sei trotz allen widrigen Erscheinungen.

Bei Kirchberg war man mit dem Freimachen der Brücke
beschäftigt. Man war so erschreckt, daß nun alle Abende ein
Anlauf der Wasser erwartet wurde, man suchte daher in der
größten Eile das hemmende Holz wegzuschaffen. In die trübe
und noch nicht kleine Emme fiel ein Knabe und wurde fortgerissen. Die Gefahr, in welcher ein Menschenleben schwebte,
durchzuckte wie ein elektrischer Schlag fünf wackere Männer,
daß sie vergaßen jede Bedenklichkeit, jede Bedächtlichkeit, sich
selbst, und über sie kam einer der göttlichen Augenblicke, ein
Augenblick, in dem der Mensch aus sich heraustritt und zum
Boten Gottes wird. Lebendig ward der Emme der Knabe
entrissen, aber Einer der Fünfe, Jakob Zingg, geachtet und
Vater, verlor das eingesetzte Leben und Waisen wurden seine
Kinder. Er ward ein Opfer seiner Menschenliebe, aber war
er nicht auch ein sühnend Opfer, das er Gott und Menschen
für seine irrenden Brüder brachte, die aller Liebe vergaßen;
ein Opfer, den Bitten zum Siegel: Vergebet, so wird euch
vergeben! Vater vergieb ihnen, sie wissen nicht was sie
thun!?

Die Kunde von dem fürchterlichen Gewitter und der
Emme Wüthen durchflog das Land, und die Schrecken des
Augenblicks mit der Größe des Schadens, den grausen Anblick
des Thales mit gänzlicher Zerstörung verwechselnd, redete man
von zu Grunde gegangenen Millionen, und je weiter vom
Thale, desto größer wurde der Millionen Zahl. Der Wunsch,
den Schauplatz des Unglücks zu sehen, drängte sich Tausenden

auf, und, wenn man sagt, Tausende führten ihn aus, sagt man
nicht zu viel. Dieser Wunsch drängte sich den mittleren und
besonders den unteren Ständen auf, und sie führten ihn aus.
Die obern Stände sind Sklaven der Mode, sie spazieren und
reisen nach dem Zuge der Mode. Ein neues Naturereigniß
kömmt nicht alsobald in die Mode und ehe es darein kömmt,
ist sein Charakter verwischt, doch giebt es auch Ausnahmen,
wie z. B. Goldau.

Um solche Ereignisse aufzufassen, braucht es ein offenes
Gemüth, einen gesunden Sinn; auf den Anblick desselben kann
man sich in keinem Handbuche vorbereiten, darum getrauen
sich Viele nicht hin. Goldau steht aber in jedem Handbuch,
darum wandern dort die meisten Wanderer. Zudem ist man
in höhern Ständen zu vornehm, um neugierig zu sein, zu gleichgültig für alles, was außer den eigenen Kreisen liegt, zu be-
quem für einen beschwerlichen Tag.

Möglich auch, daß es Menschen giebt, die nicht gerne da-
hin gehen, wo eine überirdische Macht so Ungeheures voll-
bracht. Ein dunkles Gefühl sagt ihnen, daß in der Nähe
Gottes jede irdische Größe verschwinde, und zwischen dem
Bettler und dem Kaiser kein Unterschied mehr sei, und welcher
Unterschied dann zwischen irgend einem Knecht und irgend
einem Schreiber, meinethalben Gemein- oder Staats- oder
Kompagnieschreiber?

Es gibt ja Menschen, die nicht dahin zu bringen sind,
wo sie nicht allein reden können, oder wo nichts von ihnen
geredet wird, sondern vielleicht nur von Gott. Menschen, die
um ihre theure Person eine solche Blase von Dünkel aufge-
trieben haben, daß sie sich unendlich groß vorkommen und mög-
licherweise Andern auch. Begreiflich wagen sich solche nicht in
ein so enges Thal, an dessen schroffen Seiten die theure Blase
zerspringen könnte, sie verstummen müßten. Sie gehen nicht
dahin, wo Gott so nahe war, müßten sie doch da zusammen-
schrumpfen wie Käfer an der Sonne; sie fühlen es doch, daß

Gott Einen nicht für das nimmt, für was er sich selbst aus-
giebt, oder was der Schneider aus ihm gemacht. Solche Krea-
türchen fliehen Gott oder läugnen ihn gar.

Es giebt aber auch eine Menge Menschen, und besonders
in der sogenannten ungebildeten Klasse denen die Aufregung
ihrer Gefühle wahre Wonne, eigentliche Wollust ist, und wenn
sie zur tiefsten Demüthigung führen sollte. Ein Instinkt läßt
sie die hohe Bedeutung ihrer Gefühle ahnen, und daß ein
kindlich Gemüth sehe und vermöge, was dem Verstand der
Verständigen unsichtbar, unmöglich bleibt. Zur Aufregung
ihrer Gefühle haben sie keine künstlichen Anstalten, wo der
Grad der Erwärmung am Thermometer haarscharf abgemessen
wird; Gott sorgt ihnen aber für lauter natürliche, und zu
denen drängen sie sich: zu Krankenbetten, Leichenbegängnissen,
Brandstätten, Naturereignissen überhaupt; ja ich glaube, das
Strömen zu Hinrichtungen sei bei sehr Vielen eine Folge dieses
Instinktes. Wenn nur diese Gefühle nicht Nebel blieben, nicht
zu Rauchwolken würden, sondern zu Hebeln des Lebens sich
gestalteten! Der ist ein Herr der Menschen, der diese Gefühle
zu erregen, bis zur Begeisterung zu steigern und dann, mit
kundiger, sicherer Hand sie meisternd, in Thaten zu verwandeln
weiß. Aber ein niederträchtiger Schuft, ein verachtungswürdi-
ger Pinsel ist, wer diese Erregbarkeit mißbraucht zu eitlem
Spiel, zu eigner Ehre, zu selbstischen, sündigen Zwecken. Ach
und solcher Schufte oder Pinsel, die es thäten, wenn sie es
könnten, ist voll die Welt!

Aber am Sonntag den 20. August sah man solche Pinsel
nicht in dem unglücklichen Thale, oder nur verstummte; da
redete Gott selbst zu den geöffneten Herzen. Eine feierliche
Stimmung hatte eine große Menge Menschen ergriffen weit
umher und schwebte die ganze Woche durch über ihren Gemüthern. Früh am Sonntag machten sie sich auf, und immer
feierlicher ward ihnen um's Herz, je näher sie dem Schauplatz
der Thaten Gottes kamen. Es ward ihnen im Gemüthe wie

manchmal, wenn sie in verhängnißvollen Augenblicken des Lebens, mit ergriffener Seele, im Klang der Glocken, ein hehres Gotteshaus betraten, in welchem volltönend die Orgel rauschte. Und wie zu einem berühmten Gotteshaus an heiligem Feste, wallfahrteten von allen Seiten her Menschenmassen und drängten sich in's Thal.

Diesmal war die Sonne über dem unglücklichen Gelände heiter aufgegangen, sie freute sich, den andächtigen Seelen zu beleuchten das Walten des Allmächtigen und dem Allmächtigen zu zeigen die andächtige Menge. Wie mit heiligem Schauer wehte es die Besuchenden an. Mit leisem, bebendem Schritt wandelten sie dem Brennpunkte der Zerstörung entgegen, und hemmten in tiefem Staunen ihn oft; es verstummte das Schwatzen, und nur in einzelne Ausrufungen brach ihre Ehrfurcht aus. Ein kindlicher Glaube kam über sie, und keine Zweifel an das Wunderwürdigste, was die betäubten Bewohner ihnen erzählten, selbst es glaubend, stiegen in ihnen auf; daß große Kommoden und Schränke zu kleinen Thüren und Fenstern herausgeschwommen, wurde mit dem gläubigsten Vertrauen angenommen und weiter erzählt. Wo die Verwüstung am gewaltigsten hervortrat, stunden die Wanderer in tiefer Ehrfurcht still wie an Altären Gottes und beugten in tiefer Ehrfurcht ihre Herzen vor des Herrn unendlicher Macht.

Die andächtige Menge sammelte sich in und um die beiden Kirchlein im obern Thale, und offene Ohren und offene Herzen fanden die Worte der Diener Gottes; aber eigentlich war das ganze Thal ein Gotteshaus geworden, eine heilige Kirche, jeder Wandelnde ein Beter und jeder Beter unaussprechlicher Seufzer voll. Es zog der Mann mit dem Weibe, die Braut mit dem Bräutigam, der Schatz mit dem Schätzchen, der Spaßvogel mit seinen Kumpanen, aber im Gefühl ihrer Niedrigkeit in der Nähe Gottes, waren alle anderen Gedanken untergegangen, der Spaß vertrocknet, das Lachen verstummt

und alles eins geworden im Bewußtſein: Staub zu ſein in des
großen Herrn Hand.

Es war ein heißer Tag, der Wein Bedürfniß geworden,
aber ſeine ſonſtige Gewalt hatte er nicht; er weckte weder Scherz
noch Streit, vertrieb die Andacht nicht. Niemand vergaß den
heiligen Boden, auf dem er wandelte.

Die Schaaren wogten feierlich wie Welle auf Welle das
Thal auf und nieder, unüberſehbar, ungezählt. Wahrlich, die
Herzen des Volks ſind noch nicht flach und hart getreten, ſind
noch für die ſchönſten Gefühle empfänglich; aber leider verflüchtigen ſich dieſe gar zu gerne in luftigen Dunſt, werden
nicht genährt und groß gezogen, um als Thaten die Herzen zu
verlaſſen.

Aber wie im menſchlichen Leben mitten in das Leid die
Freude trittet, mitten in die Freude das Leid, ſo ſprudelt oft
in den tiefen Ernſt hinein das Lächerliche, und umgekehrt. Hier
erſchien auf einmal mitten in der andächtigen Menge ein Engländer, über ſeinen glotzenden Augen den bekannten Strohhut,
und in den bekannten Armlöchern der Weſte die glacirten Daumen. Woher er kam, und wohin er ging, iſt bereits zur Sage
geworden, denn nach den Einen ſoll er das Thal hinauf, nach
Andern hinabgegangen ſein. Er erſchien in Röthenbach, wollte
zu Fuß nicht weiter und verlangte nun in ſchwer zu beſchrei-
bender Sprache Transportmittel für ſeinen theuren Leib. Schwer
war ihm begreiflich zu machen, daß man weder fahren noch
reiten könne.

Nun forderte er eine Sänfte; verbuzt ſah man einander
an, aber man beſann ſich lange nicht, was das eigentlich ſei.
Endlich fiel es jemanden ein, aber was half das, da man in
Röthenbach keine Sänfte hatte. Aber der Engländer wollte
getragen ſein, möge nun eine Sänfte da ſein oder nicht. Die
Leute waren zum Glück nicht auf den Kopf gefallen, ſie ſtell-
ten ſich vor, jeder Seſſel, auf dem man jemanden trage, werde
zum Tragſeſſel, alſo zur Sänfte. Sie dachten an einen alten

Lehn- oder Nachtstuhl und zogen den aus seinem Winkel hervor; sie rissen von einem Mistbückli die Stangen weg und befestigten sie mit guten Seilen an den Nachtstuhl.

Um diese Anstalten versammelte sich eine bedeutende Menge, vergaß die Andacht, ergötzte sich an dem eigenthümlichen Wesen des Engländers. Lachen war auf allen Gesichtern, und Witzworte flogen hin und her, reichlich und lustig. Er aber stund mitten in der lachenden, spottenden Menge mit den Daumen in den Armlöchern da, ächt lordmäßig, stumpf oder erhaben; daß die gemeine Menge über ihn lache, daß er ihnen vorkomme wie den Spatzen ein Kauz am Tage, was kümmerte ihn das? O so ein Engländer hat es in seiner Erhabenheit unendlich weiter gebracht, als alle unsere vornehmen Söhnchen zusammen genommen; die begehren auf wie Rohrspatzen und Frösche im Teiche, wo so ein Engländer unbewegt bleibt wie ein Gott über den Kreaturen. Endlich unter großem Jubel setzte er sich mit hängenden Beinen und verschränkten Armen in den alten Sessel. Von zwei handfesten Burschen aufgehoben, von spaßtreibenden Schaaren begleitet, begann er die Reise, und der Spott zog hinter ihm drein, kam auf allen Gesichtern ihm entgegen. Er aber blieb unbewegt, versuchte nur zuweilen seine ihm schwer werdenden Beine in eine andere Lage zu bringen, und theilte hie und da ein Geldstück aus. Er verschwand, wie er kam, man weiß nicht mehr recht, wohin, aber hinter ihm blieb das Gerücht, er hätte gesagt: er verreise jetzt nach England, und wolle es dort seinem Vetter sagen, wie übel es ihnen hier ergangen, und der müsse ihnen dann eine Million schicken; und diese Million wird noch heut zu Tage und in allem Ernst erwartet.

War er verschwunden, so verschwand mit seinem Anblick auch der Scherz, und stiller Ernst begleitete die Besuchenden bis in ihre Heimath. Mit dem Verschwinden des erschütternden Anblicks des Thales trat an die Stelle der Ehrfurcht und Demuth die Theilnahme und das Mitleid mit den unglückli-

chen Beschädigten. Nicht satt wurde man im Erzählen, wie
übel es dem und diesem ergangen, wie Gräßliches diese und
jene hätten ausstehen müssen. Ihre Theilnahme verbreiteten
sie wie Missionärs über das ganze Land, und die meisten derer, welche zu geben und zu helfen gewohnt sind — und bei
uns zu Lande ist diese Klasse weit größer, als in Fürstenlän-
dern, sie geht von oben herab bis zum Tanner — griffen an
ihre Säcke und durchstöberten Spycher und Schnitztröge. Fret-
lich giebt es auch eine Klasse, die nie giebt. Diese beginnt
auch weit oben, geht aber dann hinab bis auf die Hefe der
Menschheit. Da ist's, wo mancher Hochgeborne, der für nichts
Gefühl hat, als für das Steigen und Fallen der Staatspa-
piere, oder etwas von Trüffeln, und mancher Hochgewordene,
der gerne viel verthut und ungern etwas bezahlt, am ungern-
sten Ehrenschulden, Bruderherz sagen sollte zum schmutzigsten
Saukerl, der zu allem fähig ist, nur zu keiner Wohlthat. Viele
warteten nicht, zu geben, bis auf den angesetzten Tag des
Sammelns, der von uns gerne auf den angesetzten Bettag gesetzt wird, im Glauben: der Christ, der bei einem milden Gott
Versöhnung suche, wisse wohl, daß nur ein mildes Herz sie
finden könne. Und als der Tag kam, fielen die Gaben reichlich und willig, sogar im Bisthum etwas, heißt es. Es ist
sehr schön von den Brüdern da hinten, daß sie uns auch andere Lebenszeichen geben, als die Sucht zu regentelen, zu be-
spöteln und uns ehrliche Altberner über das Kübli zu lüpfen.
Es gab mancher reichlich, der selbst beschädigt worden war;
man gab reichlich ohne Unterschied der Farben; Schwarze und
Weiße, getrennt durch Ansichten, wurden vereint durch Mitgefühl. Es wollte allerdings hie und da der Grundsatz auftauchen: Aug um Aug, Zahn um Zahn, und Stimmen wurden
laut: Thorheit sei's, den nach allem Bernergut, Stadt- und
Partikulargut lüsternen Bauern, die mit Gewalt oder Agenten-
kniffen ihrer Lust den Weg zu bahnen suchten, noch freiwillige
Gaben auf das Land hinaus zu werfen; bei denen sollten sie

jetzt Hülfe suchen, die stets so große Worte schwallsweis hätten
für's Volk, und mit Anweisungen auf fremdes Gut so freigebig wären, und mit hohlen Versprechungen so verschwenderisch,
so schändlich und schäbig aber, wo es gelte, einen Kreuzer aus
dem eigenen Sack zu geben.

Aber diese verdüsterten Stimmen verhallten an dem ächt
republikanischen Sinn, der Meinungsverschiedenheit in einer
Republik als nothwendig anerkennt; an dem klugen Sinn, der
wohl weiß, daß Härte keine Versöhnung bringt; an dem schlauen
Sinn, der die Laster nicht annimmt, die seinen Gegner ver-
haßt machen; an dem billigen Sinn, der Augen hat für die
Fehler auf beiden Seiten; an dem christlichen Sinn, der den
armen Verwundeten nicht frägt, ob er ein Jude sei oder ein
Samariter, ehe er Balsam schüttet in geschlagene Wunden.

Wo Politik nicht trennte, nicht verhärtete, da that es sogenannte Religion. Du lieber Gott, was mag das für eine
Religion sein, die Unglücklichen Hülfe versagt, weil sie wohl
den gleichen Gott anbeten, aber nicht mit den gleichen Geberden, mit dem gleichen Augenspiel! Schon lange wußte man,
daß viele sogenannte Fromme kein Herz hätten, keine Hand
öffneten für christliche Zwecke, wenn man diese nicht mit ihren
Farben übertünche; aber daß man Hungernde nicht speisen,
Nackte nicht kleiden wolle, weil sie nicht von „üse Lüte" seien,
und daß Lehrer diese Lehre öffentlich predigten, das wußte man
nicht. Und jetzt weiß man nicht, auf welches Evangelium sich
diese Menschen stützen. Menschen, habt ihr des Herrn Worte?
Der Buchstabe tödte, sagt ihr. Habt ihr denn den Geist dessen,
der für seine Feinde betete? O Menschen, bedenkt, aus den
Werken erkennt man den inwohnenden Geist; im Segnen oder
Fluchen auch giebt er sich kund! O Menschen, bedenkt, von
welchem Geiste seid ihr besessen!

Ueber sechszigtausend Franken flossen zusammen im Ländchen, über sechs Franken per Kopf. Will Oestreich seinen Un-
garen in gleichem Maaße steuern freiwillig, ohne die Hülfe

des Staates zu rechnen, so muß es über fünf Millionen zusammenlegen. Wo Viele geben, wird die Summe leicht größer, als wo Wenige viel geben; und wo der Mensch frei und leicht athmet, da nur hat er Lust und Muth zum thätigen Mitgefühl.

Zur Vertheilung dieser Steuer wurde ein Grundsatz aufgesucht, sorgfältig berathen, und folgenden fand man:

Wer reich war und blieb, erhielt keinen Antheil an der Steuer; wer empfindlich geschädigt wurde, aber Vermögen behielt, zwei Zehntel seines Schadens; wer fast alles verlor, mit Mühe sich erhielt, drei Zehntel; die, welche ohne Vermögen waren, denen vielleicht der weggenommene Raub ihr einziges Besitzthum war, fünf Zehntel. Bei Aufstellung dieses Grundsatzes dachte man sich in den Willen der Geber, die ganz sicher einem reichen Mann, der vielleicht reicher war und reicher blieb, als sie, nichts gesteuert hätten, sondern den Bedürftigen, und auch diesen nach dem Maaße ihres Bedürfnisses oder ihres Elends, dem ganz Entblößten mehr, als dem nur hart Geschädigten. Und der, dem die Steuern zur Austheilung anvertraut worden waren, hatte volles Recht, eine Norm aufzustellen, und die gerechteste war sicher die, daß er so viel möglich nach dem Willen der Geber sich richtete.

Ueber den Grundsatz waren Einige unzufrieden, sie hatten Unrecht. Dem armen G'husmann, der seinen Zins geben mußte und alle seine Pflanzungen verlor, dem Schuldenbürli, dem der ganze Ertrag seines kleinen Heimwesens vernichtet worden, ging es sicher tiefer in's Leben, als dem, der Tausende verlor, aber doppelt so viel Tausende behielt, oder dem reichen Bergbesitzer, der nur einige Kühe weniger sömmern, oder selbst auch, wenn er fortan nur Schafe statt Kühe auf seine Alp treiben kann. Und doch giebt es Arme, die klagen, die Reichen erhielten alles, und sie nichts. Allerdings erhalten Besitzer, die um die Hälfte ihres Eigenthums geschädigt worden, vielleicht tausend Fr. verloren und fünfhundert Fr. behielten, mehr

als der, welcher nur ein klein Stücklein Land bepflanzt hatte,
und alles darauf verlor; aber ist's nicht recht so? Doch wer
will dieses Leuten, die nie fassen konnten, daß zweimal zwei
vier sei, begreiflich machen?

Eine größere Unzufriedenheit noch entstund über die
Schatzungen des Schadens in den verschiedenen Gemeinden.
Gar Viele hielten alle Schatzungen für zu hoch, nur die ihre
zu niedrig. Eine Schatzung, welche man am Morgen nach
der Ueberschwemmung machte, vielleicht noch mit der Laterne,
mußte natürlich ganz anders ausfallen, als eine andere, die
Tage oder Wochen später vorgenommen worden. Daß später
Schätzer an einigen Orten in die Schatzung einen bleibenden
Schaden einrechneten, während andere Schätzer nur den ver-
lornen Raub anschlugen, weil sie glaubten, das Land selbst
hätte eher gewonnen, als verloren, konnte nicht vermieden
werden.

An einigen Orten nahm man die Schätzer aus den Gemeinden, weil ihnen der vorige Zustand am besten bekannt war;
denen wirft man Parteilichkeit vor. An andern Orten wurden
sie aus fremden Gemeinden genommen, damit man ihnen nicht
Parteilichkeit vorwerfen könne, die nun beschuldigt man, daß
sie das, was sie geschätzt, nicht gekannt hätten, indem ihnen
der frühere Zustand nicht bekannt gewesen sei.

So findet der Unzufriedene Stoff zu Klagen, man mag
es machen, wie man will. Vielleicht wäre eine unparteiische
Revision aller Schatzungen nicht übel gewesen; aber wer
hätte sie mit Sachkenntniß machen wollen der ganzen Emme
nach?

Die Austheilung der Steuer begann so schnell als möglich,
und wenn es schon Manchem lange zu gehen schien, so bedachte
er nicht, daß an andern Orten in ähnlichen Fällen es noch weit
länger ging, daß hier doch nicht, wie an andern Orten in ähnlichen Fällen, Korn, Schnitze, Erdäpfel schmählich verdarben
bei solcher Zögerung, ohne einem Menschen zu gut zu kommen,

und daß für Viele diese Zögerung eine große Wohlthat war, denn sonst hätten sie längst alles gebraucht, schon für den Maien nichts mehr gehabt, geschweige denn für den langen Brachet, der vor der Thüre ist.

Daß die Austheilung eine treue ist, daran zweifeln nur Mißtreue, und es behaupten z. B. nur Niederträchtige, es kämen geschenkte Hammen vor der Austheilung ab Handen. Wer wird wohl die Million müssen gestohlen haben, die nicht kömmt aus England? Wird sie vielleicht ein ehrlicher Polizeier in seiner Ledertäsche verkrätzt haben müssen? Wenn schon ein solcher, den die Gemeinde in allem Wind und Wetter herumpostet und ihm seine Kutte nie plätzen läßt, in Versuchung käme, etwas für einen ganzen Rock bei Seite zu schaffen, z. B. eben die Million aus England, so würde den armen Schelmen sicher niemand deshalb hängen wollen.

Wie Regen auf vertrocknetes Land floßen die Steuern aller Art in die bedürftige Thalschaft, thaten wirklich unsäglich wohl, hielten die Leute aufrecht, hielten ferne dringende Noth, und mildthätige Gläubiger machten mit Warten und Schenken ihren Schuldnern neuen Muth. Aber wie die Steuern den Leib erquickten, ihn nährten, gesund erhielten, so sollten sie auch das Herz erwärmen zur Dankbarkeit, es begeistern, die empfangenen Zeichen der Liebe an Gott und Menschen zu vergelten mit Liebe und Treue. Sie sollten Allen schreiben in's Herz hinein, der Herr, der den Wassern ihre Kammern geöffnet zur Wohlthätigkeit, dieser Herr habe damit auch ihre Herzen öffnen wollen der Erkenntniß: daß er der Herr sei, nehmen und geben könne nach seinem Wohlgefallen, daß er der Herr bleiben, die Kammern seiner Herrlichkeit öffnen werde, je nachdem die Geprüften ihm ihre Herzen aufgethan, ihn kindlich aufgenommen in dieselben, und kindlich seinem Walten sich ergeben.

Wo die erhaltenen Gaben aufgenommen werden mit Freude und Dank, da thun sie nicht nur dem Leibe wohl, sondern gereichen auch der Seele zur Seligkeit; wo sie aber ein ungenügsames Herz finden, Neid und Mißgunst, da bringen sie den Unsegen in's Haus, und in die Seele hinein neue Schuld.

Eine süße Sache wird bitter im Munde, wenn gallicht die Zunge belegt ist; so erzeugt die schönste Gabe in sündigen, verbitterten, eigensüchtigen Herzen nicht reine Freude, nicht lautern Dank, sondern ganze Heeresschaaren von bittern, sündigen Gefühlen, und diese Gefühle brechen dann aus in Vorwürfe aller Art, in harte Worte gegen Geber und Mitbeschenkte. Es giebt wahrhaftig nichts, das wohlthätige Menschen schwerer prüft und sie dringlicher vom Geben abschreckt, als die Art und Weise, wie bei großen Unglücksfällen reich gespendete Steuern empfangen, besprochen, gebraucht werden. Solche Steuern fallen oft wie eine wahre Hadersaat unter die Besteuerten, und die Geber hören nicht sowohl Dank für das Empfangene, als Klagen über das, was die Besteuerten zu wenig erhalten, mehr Aeußerungen des Mißvergnügens, als der Freude; ja manchmal scheint es den Leuten kaum der Mühe sich zu lohnen, die Geschenke abzunehmen; und am Ende wird gar nicht, oder erst nach Jahren Bericht gegeben: ob man die Geschenke habe verfaulen lassen, ob sie vertheilt worden, oder sonst ab Handen gekommen seien. So eine ehrliche Frau, wenn sie tief in Seckel und Schnitztrog greift, ergötzt sich wohl in Gedanken, wie die armen Leute luegen würden, wenn ihre Gabe komme, wie sie mit thränenden Augen den Wagen umstehen, Gott und der Geberin mit gerührtem Herzen danken, und jede herausgehobene Gabe auf's neue preisen und loben würden.

Hie und da mag ihr Traum in Erfüllung gehen, aber wenn sie andere Male sehen könnte, wie die Leute sich zanken um den Wagen herum, wie sie nur darin eins sind, die Gaben auszuführen, wie man sie fast nicht abnehmen mag, und doch Keins dem Andern seinen Theil gönnt, und wie leichtsinnig

man damit umgeht, es würde der guten Frau ein ander Mal
sicher eine schwere Ueberwindung kosten, eben so tief in Seckel
und Schnitztrog zu greifen.

Für den eigentlichen Menschenfreund ist es wahrhaftig ein
erschütternder Anblick, zu sehen, was die Herzen von Unglücklichen gebären, nicht sowohl in der Stunde des Unglücks, als
wenn die Hülfe kömmt von guten Leuten. Es ist da, als ob
der Bodensatz jedes Herzens aufgerührt würde und Zeugniß
ablegen müßte auch über das innere Elend. Ich will nicht
näher das traurige Thun bezeichnen, nicht mit einzelnen Zügen
es belegen, nicht sagen, daß es gerade jetzt in Eggiwyl und
Röthenbach so zugehe, aber bei dieser Gelegenheit möchte ich
den Beschädigten aller Art und aller Orten dringend zu Gemüthe führen: daß sie ja doch ihre Herzen bewahren möchten
vor Neid, Ungenügsamkeit, Mißtrauen, Selbstsucht, Unredlichkeit.
Denn wo diese zu Tage treten, verurtheilen sie nicht nur die
Herzen und bringen den Unsegen über die Gaben, sondern sie
tödten bei Vielen das Mitleid, oder es bildet sich wenigstens
das Urtheil, daß die Begabten keine Gabe verdient hätten.
Ich kenne einen verunglückten Ort, wo das wüste Betragen
der Leute am Betrage der Steuern mehrere tausend Franken
schadete, und die meisten Geber reuig wurden, daß sie die milde
Hand aufgethan.

Unglückliche hätten doch so dringende Ursachen, ihre Herzen
zu bewahren, denn der Herr, der ein Unglück gesendet, kann
ein zweites zum ersten fügen, kann seine Blitze schleudern alle
Tage, kann seine Wasserkammern öffnen zu jeder Stunde, und
wie würde ihnen dann sein, wenn ihr Streit und widerwärtig
Hadergeschrei der Geber Herzen verschlossen hätte, milde Hände
sich ihnen nicht mehr öffnen wollten?

Von ganzem Herzen sollte jeder dem Herrn danken, fröhlich sein über seine Gabe und sich freuen über die Gabe seines
Nächsten. Was der Eine erhalten, was der Andere, beides
kömmt aus des Herrn Hand; er hat es geordnet, wie viel,

nicht mehr, nicht weniger, jeder erhalten solle. Darum sollte
niemand mit Neid sich versündigen gegen den Herrn. Und
wenn bei weitem die Steuer den Verlust nicht deckt, den Erwartungen nicht entspricht, warum das Murren und Klagen?
Wer ist schuld an zu hoch gespannten Erwartungen? Betrachte
man doch nicht das Verlorne, sondern das Empfangene, das
niemand schuldig war zu geben, bedenke, wie Einem wäre,
wenn man gar nichts erhalten hätte, worüber man niemanden
mit Recht Vorwürfe machen könnte, dann erst kann man dank-
bar werden, kann sich freuen über seinen Gott, der uns nicht
vergessen, freuen über die Geber alle zu Stadt und Land, die
um Gottes und der Liebe willen so viel gegeben, freuen, daß
der Nachbar nicht vergessen worden in seiner Noth.

Dann wäre Segen in jeder Gabe, und in jedem Herzen
duftete ein köstliches Blümelein als köstlicher Weihrauch dem
Herrn, das Blümelein der Liebe, und aus ihm wüchse die
goldene Frucht der Treue, der Treue in guten und bösen Tagen
durch's ganze Leben bis in den Tod. Dann würde erfüllt an
den Bedrängten die Verheißung, daß Allen, die Gott lieben,
alle Dinge zum Besten dienen müssen, Geben und Nehmen,
Unglücklichsein und Unglücklichen helfen.

Alles thut der Herr, damit jede Schickung an den Seelen gedeihe, zu ihrer Läuterung diene, und der Mensch hat
Ohren und höret nicht, Augen und siehet nicht und sein Verstand will nicht fassen des Herrn lebendige Predigt.

Traurig, grausig sah im letzten Herbst das Thal aus,
alle Tage schien es düsterer zu werden, so wie die Tage trüber
wurden; eine Wüste schien es Vielen, zu ewiger Unfruchtbar-
keit verdammt, und sie hoben die Hände jammernd auf und
frugen Gott: wo sie nun Speise pflanzen, Nahrung suchen
sollten, da der Boden, zum Pflanzen der Nahrung ihren
Vätern gegeben, verwüstet sei?

Schweigend antwortete der Herr auf diesen Jammer. Er
deckte mit Schnee die Erde, das ganze Thal der Verwüstung

zu, damit auch es schweige und sein Anblick nicht fort und fort jammernd rede zu den Thalbewohnern, und sie sich sammeln möchten, um mit besonnenem Muth ihre Kräfte walten zu lassen, wenn zur Arbeit die Sonne rufe.

Aber wie unter dem Schnee hervor im Winter die Thiere des Waldes ihre Nahrung scharren, so giebt es Menschen, die auch unter dem Schnee hervor Nahrung kratzen für ihr mißvergnügtes Herz, das keine andere Arbeit kennt, keine andere Lust, als Klage ausströmen zu lassen gegen Gott und Menschen. Ein feuerspeiender Berg ruht doch noch zu Zeiten, seine Feuerströme verglühen, selbst das Grollen in seinem Schoose schweigt; ein stolzes Herz aber schweigt nimmer, seine Ausbrüche strömen fort und fort; selbst wenn die Emme austrocknet in den heißen Sommern, stocken diese nicht; selbst wenn Fluß und See zusammenfrieren in hartem Winterfrost, bleibt flüssig der Klagestrom mißvergnügter Herzen. Was doch wohl für Materie sein mag in einem solchen Herzen?

Doch hat sicher auch manches Herz den Winter durch sein Gleichgewicht wieder gefunden; hat Muth gefunden und Zutrauen zu der Zukunft, hat den Glauben neu gefaßt, daß Gott nur den verlasse, der sich selbst verläßt.

Lange schwieg der Herr, lange ließ er bedeckt die Erde, lange Zeit, Muth und Glauben zu fassen, gab er den Menschen.

Endlich zog er die Decke weg, hauchte neue Kräfte der Sonne ein und redet nun laut und immer lauter von Tag zu Tag. Es knospen die Bäume, lustiges Grün drängt sich allenthalben aus Schlamm und Sand hervor; und wo eine fleißige Hand dem Schlamm oder Sand Samen anvertraute, da steigt zu Tage eine üppige Saat.

Wohl sind noch wüste Stellen im Thale, sind tiefe Furchen an den Bergen, die einen werden nie, die andern lange nicht vergehen, aber bald wird der größte Theil des Thales neu geboren sein, wunderbarlich, wird aller Welt verkünden, wie groß des Herrn Werke seien und wie herrlich über der

Erde seine Güte, wie seine Allmacht Nacht in Tag verwandle und wüste Zerstörung in helle Pracht.

Ein Thor möchte sagen, die gepriesene Weisheit und Güte komme ihm vor wie muthwilliges Kinderspiel, das auch zerstöre, um wieder von vornen beginnen zu können. Der arme Thor kennt Gottes Walten nicht, weiß nicht, daß in der Zerstörung immer der Keim einer herrlicheren Schöpfung liegt, daß alles, was Gott schaffet, sichtbarlich ein Spiegel des Unsichtbaren ist, ein Spiegel dessen, was vorgeht in des Menschen Seele, dessen, was vorgehen sollte in derselben. Der gute Gott findet es nöthig, selbst zu predigen und durch seine eigene Predigt selig zu machen, die daran glauben. Er redet leise, meist im Säuseln des Windes, aber er redet auch gewaltig, harte Ohren aufzusprengen. Und wenn er laut redet über Berg und Thal, dann zittern Berg und Thal, und das blasse Menschenkind schweigt in tiefem Schauer, es weiß, wer redet. Und wenn des Herrn Predigt Berge gespalten, Thäler verschüttet, Menschen-Glück und Arbeit zerstört hat durch feurige Blitze, durch der Wasser Gewalt, so hat der Herr dem Menschen gezeigt seine Majestät und die Haltlosigkeit dessen, was am festesten scheint auf der Erde, und mit den empörten Wassern macht er ihm verständlich empörte Leidenschaften, und daß sie es seien, die Häuser brechen, Leben tödten, Länder verzehren.

Und wenn der Herr jetzt redet im Frühlingswehen, im grünen Grase, das dem Schlamm entsprießt, in den Blüthen der Bäume auf dem Schuttfelde, so ruft er auf zu frohem Muth, zu heiterer Hoffnung, die in tiefster Nacht nie an dem kommenden Tag verzagt, so will er weisen auf versandete, verschlammte, versteinerte Herzen, will sagen: daß es auch da grünen und blühen sollte und könnte; daß wie graus, wie hoffnungslos ein Herz aussehen möge beim ersten Anblick, bei dem Herrn alle Dinge möglich seien; wie mit des Herrn Hülfe der Mensch das trostlos scheinende Thal wieder blühend machen

werbe und reich, so könne und solle jeder Mensch, so unfruchtbar und versteinert er auch scheinen möge, neu geboren werden
zum Grünen und Blühen, zum Fruchtbringen in Liebe und
Treue.

Es klingt im Frühlingswehen die Verheißung: wie lieblich das Thal sich gestalte im warmen Hauche des Herrn, wie
schauerlich es gewesen nach der Wasser wildem Wüthen, so
schauerlich sei anzusehen das von Leidenschaften zerrissene, so
unfruchtbar das mit sündigen Gelüsten überschlammte Herz,
so lieblich werde es aber allgemach auch in diesem zerrissenen
und überschlammten Herzen, wenn des Herrn Lüfte wehen,
seine Sonne leuchtet in diese Herzen, und in diesen Herzen
die alles vermögende, gebärende Kraft hervorrufe, die Liebe.
Da rege sich dann das Gute und Schöne, baue und treibe
auf dem veröbeten Boden himmlische Pflanzen und Blumen,
deren Duft nicht vergeht, deren Grün nicht verwelkt, die keine
Wasserfluth wegspült, die dann aus dem Leben in den Himmel wachsen und dort Kronen werden Allen, die hier treulich
bauen und säen, aber nicht nur Waizen und Korn auf ihres
Ackers Boden, sondern auch des Herrn mündlich und schriftlich
Wort auf ihres Herzens Grund.

So, ihr Emmenthaler, predigt euch der Herr mit selbsteigenem Munde. Thut eure Ohren auf und hört des Herrn
Predigt, erkennet sein gütig Leiten, die Wunder seiner Allmacht im Thale; verstehet ihn aber auch, den Herrn, der
durch das Sichtbare erwecken, beleben, beseligen will eure unsichtbaren Seelen. Bauet und säet munter, unverdrossen in
den Schoos des neubelebten Bodens, freuet euch, wie die Saat
gedeiht in des Allmächtigen Segen; aber dieses Sichtbare sei
euch nur der Spiegel, in dem ihr erblickt das Unsichtbare:
wie an den Herzen Arbeit noth thue, wie auch da bei dem
Muthigen, Unverdrossenen der Segen des Herrn sei, und auf
dem wüstesten Herzensboden herrlich gedeihen könne, was mit
des Herrn Hülfe gesäet wird. So werden dann euer Thal

und eure Herzen wetteifernd grünen und blühen zur Ehre des
Herrn, herrlicher von Jahr zu Jahr, und jede wüst gebliebene
Stelle im Thale und in den Herzen ist nur ein neuer Sporn
zu neuer Arbeit, ein neuer Trieb, die Hülfe des Herrn zu suchen
und mit dieser Hülfe zu bauen und zu säen auf irdischen und
geistigen Boden. Ein glückliches Leben geht dann über dem
Thale auf, das kein Donner erschüttert, keine Lawine begräbt,
keine Emme zerstört; jedes Herz wird zum blühenden Baum,
und zwischen den Herzen klemmt nichts mehr trennend sich ein,
sondern eins sind alle im Wetteifer, zu säen und zu bauen
dem Herrn zu Lob und Ehre; und von oben nieder senkt dann
die unsichtbare Himmelsleiter in's Thal sich nieder, auf der
alle Tage alle Herzen in den Himmel steigen, bis sie der
Vater reif erfindet für den Himmel und sie behält in seinem
Schoose. So wird zum Heil, was man mit blutigen Thränen empfangen, wird zum Born der wahren Kraft, was
zuerst eine Quelle von Noth und Verzweiflung schien.

Nun gilt aber des Herrn Predigt nicht den Thalbewohnern allein, sein Wehen säuselt um alle versandeten, verschlammten Herzen. Wie der Donner seiner Stimme in den
Tagen des Augusts Tausende aufrief und Tausende versammelte im unglücklichen Thale, über sie ergoß das Gefühl ihrer
Ohnmacht und seiner Allmacht, daß sie ihre Herzen beugten
in unaussprechlicher Ehrfurcht und zitternd baten, daß er sie
nicht zertreten möchte; so ladet er nun wieder jeden ein mit
lauen Lüften, warmen Sonnenstrahlen, zu kommen und zu
schauen, wie lebengebend er sei, wie er aus dem Graus der
Verwüstung hervorrufe neues Grün, neue Blumen, Früchte
verheißend, und immer reichere und schönere, je weniger der
Mensch Muth und Vertrauen verloren, damit jeglichem der
Glaube aufgehe, daß auch auf seines Herzens Boden es grünen
und blühen könne, wenn er ihn ausbreite der Sonne des Herrn
und mit Glauben und Vertrauen zu pflanzen versuche auf
demselben.

So kommt denn und höret auf des Herrn Frühlingsrede und empfanget mit ihr in öden Boden den Samen, der zur Seligkeit reifet. Und könnt ihr nicht kommen, so schauet eure Matten, eure Bäume, wie reich und wunderschön des Herrn Frühlingswehen sie gemacht, und lasset dann das gleiche Wehen auch an eure Herzen dringen, daß auch da ein neues Leben auferblühe, ein unvergängliches, wunderliebliches, wunderkräftiges Leben. Schauet jeden Tag, jetzt und wenn die Sonne höher steigt, und wenn sie wieder tiefer sinket rings um euch, erkennet, was der Herr thut, höret, was er predigt, dem Leibe zum Heil, der Seele zur Seligkeit. „Die Himmel erzählen die Ehre Gottes, und die Ausdehnung verkündet seiner Hände Werk, und je ein Tag nach dem andern quillet heraus mit seiner Rede, und je eine Nacht nach der andern zeiget Weisheit an. Sie haben zwar keine Rede und keine Worte, doch wird ohne diese ihre Stimme gehört. Ihre Schrift gehet aus in alle Lande, und ihre Rede an das Ende des Erdkreises." Würden so unsere Augen den Herrn schauen, so würden auch unsere Grundsätze des Herrn voll, dann würde jeder Ort, den unser Fuß betrittet, zur Kirche, jeder Tag zum heiligen Fest, das ganze Land zum großen Gotteshaus, gläubiger Beter voll, horchend auf die Stimme des Herrn. Dann würde aber auch eines Jeden Leben ein Loblied auf den Allerhöchsten, jedes Herz ein Dankaltar, und jeder Mund würde beten aus Herzensgrund: Herr, wie du willst, und was du giebst, ist unserer Seelen Seligkeit. Und die Engel des Herrn, die Freude, die nie verglüht, der Friede, der über allen Verstand geht, die Freiheit, die keine irdische Gewalt erzwingt, der Glaube, der Berge versetzt, die Liebe, die Alles überwindet, würden Wohnung machen in unserm Ländchen in allen Hütten, und Ländchen und Hütten würde erfüllen des Herrn Segen und unaussprechliche Wonne.

Darum lasset die Predigt des Herrn euch zu Herzen gehen. Ich habe sie zu deuten versucht auf meine Weise in der Liebe;

ich wollte zeigen, wie des Herrn Thun zu verstehen sei dem verständigen Gemüth. Möglich, daß ein Anderer des Herrn Predigt besser verstanden, dann rede er; und seine Rede wird ein neues Zeugniß sein, wie reich des Herrn lebendig Wort zu jeder Stunde über die Menschenkinder sich ergießt, wie noth es thäte dem, der Ohren hat zu hören auf dieses nie verstummende Wort.

Doktor Dorbach, der Wühler

und

die Bürglenherren

in der

heiligen Weihnachtsnacht Anno 1847.

~~~~~~~~

Die Sage von den Bürglenherren, welche vor vielen hundert Jahren am Bachtelenbrunnen im Utzenstorfer Walde in der heiligen Weihnachtsnacht ihre eigene Schwester, arme Weiber und Kinder sammt einem frommen Mönch erschlagen, ist bekannt und bereits gedruckt in Dursli dem Branntweinsäufer.

Als die wilden Brüder in die Schaar der Armen brachen, warf die Schwester, welche heimlich hier Wohlthaten spendete, sich ihnen entgegen, ward geschossen mit einem Pfeile, niedergeritten, und über die Armen kam blutig der Tod. Da sprach der Pfaffe, der an der Eiche beim Brunnen stand, folgenden Fluch mit weitschallender Stimme, daß er vernommen ward im Himmel da oben und in der Hölle da unten: Ueber euere Seelen komme das unschuldige Blut, brenne sie von Ewigkeit zu Ewigkeit, daß sie zur Ruhe nicht kommen. Aus dem Grabe sollt ihr steigen alle Jahre in dieser Nacht, sollt jagen hier mit Jagdgeschrei und Hundegeheul, so lange hier der Brunnen fließt, so lange der Mond am Himmel wandelt. Da hatte sich aus ihrem Blute die Schwester gehoben und gefleht mit leiser Stimme: O wende den Fluch von meinen Brüdern, wende ihn um Maria's willen, der Himmelskönigin! Und leise hatte sich ihr Haupt zur Erde geneigt und aus der zerrissenen Brust rann ihr Leben. Da hatte der Mönch gesprochen: Den Fluch wenden kann ich nicht, das gesprochene Wort geht alsbald zu Gott, wird lebendig in seiner Hand. Aber wenn auf wilder Jagd die wilden Männer in zehn Jahrhunderten zehn verwilderte Männer trostlosen Weibern, wimmernden Kindern zurückführen, den hier gemordeten Müttern und Kindern zur Sühne, dann mögen sie ruhen im Grabe. Das Fernere walte Gott! Da traf ein Pfeil des Pfaffen Herz, er starb alsbald; aber lebendig blieb sein Fluch. Ueber neunhundert Jahre reiten nun die sieben wilden Brüder, die Bürglenherren.. Neun Männer haben sie aus sündigen Banden gelöst, Weibern und Kindern wieder zugeführt.

Dursli, der Branntweinsäufer, war der Neunte, nun fehlt noch der Zehnte. Da reiten sie nun wilder noch in grausiger Hast, wilder wird ihre wilde Jagd, den Zehnten suchen sie, nach Ruhe dürsten sie nach bald tausend Jahren wilder Jagd.

In den kürzesten Tagen des Jahres 1847 wanderte ein Männchen in ziemlicher Morgenzeit die unendliche Straße von Biel nach Solothurn. Seine Kleider waren nicht für den Winter eingerichtet, doch schien er nicht zu frieren, sein Gesicht blühte, absonderlich die Nase. Er schien sehr lebhaften Gemüthes, schüttelte den Kopf, focht mit den Händen in der Luft, schnellte keck und kühn die dünnen Beine auf die Straße nieder. Reich mit Wirthshäusern ist diese Straße gesegnet; wer ein weich Gemüth hat, für freundliche Winke empfänglich, und angenehme Bekanntschaften liebt, dürfte mit seinen Beinen in Verlegenheit kommen, wenn er jedem freundlichen Zuge entsprechen wollte. Lengnau liegt auch dort, unter welchem Breitengrade wissen wir wirklich nicht, aber zwischen Biel und Solothurn so ungefähr in der Mitte. Lengnau darf auf keiner Karte vergessen werden. In Lengnau ist nicht bloß die berühmte Huppergrube mit dem seltsamen Lehm, wie weder im Himmel noch auf Erden keiner mehr zu finden sein soll, aus welchem man das Kachelgeschirr macht, welches nie spaltet; in Lengnau ist nicht bloß ein Schulhaus, welches an den Tagen, an welchen es darum herum aufgeräumt ist, die Zugänge wirklich auch gangbar sind, prächtig genannt zu werden verdient; in Lengnau wächst nicht bloß ein Wein, der seines Gleichen nicht hat in Europa (derselbe verglasurt die Magen, nämlich die, welche ihn ertragen mögen: so, daß sie fürder verdauen und verwerchen können an Speise und Trank, was unter dem Himmel auf Erden ist, hundertjähriges Kalbfleisch, französischen Branntwein in Nidau oder Biel gemacht, ja Specksalat von Schierling und Erbsmuß mit Blausäure gekocht), sondern dort ist noch ein ehrwürdiges Denkmal alter Weisheit und landesväterlicher Huld: dort vor dem Gasthofe ist nämlich noch eine von den schönen stotzigen ausgetretenen hölzernen Treppen, Jakobs Himmelsleiter, auf welcher nur die Engel, welche neben den Beinen noch Flügel hatten, ordentlich auf- und niedersteigen konnten, vollkommen ähnlich. Eine solche Treppe ist eine wunderschöne wohlthätige Vorrichtung. Beinen, welche bereits sturm sind, vergeht die Lust sich hinauf zu wagen, Beine, welche endlich oben sind, müssen Vorsicht brauchen, beim Verstande bleiben, um ungebrochen wieder hinunter zu kommen, und jedem Christen muß es einfallen, wie es geschrieben steht: Du sollst Gott nicht versuchen und einem vermessenen Menschen geht es endlich übel aus! Unser Freund wagte es, kletterte die Treppen hinauf und trat in die Gaststube, welche nicht leer war. Zwei Männer saßen hinter Schnapsgläsern, zwei andere hinter einer Suppe und einer Flasche Wein, den sie aber hauptsächlich in die Suppe gossen, und auf dem Ofentritte saß der Wirth, dem man es von weitem ansah, daß er nicht an Wassersuppe aufgezogen worden. Unser Freund war gewohnt, seine Zeit zu nutzen, jede Gaststube konnte er zu seinem Ackerfelde machen, wo er wenigstens säete, wenn auch nicht erntete. Er hatte die Gabe der Ansprache und verstand es, auch Andere zum Reden zu bringen. Er hatte eine Zeitung ergriffen, welche auf dem Tische lag, fragte nach dem großen Hause mitten im Dorfe, und an Schulhaus und Zeitung knüpfte er sehr passend seinen Faden an. Es war aber stru-

bes, wüstes Garn, welches er abwickelte, war gezwirnt aus
Ungenügen, Unzufriedenheit, Bosheit, Lüge, geschmiert mit dem
allerneusten Ichthum und grober Fleischeslust, ordentlich in
Theorie gebracht, welche, von Kathedern herab in feine an-
ständige Worte gekleidet, sich sehr elegant ausnimmt, in den
Gaststuben dagegen gar liederlich und handgreiflich lautet,
einem abgegriffenen, vertrunkenen Menschen ähnlich wird. Das
ist eben das Allergrößte an dieser Lehre, daß sie für Alle verständlich lautet, für die Unmündigen und die Weisen der Welt,
für Stallknechte und Schiffzieher, für Professoren und Rathsherren, und allenthalben hinpaßt, in Hörsääle und Gaststuben,
nur daß man ihr andere Röcke anzieht, je nach dem Klima.
Die Zeitung bot ihm Stoff, über das Bestehende zu schim-
pfen, über die Tyrannen, welche trotz aller Freiheit noch immer
dem Volke auf dem Nacken säßen, viel ärger als die alten
Landvögte, das Volk unendlich zu bedauern, nicht bloß wegen
dem Elend, in welchem es schmachte, dem Joch, unter welchem
es sich zu Tode keuche, sondern darüber, daß es so in der
Dummheit gehalten werde, daß es Joch und Elend gar nicht
merke, sondern meine, es sei frei und glücklich! Das sei das
Schrecklichste am ganzen Handel! Was sie mit dem Schulhaus
wollten, so lange sie noch eine Kirche hätten und einen Pfaffen! Das Volk werde nie gesund, so lange man noch Kut-
tenstinker habe, welche dem Volk alle Tage frisch die Augen
verkleisterten. Diese müsse man ausrotten, wie die Wanzen,
wie sein Freund, der große S. in B., zu sagen pflege. Die
meisten Lehrer taugten nichts. Viele seien Pfaffenknechte oder
sonst zahme Schafe, andere hätten wohl guten Willen, seien
aber kreuzverflucht dumm, hörten wohl zuweilen was läuten,
wüßten aber nie wo, blieben ihr Lebtag Kameele und Philister. Natürlich war da der Kreuzweg, der auf seine Person
führte. Er glaube, das Volk wäre hier so dumm nicht, wenn
es die rechten Leute hätte, welche ihm die Augen öffneten und
das wahre Heil verkündigten. Er wollte nicht ein Jahr da

sein, so müßte es anders werden. Vor allem würde er ein
Blatt gründen, wo das Volk unverfälscht zu lesen bekäme, was
Freiheit sei, was es alles noch nicht habe, was ihm gehöre
und was alles noch auf ihm liege, welches von Grund aus
vernichtet werden müsse. Dann würde er auch Abendstunden
halten, Vorlesungen, in welchen er dem Volke erkläre, wie es
gehe in der Welt und wie es gehen sollte, was es für Rechte
hätte und wie die wahre Sittlichkeit gerade darin bestehe, daß
es alles thue, was die Pfaffen verböten, und nicht thue, was
sie geböten, wie die Güter und die Arbeit vertheilt werden
müßten. Der Bauer müsse zum Herrn werden und der schweren Arbeit enthoben, man könne es machen ohne diese, wenn
man es recht anfange.

Da war's, wo das Männchen falsch griff. Der Wirth
hatte mehr oder weniger die Bieler Farbe und Art. Er half
gerne räsoniren und glaubte leicht, was Fremde ihm aufschwatz-
ten, er war radikal, ohne eigentlich zu wissen, warum und
wozu, hörte gerne über die Herren am Brette räsoniren, und
um wegen Pfaffen und Kirche zum Märtyrer zu werden, dazu
aß er die Bratwürste zu gerne. Er hatte seinem Gaste mit
vergnüglichem Lächeln zugehört, so lange er in den angedeu-
teten Schranken blieb. Als derselbe aber auf die Eigenthums-
frage kam, ja da verging dem Wirthe das Lächeln. Es waren Menschen in der Gaststube, welchen der Wirth die Lehre
vom Theilen für ein gefährlich Gift hielt. Er hielt es für
seine Pflicht, seine Gäste vor Schaden zu wahren, ihren Nutzen
zu fördern. Nebenbei war er sehr vermöglich und nicht so
dumm wie jene Krämerin, welche im Glauben stund, bei einer
allfälligen Theilung würde sie an den reichen Pourtales von
Neuenburg gewiesen und sie beide hätten unter sich allein ihr
Vermögen zu egalisiren; er wußte, daß er bei einer solchen
Gelegenheit jedenfalls ein Beträchtliches abzugeben hätte. Mit
Schein, sagte daher der Wirth, seid ihr auch einer von den
fremden Fötzeln, welche anrichten und fressen wollen, was sie

nicht gekocht. Ja das wäre kommod für Halunken und Land-
streicher, wenn sie, nachdem sie alles verlumpet, am Ende mit
denen theilen könnten, welche fleißig gearbeitet, böse gehabt,
um für ihre eigenen Kinder einen Nothpfennig zu ersparen.
Solche Leute sind nichts als Unglückmacher, man sollte sie mit
Knitteln todtschlagen wie tolle Füchse. Wenn ihr nichts Ge-
scheuteres zu reden wißt, so trinkt und macht daß ihr fort-
kommt, von wegen die Treppe ist stotzig und schon mancher
Bessere als ihr ist ungesinnet unten angelangt. Das Männchen hatte keinen Muth, aber eine gewaltige Portion Frechheit im Leibe, welche bellt den Spitzhündchen ähnlich, bis sie
einen Stock sieht, dann heulend und geußend, den Schwanz
zwischen den Beinen, sich zurückzieht. Er glaubte in den Augen
der Schnapsbrüder Beifall zu lesen und entgegnete dem Wirth,
es werde doch hier nicht verboten sein, seine Gedanken frei
auszusprechen, er werde doch nicht etwa nach Rußland oder
China verirrt sein, wo die Menschen mit Maulkörben am Maul
zur Welt kämen, oder gar unter die Jesuiten, welche nach Belieben in jede Haut fahren könnten, sogar in Wirthshäute.
Ja, sagte der Wirth, der an starken Tubak nicht gewöhnt war,
frei sei man hier, aber nicht bloß die fremden Fötzeln und
Halunken, sondern auch die ehrlichen Landeskinder, die seien
doch einstweilen noch nicht die Sklaven und gesetzlichen Bast-
eseln fremder Spitzbuben. Er solle nur frei reden, er werde
dann so frei sein, ihn die Treppe hinunter zu werfen, daß er
Tagsheitere brauche, um seine Gliedchen zusammenzulesen.
Wolle er aber ganz dieselbe hinunter, so solle er seine Zeche
mit vier Batzen zahlen, kein Wort mehr reden und zur Thür
hinaus, so schnell ihn die Beine tragen möchten. Das Männchen sah sich um nach Beistand, aber die beifälligen Blicke
waren verschwunden bei des Wirths energischer Rede. Er faßte
sich rasch, duckte sich und war unten auf der Straße, er wußte
kaum recht wie. Oben setzte der Wirth, den übeln Eindruck
zu verwischen, seine Rede fort. Ich habe dieses Hundegeschlecht

kennen gelernt zu meinem Schaden, sagte er. Anfangs glaubte
ich, was das für Leute seien und wie gut sie es meinten, die
kennten die Wahrheit und sagten sie aus lauter Wohlmeinen,
die müsse man hören. Ich rechnete es fast für eine Ehre,
wenn ich ihnen einen Schoppen aufstellen konnte; und wenn
sie nicht zahlten, dankte ich noch — ich Lümmel — den D—.
Aber wohl, die lernte ich kennen, ich war da gerade auf dem
rechten Platz dazu zwischen Biel und Solothurn, und glücklicher Weise ehe mein ganzes Weibergut dahin war. Doch war
das Lehrgeld immer noch groß genug, aber der Zorn noch größer über die dumme Gutmeinenheit, welche meint, es sei Schul-
digkeit, solchem Gesindel alles zu glauben, die Hände unter
die Füße zu legen und sie zu halten für die von Gott gesand-
ten Engel, uns aus dem Diensthause Egyptens zu führen, und
wohin? Möchte doch wissen, wohin wir sollten? Ich kenne
jetzt ihr Gebrüll von Freiheit und weiß was es bedeutet, es
ist die Diebslaterne, mit welcher sie leuchten, wo was zu steh-
len ist, Geld und Gut, Weiber und Töchter, und zuletzt die
Freiheit selbst, von der sie so wenig wissen, als ein Esel vom
Singen, wie laut er auch brüllen kann.

Der Wirth redete nicht dumm, doch seine Weisheit wollen
wir ihm nicht zu hoch anschlagen, er hatte sie gar zu theuer
bezahlt, er hatte aber auch gar zu viele Gelegenheit dazu.
Das Haus, welches Geschäfte macht in der Freiheit, hat gar
viele Reisende, die alle kehren begreiflich in Wirthshäusern ein,
legen da ihre Waare aus und zwar mit einer unerhörten Frechheit. Gegen sie sind die Badenser, Würtemberger, Frankfurter
Reisenden, welche in Schnupftabak, Blau oder Cichorien machen, schüchterne Jünglinge. Sie sind die Herren des Hauses,
wo sie einkehren, sie nehmen sich die Frechheit zu allem, in
ihren Gelüsten liegen ihre Rechte; wer ein Wort gegen ihre
abgegriffenen Muster der Freiheit wagt, der wird angedonnert,
durchgeblitzt in souverainer Verachtung, moralisch todtgeschlagen.
Es wäre ihm besser gewesen, er wäre in die Hände eines tür-

kischen Paschas oder eines alten Landvogts gefallen, als in die
Klauen eines neumodischen Herrgöttleins oder eines Reisenden,
der in Freiheit macht. Es wäre auch an der Zeit, daß man
sich von diesen Herrgöttlein und ihrer übel versetzten unächten
Waare emancipirte.

Nun ungefähr wie ein Pascha, der aus seinem Paschalik,
oder ein alter Zwingherr, der aus seiner Burg unrechtmäßig
vertrieben worden, stöffelte unser Männchen weiter und sah
alsbald Gränchen vor sich, Gränchen das wunderliche! Wie
in uralten Zeiten zwei feindliche Brüder oder Schwestern auf
zwei sich gegenüberstehenden Hügeln sich anbauten, jeder aus
seinem Sitze dem andern das Leben verkümmerte, aus seinem
Sitze ihn zu treiben suchte, fast so stehen in Gränchen Kirche
und Schulhaus sich gegenüber. Beide sind neu erbaut, die
Kirche etwas früher, an beiden sparte die Gemeinde nicht, auf
beide war sie stolz; denn beide zeichnen sich aus weit umher,
beide erbauten die gleichen Menschen, und doch, wie oft Kinder aus gleichem Blute entsprossen, war es eine Zeit, wo beide
sich haßten, weil in beiden nicht der gleiche Geist wohnte.
Die ältere Schwester, die Kirche, liegt höher, besser zum Beschießen geeignet, die jüngere tiefer, vortheilhafter gelegen zum
nächtlichen heimlichen Miniren. Unser Männchen kannte dieses
Verhältniß. Denn accurat wie jedes Haus seine Reiserouten
hat, seine Notizen über die Lage der verschiedenen Ortschaften,
ihre Gebräuche und Abgaben, die verschiedenen Abnehmer, ihren
Charakter und Geldseckel, accurat solche Landkarten hat auch
das große Haus, welches in der Freiheit macht: Landkarten
über die Stimmungen, Verhältnisse, Hauptknoten u. s. w., nur
sind sehr viele Personen-Namen dabei, welche bei den gemeinen
Landkarten fehlen. Indessen ist bei diesen Karten das Fatale
wie bei den gemeinen Landkarten auch, daß Veränderungen
entstehen, welche man nicht vernimmt oder nachzutragen vergißt. Es ist alles auf der Welt dem Wechsel unterworfen, die
Gränzen der Länder, aber noch viel mehr die Stimmung der

Menschen. Ja wie manchem Reisenden ist es nicht schon begegnet, daß er an Orten, wo er den größten Absatz gehabt, das nächste Mal mit großer Schmach und Schande sich schieben mußte, dieweil plötzlich den Leuten über die Sünden des Hauses die Augen aufgegangen, ohne daß das Haus es wußte. Es zählte mit Sicherheit darauf, die Abnehmer, welche es seit zehn Jahren betrogen, noch wenigstens neunzig andere Jahre ohne Anstand fürder betrügen zu können auf dem gleichem Fuße. Ungefähr ähnlich geschah es unserm Geschäftsreisenden des großen Hauses, welches in der Freiheit machte. Das Wort Freiheitsapostel brauchen wir nicht, wir wollen das heilige Wort nicht mißbrauchen da, wo das Wort Geschäftsreisende oder Commis voyageurs vollkommen paßt.

Seiner Karte nach konnte das Männchen hier ein einstweilig Unterkommen zu finden hoffen, wenigstens als Station, von welcher aus es sich orientiren könnte. Seine Umstände waren so, daß er aus Vorgängen hoffen konnte, sie würden große Theilnahme finden, und die gleichen Vorgänge ließen die Station als sehr geeignet erscheinen, auf die Umgegend sehr bedeutend einzuwirken, namentlich die verfluchten Aristokraten im gegenüberliegenden Büren total todtzuschlagen. Er verstund das Ding, indessen fehlte ihm doch das Ding. Er nahm an, alles sei geblieben, wie es vor wenig Jahren gewesen; statt nach dem berühmten Gränchenbade abzulenken, welches wenige Minuten vor dem Dorfe seitwärts liegt, und dort den Stand der Dinge zu recognosciren, marschirte er kühn in's Dorf und in's Wirthshaus hinein. Er dachte nicht, daß in Ortschaften, welche früher Flüchtlinge aufgenommen, der Geist so gut sich ändern könne, als der Geist in den Menschen, welche ehedem als Flüchtlinge aufgenommen worden. Das ist das Gute im Solothurner Gebiete, daß man in den Wirthshäusern fast allenthalben und zu allen Zeiten Gäste antrifft, von welchen man vernehmen kann, was die Glocke geschlagen. Die Betriebsthätigkeit muß im Solothurner Lande sehr groß sein,

10*

dem Verkehr in den Wirthshäusern nach. Nun kennen wir
wohl unsern Dorbach, denn so heißt unser Männchen, dagegen
aber die herrschende Stimmung in Gränchen viel zu wenig,
um mit Sicherheit zu behaupten, die dortige Stimmung habe
total umgeschlagen.

Es ist möglich, daß Dorbach in ein unrechtes Wirthshaus
gekommen oder zufällig die unrechten, d. h. konservative Gäste
angetroffen. Wir können bloß so viel sagen, daß es keine
halbe Stunde ging, so war er in den bittersten Händeln.
Wahrscheinlich knüpfte eben Dorbach an Rückerinnerungen an
und winkte mit dem Holzschlägel, was Gränchen Fremden zu
verdanken hätte, weil natürlich so ein Herr Doktor und Professor meint, man müsse mit Bauern, wenn man verstanden
sein wolle, laut und deutlich sprechen. Von den Leuten in
der Gaststube mußte er sich sagen lassen, man habe hier des
fremden Lumpenpackes satt. Man habe Erbarmen mit ihm
gehabt und ihm zu Kleidern, Brod und Ehren geholfen, aber
kaum sei es erwarmt gewesen, habe es den Meister spielen
wollen im Hause, habe Streit und Zank angerichtet, den Leuten die Haare zusammengebunden, die ehrbaren Leute verlästert,
der Väter Sitten und Religion verhöhnt, die Leute ange-
schmiert, das Beste vorweg gefressen, die Schweizer Kühe ge-
heißen. Wenn diese Leute irgendwo zur Macht kämen, wäre
es das Erste, daß sie die Schweizer unterdrückten und über's
Land kämen nicht wie Landvögte, sondern wie die Läuse über
die Bettler, die Mäuse über den Speck, die Füchse in den
Taubenschlag.

Dorbach war gar nicht in der Stimmung, zu begütigen,
er sparte sein Maul auch nicht, und man machte bereits An-
stalt, ihm einen Begriff beizubringen, wie man Spatzen vom
Acker jage, als der Wirth von der Jagd heimkam. Er mittelte,
wies seine Mitbürger zurecht, nahm den Fremden in Schutz.
Er übte eine schöne Pflicht; was ihn dazu bewog, wissen wir
nicht; es sind halt oft unsere besten Werke mit Sünden be-

fleckt, und Wirthe machen in dieser Beziehung ſicherlich keine
Ausnahme. Er ſagte; den Fremden hätte man viel zu verdanken, ſie hätten den Schweizern das Licht angezündet; jetzt
da es brenne, ſolle man es ihnen nicht ſo gröblich verdanken.
Sie ſeien halt wie ſie ſeien, anders könne man ſie nicht machen,
aber man ſolle ſie doch reden laſſen, damit würden ſie wenig
zwingen, und kommod ſeien ſie allweg, um das zu verrichten,
was man ſelbſt mit keinem Finger anrühren möchte. Das
ſagte er leiſe und im Dialekt ſo kauderwelſch als möglich, damit die ſeltſame Entſchuldigung der Betreffende nicht ver-
ſtehen möchte. Der Wirth hatte aber Mühe mit ſeinen Mit-
bürgern, er überzeugte ſie nicht, ihre Gegenreden fertigte er
mit einem kurzen „Abah“ ab, bis ſie endlich gingen mit den
Worten: Warte du nur, du wirſt witzig werden vor dem letzten
Faſtnachtsmarkt.

Dorbach erkannte im Wirthe einen Freund und machte
ihm Mittheilungen. Ich bin der Doktor Dorbach, war Profeſſor, habe mitgewirkt an der Freiheit der Schweiz. Dem
Namen nach werden Sie mich kennen, meine Verdienſte können
Ihnen nicht unbekannt ſein. Aber es iſt verflucht, daß in der
Schweiz die Reaktion beginnt, ehe in Monarchien das Signal
zur Freiheit gegeben iſt. Im Sonderbund hat es nur ge-
pfuſcht, der Hyder der Ariſtokraten und Jeſuiten iſt der Hals
nicht abgeſchlagen, die Köpfe haben ſich verdoppelt. Ich war
Profeſſor in H., Pfaffen und Patrizier brachten mich um meine
Stelle. Sie witterten, daß ich freiſinnige Blätter in Deutſch-
land und in der Schweiz fütterte mit der wahren Koſt; ſie
rächten ſich, ſie ſtießen mich mit meinen acht Kindern auf die
Gaſſe in dieſer Jahreszeit. Das konnten nur Pfaffen und Jeſuiten thun. Er wiſchte ſich die Augen, ſie waren aber eigentlich nicht naß. Ich, ich Doktor Dorbach, Profeſſor, ich muß
wie ein gemeiner Bettler dem Brode nachwandern auf der
Straße. Ich ſage nichts, aber da brennt's! Er ballte die
Fauſt und legte ſie auf's Herz, mit der andern Hand rückte

er die Brille zurecht, mit welcher er behaftet war. Ich war in Biel, dort war kein Platz für mich, nicht einmal im Postwagen als blinder Passagier fand ich Raum. Ich erhielt Anweisungen nach Solothurn, man sprach mir aber auch von Lengnau, besonders von Gränchen, wo vielleicht Beschäftigung sei für mich und ein gehörig Auskommen. Ach Gott, ich brauche so wenig; essen thue ich wie ein Kind und der Wein ist hier so wohlfeil. In Lengnau ist aber nichts, da ist nicht einmal der Wirth freisinnig, da kann man sich denken, wie es in den andern Strohköpfen aussieht und was die für einen Pfaffen haben müssen. Den Ort habe ich mir notirt, den Hund von Wirth werde ich zeichnen seiner Zeit. Wenn ich nur ein warm Obdach hätte einstweilen! Wo wir nichts als Fußtritte kriegten und Stockschläge und Weisungen, in vierundzwanzig Stunden die Stadt zu verlassen, da wird bald nur für uns gekocht und gebraten werden, und Ihr Gnaden wird es vornen und hinten heißen.

Lieber Mann, ich sage es Ihnen im Vertrauen, die Mine ist gegraben und gefüllt, die Schwefelfaden sind gelegt, die Lunte anzuzünden wird bereits Feuer geschlagen. Bis dahin könnte ich Unterricht geben, in welchen Fächern man will; könnte ein kleines Blatt herausgeben, ein wahres Bedürfniß für diese Gegend, eine Handdruckerei wäre mir versprochen; könnte des Abends Vorlesungen halten über Geschichte, Naturlehre, Physik, Chemie, Pfaffenthum, Freiheit und Menschenrechte, alles unentgeltlich, versteht sich, nur für den gehörigen Unterhalt, versteht sich. Gränchen ist berühmt, man kennt in Deutschland diesen Ort; ich habe meine Hoffnung hierher gestellt, Sie werden nicht wollen, daß ich mich getäuscht, mein lieber Mann! Bei Ihnen möchte ich bleiben und zwar nicht umsonst, Sie als freisinniger Mann sollen bezeichnet werden in allen Blättern, in welche ich schreibe. Kein Freisinniger Deutschlands soll hier durchpassiren, ohne bei Ihnen einzusprechen. Herr Wirth, ein Verdienst sollen Sie sich um Ihre

Gemeinde erwerben, welches Kinder und Kindeskinder Ihnen
nicht vergessen werden. Mit den Lehrern werde ich mich in
Verbindung setzen, dann an den Pfaffen hin da oben, wollen
ihn ängstigen, wie man mit Rauch den Fuchs, der sich in seinen Bau verkrochen, ängstigt bis zum Tode. Chömet loset!
rief eine Nase zur Thüre hinein. Der Wirth mußte die Nase
kennen, denn alsbald stand er auf und ging. Als er wieder
kam, sagte Dorbach: Nun, nicht wahr, Herr Wirth, hier kann
ich bleiben, einstweilen mein Haupt zur Ruhe legen, bis der
Schlag losgeht und Europa mich anderswohin ruft? Es würde
mich freuen, sagte der Wirth, wenn es Sommer wäre, aber
für den Winter bin ich nicht eingerichtet, ich habe kein warmes
Zimmer. Vielleicht wäre drüben im Bade Platz, aber im
Winter müssen sie das Holz auch sparen; daneben bis die Zeitung im Gange wäre, wäre ja der Sommer da, und mit den
Vorlesungen weiß ich es nicht, man hört ganz umsonst so viel
neues berichten, daß niemand gerne mehr um was neues einen
Kreuzer giebt, es müßte denn gar was Rares sein. Am besten
wäre es, Ihr ginget auf Solothurn, Ihr seid gleich dort;
wenn an einem Orte, so kommen dort Leute wie Ihr an Platz.
Dort haben sie immer Geld für was Narrs, darum ist das
Land so arm. Sie haben dort an der lateinischen Schule
Lehrer, sie sagen ihnen auch Professor und zahlen ihnen ein
Sündengeld, fünf-, sechshundert Gulden und noch mehr.: Das
ist ja ein bloßes Almosen und kein Geld, sagte Dorbach, ich
hatte schon Stellen von mehr als tausend, ja von fünfzehnhundert Gulden, und damit läßt sich kaum anständig leben.
Fünfzehnhundert Guldi! sagte der Wirth, Donnerwetter, fünfzehnhundert Guldi! mehr als ein Rathsherr! Warum seid Ihr
nicht da geblieben? Pfaffen und Patrizier haben mich ja vertrieben, wie ich es schon gesagt, antwortete Dorbach. Fünfzehnhundert Guldi, sagte der Wirth, verflucht viel Geld. Wäre
ich an Eurer Stelle gewesen, mit denen Pfaffen und Patri-
ziern hätte ich gesucht nachzukommen. Abah! hätte dabei den-

ten können, was ich gewollt. Fünfzehnhundert Guldi sind ein
Geld, um das kann man schon was thun!

Was Dorbach dachte, wissen wir nicht, er murmelte etwas
von Dreckseele, Gesinnung und Grundsätzen, und frug dann
deutlicher den Wirth: ob er meine, daß in Solothurn was
für ihn sei? Er glaube es, sagte der Wirth, doch versprechen
könne er nichts. Es sei in Solothurn wie an andern Orten;
wo ein Pöstlein sei, da paßten Zehne darauf, wie die Katzen
vor den Mäuselöchern. Jedenfalls sei da nichts von fünfzehnhundert Gulden; wo so Viele vom Kuchen wollten, da
könne man so groß die Stücke nicht machen. Sie vermöchten nicht mehr so viel in die Stadt zu geben, sie hätten mit
sich selbst mehr als zu viel zu thun, sollten den ganzen Tag
die Hand im Sacke haben, daß es ihm, wenn er schon Wirth
sei, allemal Angst mache, wenn er ein fremd Gesicht gegen
sein Haus kommen sehe, weil er fürchte, der wolle was
von ihm.

Dorbach's Freundschaft zum Wirth hatte beträchtlich ab-
genommen und schwand endlich ganz. Dessen Benehmen schrieb
er aber einem kurzen Husten zu, der hinter der Thüre vernehmbar war, aus einem weiblichen Halse zu kommen schien
und ihrer jungen Freundschaft die galoppirende Schwindsucht
an den Hals brachte. Der Abschied war kurz und so vertrocknet, daß der Wirth, als er den Rücken seines Gastes zehn
Schritte von seinem Hause sah, einen ganzen Schoppen den
Hals hinuntergoß ohne abzusetzen. Er schien ihm besonders
wohl zu machen, den ganzen Tag war er äußerst aufgeräumt
und sang den ganzen Tag das einzige Lied, welches er in seiner Gewalt hatte, nämlich: Mys Herz isch Trures voll vo wege
Babi's, es het der Esel use glah, er isch im Kabis!

Unser Dorbach aber hatte es anders, der sang nicht und
pfiff nicht. Singen und pfeifen werden aber auch den Meisten
vergehen das Aarthal hinunter nach Solothurn im Winter bei
dünnen Kleidern und starkem Bysluft. Zudem ist der Weg

von Gränchen weg nach Solothurn schauderhaft, accurat als
ob es der Weg wäre in die lange Ewigkeit, welche bekanntlich
kein Ende hat. Es war ein schrecklicher Zorn, den der kleine
Mann den langen Weg, der sich auseinander zu schieben schien,
wie man Maßstäbe hat, bei welchen sich dieses thun läßt, ver-
werchete. Er gehörte, wie der Leser, der nicht im Fortschritt
begriffen ist, den man bekanntlich, je schneller es vorwärts geht,
desto weniger sieht (vide Exempel an den Eisenbahnen), zu
der Sorte von Menschen, welche als erstes Menschenrecht das
Recht in Anspruch nehmen, zu leben nach ihrem Belieben.
Können sie das nicht, schreien sie über Ungerechtigkeit und ver-
dorbene Zustände; wer ihnen nicht dazu verhelfen, all ihrem
Begehren nicht entsprechen will, den verschreien sie als Aristo-
krat, Jesuit, Geldmensch, suchen ihn der Rache des Pöbels zu
überliefern. Diese Menschen suchen nie die Ursache ihres Miß-
geschickes in ihrem Herzen und eigenen Verhalt, sondern alle-
zeit in andern Menschen und den bestehenden Verhältnissen.
Was das Menschenkind die Gräncher und namentlich den Wirth,
der freisinnig sein wollte und ihn, den Doktor Dorbach, ge-
wesenen Professor, so schnöde laufen ließ, seinerseits liegen ließ,
dürfen wir nicht einmal auf's Papier bringen, es könnte Hän-
del geben, und im Solothurnerbiet ist das Prozediren so wenig
gut als im Bernerbiet, wo es bekanntlich ein grundschlecht
Gewerbe ist.

Weit, weit vor sich, scheinbar ganz am Himmel oben,
schien ihm ein Busch Häuser zu stehen: er hielt ihn für die
Stadt Solothurn, da er troß seiner Brille kurzsichtig war.
Er steuerte mit Macht darauf los, aber je mehr er steuerte,
desto mehr schienen die Dächer sich zu retiriren, accurat wie die
Tessiner, wenn sie Kanonen in der Ferne hören oder gar eine
wirkliche Flinte von weitem sehen. Das machte ihn ungeduldig
und das Maul ganz trocken; er kehrte rasch links ein, wo ihm
ein fast unmerklicher Besen was Nasses andeutete. Man muß
wirklich die Humanität preisen, welche so großartig dafür sorgt,

daß kein Reisender mit einem trockenen Maule geplagt wird, sondern wie er von ferne dran denkt, alsbald links eine Tränke findet, freilich böse und gute Leidweg. Beideweg jedoch eine große Wohlthat auf diesem Wege, wo die Sonne direkt vom Himmel brennt, den Jurakalk pulverisirt, der im Sommer bei leichtem Winde pfundweise dem Reisenden in den Mund fliegt.

Das Lokal, in welches Doktor Dorbach trat, war nicht großartig, die innere Ausstattung nicht prächtig, die Aufwär-terin nicht elegant, doch die Hauptsache war gut, ein scharfer Schnaps, und was will man mehr? Ein Gespräch mit der Wirthin wollte nicht recht laufen. Ka nit weltsch, antwortete sie anfangs. Nun verschweizerte Dorbach sein Hochdeutsch et-was mehr, was er sehr gut konnte, da er sich lange genug in der Schweiz herumgetrieben hatte, und es ging, d. h. die Wirthin wußte nun, daß er deutsch redete. Aber es ging doch nicht, denn Dorbach behandelte diese gemeine Wirthin grob und barsch, wie es diese Freiheitshelden im Brauch haben, wo sie nichts zu fischen finden oder sonst glauben, es gehe ihnen an. Solche Sprache liebte aber auch diese gemeine Wirthin nicht, es kam keine Zärtlichkeit in ihre Unterhaltung, welche sie flüssig erhält, wie die Wärme den Honig, sie trocknete da-her alle Augenblicke ab. Dorbach fand Zeit zur Selbstbe-schäftigung, er machte seine Kasse. Seine Baarschaft trug er verzettelt in allen Taschen; was er empfangen, hatte er immer in die erste beste gesteckt und zumeist nicht nachgesehen, was es war. Auf's Geld an sich setzte er keinen Werth und für den folgenden Tag sorgte er nicht, dafür ließ er Andere sor-gen, machte, wie gesagt, den Anspruch an die Menschheit als erstes Menschenrecht, daß sie ihn, den Doktor Dorbach, erhalte. Er zog nun seine gesammte Macht in einen Sack zusammen, ungefähr wie Windischgrätz aus den verschiedenen Provinzen Oesterreichs seine Truppen vor Wien sammelte, und hielt Heer-schau darüber. Hunderttausend Stücke und darüber brachte

er freilich nicht zusammen, doch mehr als er gedacht. Ohne
Noth konnte er sicher bis Solothurn vordringen, ja ein ziemli-
ches darüber hinaus, auch wenn ihm dort keine Verstärkungen
zuflossen. Wir können aber nicht sagen, daß dieses ihm besondere Freude gemacht hätte, das Bangen des Fleißigen, woher Brod nehmen und den Seinigen Brod schaffen, wenn er
kein Geld hätte, kannte er nicht, er ward bloß zornig über
die verfluchte Welt und die bestehenden Verhältnisse, daß ein
Mann, wie er, der Doktor Dorbach, an solchen Kleinigkeiten
Mangel leiden müsse, nicht im Ueberfluß sitzen könne. In der
neuen Weltordnung, welche er sich ausgedacht, da kam es anders, da ward die Arbeit nach den Talenten ausgetheilt, da
machte man die Reichen, die Grafen und Banquiers, die Edel-
leute und Fabrikanten zu Packeseln und Holzhackern, die Lichter
der Welt aber, er, Dorbach und andere, saßen an der Sonne
auf dem Johannisberg, theilten den Andern die Arbeit zu,
regierten überhaupt die Welt und hielten alle Tage Heerschau
über das weibliche Geschlecht, um Aufruhr und Revolution zu
verhüten. Jetzt machte ihn auch das Geld, mit welchem man
ihm wahrscheinlich in Biel auf die Beine geholfen, zornig,
von wegen er wäre dort lieber sitzen geblieben, als wieder auf
die Beine zu müssen. Er betrachtete seine Baarschaft als eine
Art von Loskaufgeld, mit welchem man sich z. B. mißbeliebige
Einquartirung oder gar Plünderung vom Leibe hält. Daß
man ihn so behandelte, machte ihn wild; er glaubte nicht bloß
allenthalben eine erfreuliche Erscheinung zu sein, sondern auch
das Recht zu haben, zu jedem seiner Freunde zu sagen: Bruder, ich bleibe bei dir, und mit ihm Dach und Fach zu theilen, wie man zu sagen pflegt. Seine Freunde schienen es aber
accurat gehabt zu haben wie jene Krämerin, sie theilten auch
lieber mit dem Pourtales als mit dem Dorbach. Er trank
im Zorne seinen Schnaps und machte mit großer Bitterkeit
sich wieder auf den Weg. Er musterte seine Freunde und
Kampfgenossen, verglich ihre Errungenschaften und Lage mit

seinen dünnen Hosen und müden Beinen, seine Kenntnisse,
seine Leistungen im Dienste des großen Hauses, welches in
Freiheit machte, mit den ihrigen, fand überall das verkehrte
Verhältniß der Leistungen zum Lohne. In dem Hirse, den er,
Dorbach, gesäet hatte, saßen Andere, kochten den Brei für sich,
während er nichts zu kochen hatte als Gift und Galle, Groll
und Rache über den Undank der Menschen. Er brütete lange
über den fürchterlichsten Plänen. Doch wie im Allgemeinen
der Geist nicht ganz unabhängig von der Materie ist, wurden
auch die Wallungen seines Gemüthes sanfter, seine Pläne milder in dem Maaße, als der Schnaps verdampfte. Er nahm
sich vor, in Solothurn von seiner Stimmung gar nichts mer-
ken zu lassen, ganz ruhig und gefaßt aufzutreten, vielleicht daß
doch dort der Ort sei, wo seine Feigen reifen, die Orangen
ihm blühen würden.

Unterdessen schritt er vorwärts und kam doch nicht vorwärts auf der heillosen Straße in die Ewigkeit. Eine halbe
Ewigkeit schien es ihm zu gehen, bis er zur vermeintlichen
Vorstadt von Solothurn kam, und als er dort war, war es
wiederum nicht die Vorstadt, sondern bloß einige Häuser,
und die Straße lief weiter, glich einem langen, langen unendlichen Darme, und am Ende desselben sah er etwas liegen als wie so eben hinaus gewurstet, was vielleicht Solothurn sein mochte. Er suchte sich darüber Gewißheit zu ver-
schaffen und hatte die beste Gelegenheit dazu. Links wieder
stand ein prächtiger Gasthof mit hohem Balkone; Ritter und
Edelfrauen waren zwar nicht darauf zu schauen, wahrscheinlich wegen dem Bysluft, aber unter demselben sah er einen
halb vollen Fuhrmann stehen, der ihm nicht bloß die ge-
wünschte Auskunft gab, sondern auch die sicherste Garantie,
daß, wenn er etwas verlange für den Hunger, absonderlich für
den Durst, es da innen zu finden sei. Dorbach war ein
Mann, der viel auf Garantien hielt, er überzeugte sich alsbald, daß sie diesmal richtig seien, fand eine warme Gast-

ſtube, ſah trinkende und eſſende Leute. Er hatte ebenfalls
Hunger und Durſt, und da der Finanzminiſter keine Einwen-
dungen machte, ſanctionirte der König die Begehren der beiden
Kammern.

Der Wirth war ein geſprächiger, zuthätiger Mann, der
ſeinen Gäſten ſich ſehr intereſſant machen konnte, abſonderlich
mit einem guten Glaſe Wein. Die Wirthin war kaum als
Wirthin geboren, hatte mehr den Bauernſchlag, ſchien gut-
müthig und ganz glücklich, wenn ſie mal was Ordentliches aus
der Pfanne auf den Tiſch geſchroten und bugſirt hatte wohl-
behalten. Allerlei Kinder liefen herum zwiſchen Tiſchen und
Beinen. Dorbach nahm an, es ſei des Wirths Nachkom-
menſchaft, und behandelte ſie mit einiger Rückſicht, d. h.
er ſtieß ſie nicht mit den Stiefeln von ſich, wie er es den
Hunden machte, wenn ſie ſeinen Beinen zu nahe kamen.

Es ſchien Dorbach, der dafür eine gute Naſe hatte, wie
auch für alle Gerüche aus der Küche, es herrſche hier eine bedeutende Unzufriedenheit mit dem Beſtehenden, er athmete
ſympathetiſche Lüfte, er witterte Bruderherzen. Der Wirth
ließ anfangs nur ſo hier und da was fallen. Wie er aber
zutraulich wurde, kam Zuſammenhang iu die abgebrochenen
Brocken. Er klagte über zu viel Zahlen, zu theure Regierung, wie man nicht wiſſe, wo das viele Geld hinkomme,
über den Hochmuth der Regenten, gäb wie niederträchtig man
ſie nehme. Kaum habe Einer die Füße unter einem grünen
Tiſche, mache er den Junker und thue als ob der Kaiſer von
Rußland ſein Vater ſei. Er ſei Waffenkamerad von Vielen,
aber wer an der Regierung ſei, kenne ihn nicht mehr, ſelbſt
ſolche, welchen er für Muſterungen Strümpfe und Hoſen ge-
liehen, weil ſie zu arm geweſen, ſolche ſelbſt anzuſchaffen. Aber
je ärmer Einer geweſen, deſto verfluchter thue er und habe
gar keine Achtung mehr für die Landleute. Im Sommer und
manchmal auch im Winter kämen viele Herren aus der Stadt
und ſeien ſchrecklich freundlich, man warte ihnen aber auch recht

auf, und den Wein fänden sie nirgends wie hier, er fahre aber
selbst in's Weltschland. Sie sagten, sie wüßten nicht, wie ich
es auch mache, in der Stadt bekäme man nirgends solchen
Wein wie bei mir, wenn man ihn auch zahlen wollte. Ich
könnte es ihnen sagen; aber ich möchte es den Wirthen drinnen nicht zu leid thun, es ist mancher ein guter Freund von
mir. Aber komme ich einmal in die Stadt, ist's als ob die
Herren ganz andere Augen hätten, sie kennen mich nicht, geschweige daß mir einer die Hand giebt. Da lupfe ich die
Kappe, wie es üblich ist bei uns herum, sage: gute Obig,
Herr Rathsherr, Herr Stadtvogt, Herr Kaplan, aber keiner
giebt mir den Namen und reicht mir die Hand und sagt:
gute Obig Wirth, wie stoht's mit de Fische oder händ d'r süst
was Guts? es glust mich neue mol wieder euere Wy z' versuche, de Sexedryßiger oder de Zweievierziger oder Sexevier-
ziger, welcher besser sei; Vieredryßiger händ d'r doch keine
meh? Sie hebe kaum die Hand an den Hut und göhnd
wyter, grad als wenn sie mich gar nicht kennten, als
wenn ich aus dem Schwarzbubenland wäre, oder gar aus dem
Schwarzwald.

Das waren Redensarten für unsern Dorbach, accurat was
Karrensalbe ist für ein Wagenrad. Seine Goldader sprang
ihm auf, seine Rede ward flüssig, er redete, was die Gaststube
fassen mochte, vom Verderben der Welt durch Jesuiten und
Aristokraten, durch Pfaffen und Philister, von der Dummheit
der Menschen, welche dieses duldeten, welche in der Mehrzahl
doch sich knebeln, die Augen verbinden, sich berauben ließen
von dieser verfluchten privilegirten Räuber- und Mörderbande.
Wenn das Elend am größten sei, sei auch die Hülfe am nächsten. Mitten in den Feigen und Schlechten wachten Solche
auf, welche das Heil der Menschen wollten und troß Undank
und Verrath an den Fesseln feilten, die Bande sprengen, die
Morgenröthe der Freiheit bringen wollten. Das seien die
Rechten, treu wie Gold, könnten wie Prinzen wohnen in gol-

denen Palästen, statt herum zu pilgern in kalter Winterzeit,
wenn sie ihre Liebe zur Freiheit, ihre Treue am Volke ver-
leugnen, Grundsätze und Prinzipien opfern wollten dem ange-
botenen Golde. Auch er gehöre zu diesen, auch er sei ein
Opfer der Tyrannei, welche die Welt beherrsche; statt in
Schwanenfedern zu liegen, wisse er nicht, wo der Stein sei,
auf welchen er diese Nacht sein Haupt hinlegen könne. Aber
so lange er Haut an den Füßen habe und ein Hemd am Leibe,
wandere er der Freiheit nach und der Gleichheit, und sollte er
darob zum ewigen Juden werden, oder die Tyrannei ihn in
einem Mörser zerstoßen.

Er war ganz herrlich anzusehen, als die Begeisterung ihm
so rundweg vom Munde floß. Dem Wirthe verging darob
das Herz, wie ein Stück Zucker im Wasser, er machte auch ein
Gesicht, als ob er selbst zu einem Glas voll Zuckerwasser werden wollte. Das sei jetzt geredet mit Wahrheit, sagte der
Wirth, so hätte er es nie gehört; er spreche da eine Gesinnung aus, mit welcher man jede Verfassung pflastern sollte
von oben bis unten, dann hätte es doch einmal eine! Es
werde viel geredet in dieser Stube, besonders im Winter; im
Sommer führe er die Herrschaften aus der Stadt und Kapläne,
und, wenn sie es begehrten, auch die Herren Aerzte hinauf in
den Saal, wo der Balkon sei, aber so fest habe er doch die
rechte Sache noch nie gehört. Er wollte gerne eine Flasche
Sechsunddreißiger oder gar Vierunddreißiger holen, sie sollte
keinen Kreuzer kosten und er habe doch guten, er habe ihn
selbst geholt, er möge mit denen Weinherren nichts zu thun
haben, wenn das, was der Herr gesagt, ein Rathsherr oder
zwei gehört hätten. Die hätten eine Nase voll nehmen können. Er nehme auch kein Blatt vor den Mund, habe schon
oft ihnen die Wahrheit gesagt, so gut er es verstanden, daß
ihn gedünkt, es sollte ihnen die Haut abgehen. Aber es mache
ihnen alles nichts, was er sage: Hör' du, sagten sie ihm
gleich, du bist immer der gleiche und nie zufrieden. Wenn

unser Herrgott vom Himmel käme und die Mutter Maria
mit ihm, sie würden es dir nicht recht machen, du räsonirtest
doch immer fort. Ja, sage ich ihnen dann, ich bin alleweil
der gleiche, es wäre gut, es hätten es Andere auch so und än-
derten nicht die Haut, sobald sie an die Regierung kämen. Da
haben sie schon manchmal gesagt: wart du nur, das nächste
Mal mußt Rathsherr werden. Da habe ich gesagt: Wählt
mich nur, es ist dann die Frage, ob ich's annehme. Aber sie
haben mich noch nie zum Rathsherren gemacht, sie wissen
wohl warum, daß ich nur der gleiche bliebe, und das käme
gar curios, wenn ich so wäre und die Andern alle anders.
Wenn nur die Herren kämen, was sie zu solchem sagten,
nimmt mich gar zu wunder; aber bei solchem Byswind kommen sie nicht.

Doktor Dorbach liebte solche Anerkennungen. Er fand,
er habe selten einen Wirth gefunden, der so gut ihn gefaßt,
so tief in seinen Sinn eingedrungen. Er machte dem Wirth
Komplimente über seinen tiefgehenden politischen Sinn. Er
könne sich nicht aussprechen, wie wohl es ihm thue, hier auf
dem Lande einmal jemand gefunden zu haben, der ihn verstehe. Er sei nicht pressirt; wenn es dem Wirthe recht sei,
bleibe er einige Wochen hier; gelegentlich könnte er den Herren den Text lesen, auf die Landleute wohlthätig einwirken,
in der Zwischenzeit Hauslehrer sein. Er wollte die Kinder
in einigen Wochen weiter fördern, als sie in einer gewöhn-
lichen Schule in zwei Jahren kämen. Bei der Nähe der
Stadt, wo er Freunde habe, finde er schon literarische Be-
schäftigungen und könne zugleich seine Ansichten über Elend
und Nothstand im Solothurnergebiet im freisinnigsten Blatte
ausdrücken. Was sagt ihr dazu, Herr Wirth? Das gefiele
mir, sagte der Wirth. Den Kindern könnte man die Schuhe
sparen; schlaft ihr nicht gern in einem kalten Zimmer, so
könntet ihr beim Stallknecht schlafen, er hat ein Bett für
drei. Was würdet ihr Kostgeld zahlen? Ja poz Himmel,

was da Doktor Dorbach für Augen machte! Kinder unter-
richten, beim Stallknecht schlafen und Kostgeld zahlen? Kostt
geld? sagte Dorbach, was Kostgeld? welche Besoldung gebe
ihr mir dann als Hauslehrer? Ja, sagte der Wirth, Hauslehrer, den er bezahlen müsse, begehre er keinen, er hätte bloß
geglaubt, er könnte die Schule ersparen, thäte ihm einen Gefallen, wenn er ihn behielte für ein anständig Kostgeld; ein
großes hätte er nicht einmal begehrt, bloß so wie es für einen
solchen Herrn anständig sei.

Curios, auf einmal war es ander Wetter, die Brüderlichkeit zu Ende. Die Gesinnungen gingen auseinander und
Dorbach ohne viele Komplimente weiter. Der Wirth leckte
noch einmal so wohl an seiner Pfeife und rühmte schmunzelnd,
wie wohlfeil er den hätte verbrauchen können. Der Wirth
war allerdings ein ganz vortrefflicher Patriot, aber aus der
Klasse, welche man Sackpatrioten nennt. Dorbach nahm das
aber nicht so kaltblütig, er lief in heiligem Zorne der Stadt
zu und fluchte bitterlich über die Bauern, von denen man nie
wisse: ob der Esel im Schelm stecke, oder der Schelm im Esel.
Es war aber auch Zeit, daß er lief und zwar tapfer, es ging
gegen Abend, die Sonne rückte immer rascher dem Untergang
zu, und Dorbach glaubte nur weniger zu rücken, je strenger er
lief. Er kam sich vor wie ein Hund in einer Tretmühle.
Solothurn wollte gar nicht nähern.

Er hätte gerne noch Freunde aufgesucht, Empfehlungen
abgegeben, Quartier gefunden, aber längst war es Nacht, als
er endlich durch das ehrenfeste Thor humpelte und mit Mühe
die ihm im Falle der Noth bezeichnete Herberge fand. In
seinem Gemüthe war er wiederum so mit der Welt zerfallen,
daß er es mit dem schnäuzigsten Metzgerhund aufgenommen
hätte. Nicht gewohnt, früh zu Bette zu gehen, suchte er, so
müde er auch, war, doch die Gleichgesinnten auf. Ob Dorbach Freimaurer ist, wissen wir nicht. Freimaurerei ist dato
der große Bettelbrief, gültig auf zwei Welttheile, mit welchem

die Ruh- und Friedlosen, die Weltbeschmerzten, Europamüden, Zerrissenen, die Märtyrer der Gesinnung, die Bürger eines kommenden Jahrhunderts wandern durch Europa nach Amerika, durch Amerika nach Europa und zwischen Amerika und Europa hin und her. Dorbach trat, so klein er war, doch mit ganz besonderem Selbstbewußtsein in den Versammlungsort, man sah, er hatte sich um das Imponiren vielfach bemüht. Er glaubte, das gehöre zu einem Doktor, welcher in sieben Fächern Professor sein zu können glaubte. Wir müssen sagen, der Glaube hat nicht bloß viel für sich, sondern die Kunst des Imponirens ist auch viel werth. Nur ist hier wie an andern Orten das Mögen und nicht Können äußerst fatal. Wir können nicht sagen, daß sein Empfang, als man endlich den Unerwarteten erkannte, sehr stürmisch gewesen sei, die Kunde von seiner Ankunft mehr angezogen als fortgestoßen hätte. Indessen das hinderte nicht, daß in einer Zeitung folgende Nachricht stand, mit einer großen Hand bezeichnet: Den 23. December hatten wir das Glück, den berühmten Doktor und Professor Dorbach bei uns zu sehen. Unerwartet trat er bei uns ein, die Ueberraschung war groß und innig. Der Jubel, den hochgefeierten Mann auch einmal in unserer Mitte zu sehen, stieg von Minute zu Minute, lief wie ein Lauffeuer durch die ganze Stadt. Dorbach ist da! tönte es in die dunkelste Spelunke hinein. Die freisinnigen Bürger strömten zusammen, den Kämpfer für Freiheit und Recht zu sehen, zu begrüßen. Wer ihm die Hand geben, sein Kleid berühren konnte, war glücklich, aber Tausenden versagte das Gedränge dieses Glück. Unser großes Lokal war zum Ersticken voll. Das Gedränge hinderte ruhige Besprechung. Dorbach war sehr müde, doch sprach er herrliche begeisterte Worte aus der Tiefe seines göttlichen Gemüthes, sie gruben sich mit eherner Schrift in die Herzen. Der Abend wird uns unvergeßlich bleiben. Am folgenden Tage sollte ein großes Essen stattfinden. Der Storchenwirth hatte bereits unaufgefordert große Anstalten getroffen, aber unaufschiebbare Angelegenheiten zwangen den Theuren, schon am folgenden Tage abzureisen. Uns tröstet nur das Versprechen seines baldigen Wiederkommens, ihm folgen unsere besten Wünsche auf seiner ruhmvollen, segensreichen Bahn.

Uebersetzt man diese Ankündigung in den einfachen Styl, so lautet sie ungefähr so: Was zum — ist schon einer wieder da, hätten deren doch bald genug gesehen, wenn der — nur schon wieder weg wäre! Der Jubel reduzirte sich auf ein eigenthümlich Zucken im Gesichte, ungefähr wie man es macht, wenn eine Schröpferin uns ihre Hörnchen in den Nacken setzt. Die Bekannteren frugen verblüfft kraus durch einander Woher, Wohin, nahmen ihn dann zum Tische und setzten sich zu einer Flasche. Dabei blieb es. Zudrang war ferner keiner sichtbar. Im Gegentheil zwischen dieser Gruppe und den andern Gästen blieb ein ziemlicher Zwischenraum. Wer konnte, rückte das abe, und Mancher trank seinen Schoppen rascher aus und ging früher heim, als er sonst gewohnt war. Die nähern Freunde waren daher bald ungestört und Dorbach konnte ausrücken mit allem, was er auf dem Herzen hatte, mit allgemeinen und Privatangelegenheiten. Was die letztern betraf, so gab er sich nicht mit Fragen ab, sondern er machte seinen Freunden Eröffnungen. Er sagte, er gedenke hier zu bleiben, eine Professur zu übernehmen, oder wenn keine Stelle offen sei, einstweilen Privatunterricht zu geben, eine Zeitung zu gründen oder die Redaktion einer bereits bestehenden zur Hand zu nehmen, seine vermischten Schriften zu sammeln und herauszugeben, einen Handwerkerverein zu stiften, dort Stunden zu geben und die üblichen Vereinsbücher herbeizuschaffen. Er sprach mit großer Bestimmtheit, nahm durchaus keine Notiz von der Verlegenheit, welche sich auf einigen Gesichtern sichtlich genug herausstellte. Schüchterne Einreden überhörte er eben so, wie er die Gläser nicht zählte, welche er hinunterlaufen ließ.

Die Herren rutschten ungeduldig auf den Stühlen, obschon man sonst in Solothurn nicht der Meinung ist, man müsse immer mit den Hühnern zu Bette gehen, und den Solothurnerinnen muß man nachreden, daß nicht bald Bürgerinnen so gut einsehen und begreifen können, wie man eine Flasche über den Durst trinken kann, als sie. Endlich brauchte man Kunst und es kam wirklich zum Aufbruch. Zwei machten sich hinter den Andern weg und zu dem Einen sprach der Andere: „Hör' du, wer ist der kleine Teufelskerl, der säuft als wäre er das Heidelberger Faß und spricht als wäre er der alte Goliath und ist doch nur ein ganz kleiner Knirps, der jedenfalls durch ein Nadelöhr geht, daher wahrscheinlich ins Himmelreich kommt?" „Ach," sagte der Andere, „das ist eben einer von den fatalen Kerls, welche Einem immer auf der Haube sind, wenn man unglücklicherweise einmal mit ihnen angebunden. Es sind wahre Kinder des Teufels, denn ließ man sich einmal von ihnen am kleinen Finger anrühren, so wollen sie nicht bloß die ganze Hand und Haut und Haar, sondern den ganzen Leib sammt der Seele. Ich kenne leider die Kerls, aber ich meide sie. Das sind die Kerls, welche man braucht, um die Revolution zu machen, d. h. um das Bestehende zu zersetzen, alle Institutionen, Ehe, Eigenthum u. s. w., selbst Gott für veraltet zu erklären, das Fleisch auf den Thron zu setzen. Das sind die Kerls, welche sobald man etwas von Freiheit sprach, herbeiliefen, wie ehemals das Volk zu einer Kaiserkrönung nach Frankfurt, um von dem gebratenen Ochsen zu kriegen und das Maul an die Brunnen zu setzen, aus welchen der Wein sprudelte. Haben sie sich irgendwo durch eigene Schuld und heillose Frechheit um's Brod gebracht, so erscheinen sie unerwartet vor der Thüre, fordern was ihnen beliebt als Märtyrer ihrer Gesinnung, gleich Verwundeten, die als Freiwillige im ersten Feuer gestanden, und legt man ihnen nicht die Hände unter die Füße und behandelt sie wie türkische Paschas, so erheben sie ein Zetergeschrei, als ob man sie abstechen wolle wie ein

altes Huhn, und predigen einen Kreuzzug gegen uns arme
Teufel.

„Hoffentlich werden wir dieser Zehntherren bald los, es
giebt Loch für sie anderwärts. Der Zehnten auf meinem Gute,
der nun abgeschafft ist, kam mich bei weitem nicht so hoch zu
stehen, als ich an diese Bursche seit einiger Zeit ausrichten
muß. Das ist ein Kerl, der schwer Geld verdienen könnte,
bringt sich um alle Stellen, läßt Weib und Kinder im bittersten Elend, schlüge den nächsten Verwandten, den größten
Wohlthäter leiblich oder moralisch todt um dreißig Kreuzer,
wenn er zufällig Durst hätte. Ist er im Unglück durch eigene
Schuld, sollen es Aristokraten und Jesuiten gethan haben,
brüllt die Welt voll über die verfluchten Schweizerkühe und
steigt doch im ganzen Lande den Kühen nach, um sie zu melken.
Die Kühe sollen sich melken lassen in aller Demuth und noch
Gott dafür danken, daß er ihnen einen solchen Melker von
Gottes Gnaden geschickt, sollen ihm schaffen Fischeli z'Morge
und Krebseli z'Nacht, alles bei Androhung der allerhöchsten
Ungnade. Ich bin aber dessen satt und entschlossen, mir das
Geschmeiß ein für alle Male vom Leibe zu halten, gehe es
mir wie es wolle. Gute Nacht, schlaf wohl, und wenn man
am Morgen nach mir frägt, so sage, es sei ein Expresser ge-
kommen und habe mich auf's Land gerufen.“

Am andern Morgen finden wir unsern Dorbach auf der
Straße ziemlich spät, er flucht bereits wieder innerlich. Er
trifft die Freunde nicht. Der eine mußte unerwartet verreisen,
und wann er heim kommt, weiß man nicht; ein anderer ist
sonst nicht daheim, und wo er ist, weiß man ebenfalls nicht.
Endlich erwischt er einen, vielleicht daß an diesem eben die
Reihe war, das Wetter über sich ergehen zu lassen. Dorbach
spritzt erst die bereits gesammelte Galle los und frägt: was
für Aussichten für ihn da seien und was die Freunde gethan,
die ihnen gestern gemachten Eröffnungen zu verwirklichen?
„Höre du,“ sagte der Freund, und schenkte ein, wahrscheinlich

weil man Pillen gewöhnlich in etwas Flüssigem einnimmt, „du bist hier ganz am unrechten Orte, hier ist nichts für dich, das ist wohl bekannt, und ich begreife gar nicht, wie man dich hierher weisen konnte. Es war wohl eine Zeit, wo man hier auch das Fieber hatte, ein Pole mit schwarzen Augen zum Mittagsessen eingeladen, ein Fremder angestellt wurde, aber das Fieber ging rasch vorüber, das Klima ist ihm nicht günstig. Man liebt hier eigentlich nur die Fremden, welche Geld austheilen, wie Kosciusko es that, wo, wenn der Mann nicht den Verstand hat, das Pferd stille steht. Das Geld fließt hier nicht in Strömen, und wenn es fließt, haben die Einheimischen das Maul an der Röhre, es ist ihnen eigentlich nicht zu verargen, sie haben es nöthig. Es ist auch eine sehr große Beschränktheit hier. Man sagt: wenn man Brod übrig habe, so gebe man es am liebsten den Einheimischen, und möchten es die Menschen nicht, den einheimischen Hunden. Bitte, werde nicht böse, es sind ja keine Anzüglichkeiten, sondern bloß Berichte über die hiesige Stimmung. Begehre nicht auf, es sind nicht Geldmenschen hier, man sammelt nicht Schätze, aber was man braucht, braucht man am liebsten für sich. Ja ich weiß wohl, was du meinst, jeder zahle an das Gemeinewohl das Seine, du mit deinen Talenten, der Philister mit Geld; aber diesen Kalkul hat man einstweilen hier noch nicht begriffen. Man ist hier durchaus nicht pfäffisch, ja man ist sogar freisinnig, aber nur im Geiste, nicht im Gelde, der Geist ist halt unendlich, das Geld endlich. Diesen Satz fassen die Solothurner ganz klar. Hier ein anständig Brod zu finden auf die Dauer, kann ich dir also durchaus keine Hoffnung machen. Sieh im Bernbiet oben, da ist Geld und Dummheit viel, und was die Fremden nicht machen, das machen die Tochtermänner. Die Berner erfahren es wie die Juden, wohin es führt, wenn fremde heidnische Weiber eingeführt werden. Im Bernbiet sind viele unserer Leute, sind Sekundarschulen und Privatlehrer und Handwerksvereine, ein ausgesät Feld,

wo man nur zu ernten braucht, sind Knoten, von wo aus
viele Fäden laufen, ist viel Arbeit und sicher mancher froh
über einen Gehülfen, wenn ihm eine höhere Bestimmung
weiter ruft, wenn er z. B. Herold der Republik in Baiern
oder Sachsen werden soll. Dahin gehe, aber nicht heute, heute
bleibst bei mir."

„So, ist das dein Rath?" sagte Doktor Dorbach, „theuer
ist der nicht. Aber meinst du denn eigentlich, du verflucht
Vieh, ich sei es nicht satt, mich so von Einem zum Andern
schubsen zu lassen, wie die Buben die Bälle sich zuwerfen?
Meinst du, ich lese die Galgenfreude nicht an Euren Schweins-
köpfen, wenn einer von euch meiner los wird; mich einem Andern auf den Hals wirft und dabei denkt; einem recht, dem
andern billig, habe ich blechen müssen, kannst du auch! Ihr
Luder, die ihr warm sitzt, was habt ihr für die Freiheit gethan? Nichts! Im Nest seid ihr gesessen mit Behagen und
habt euch gewärmt, während Andere froren. Um's Brod habt
ihr geheuchelt, geschmeichelt, den Katzenbuckel gemacht, seid ge-
krochen wie die Hunde und freßt es nun wie die Hunde.
Klopft ein Bruder, der im Vortreffen gestanden, bei euch an,
will sich wärmen und sättigen, knurrt ihr wie die Hunde, legt
die Tatzen auf das Bein, an welchem ihr nagt, zeigt dem
Bruder die Zähne und weiset ihn weiter, ihr Hunde!" So
redete Dorbach. Der Kleine konnte schrecklich sein trotz dem
Allergrößten.

Der Andere erschrak aber nicht, redete ihm gelassen zu.
„Sieh," sagte er, „das ist eine grobe Rede und noch dazu eine
dumme, ungerechte. Du warst angestellt, so gut oder besser
als ich, warum führtest du dich nicht auf, daß du deine Stelle
behalten konntest? Ich habe sichere Nachricht, daß du dich
durch eigene Schuld darum gebracht. Ich kenne keine Ver-
pflichtung, daß die Sparsamen und Fleißigen die Verschwen-
der und Tollköpfe erhalten müssen. Ich will dir aufrichtig
noch eines sagen. Ihr mit euerm unsinnigen Treiben, mit

euerm unverſchämten Betragen gefährdet die Lage aller Deutſchen, welche hier ihr Brod gefunden und im Frieden es eſſen
möchten. Ihr ſeid ſchuld, wenn man am Ende alle Deutſchen
haßt und an einem ſchönen Morgen uns ſammt und ſonders
zum Teufel jagt. Ihr geberdet euch hier im fremden Lande,
als wäret ihr die Herren, die Schweizer die Knechte, wollt
ſie lehren, was Freiheit iſt, und übt die ſchändlichſte Tyrannei,
ſtiftet Streit und Zank, gefährdet die Ruhe des Landes, ſetzt
deſſen Lage auf's Spiel und verleumdet alle Schweizer, welche
ihr nicht an der Leine führen könnt, auf das niederträch-
tigſte. Sieh, das kriegt man dann endlich auch ſatt, und
was ihr geſündigt, werden zuletzt die Unſchuldigen büßen
müſſen."

„Du wagſt es, ſo zu mir zu reden?" rief Dorbach, „du,
der du ohne mich nichts wäreſt, als ein Wurm, der längſt zertreten worden? Biſt alſo ein Abtrünniger geworden, ein Je-
ſuiten= und Pfaffenknecht, verratheſt die Brüder um Silberlinge,
ſtößeſt ſie hungrig von deiner Schwelle. Warte, du Judas,
das müſſen die Brüder wiſſen, du verfluchter Philiſter, das
ſollſt du büßen. An den Dorbach ſollſt du denken dein Lebtag", und fort polterte er in vollen Zornesflammen, hörte
auch die begütigenden Worte des Freundes nicht.

Alſo ging es ihm in Solothurn, wohin er ſo feſt ſeine
Hoffnung geſtellt; bleibende Stätte fand er nicht. Pilgrim
und Fremdling mußte er bleiben und begriff doch nicht warum? Aber ſo geht es in der Welt ſehr oft und bei den Ge-
lehrteſten am häufigſten, daß ſie alles begreifen, alles leſen
können, Gedrucktes, Geſchriebenes, ja ſogar die Hieroglyphen
der Egypter und Babylonier, nur nicht was Gott mit eigener
Hand in gewaltigen Buchſtaben vor der Naſe an die Wand
ſchreibt. Dorbach war groß in ſeinem Zorne, in ſeiner Seele
brannte die gründlichſte Verachtung aller Lumpenſeelen, die ihr
Brod ſelbſt eſſen, nicht zu ihm ſagen wollten: Bruderherz,
theure Seele, nimm, was ich habe, nimm meine Stelle, ich

habe mich warm gesessen, kann nun wohl auf die Strümpfe, eine andere zu suchen. Er wälzte eine namenlose Verachtung vor sich her gegen das ganze Gezüchte der gemeinen, principien- und ideenlosen Hunde, welche Ruhe und Frieden liebten, nicht alles aufboten, Revolutionen und Krieg zu machen, und zwar recht gründliche Revolutionen, recht blutigen Krieg. Ihn schauderte vor der niederträchtigen Gesinnung der Dreckseelen, die behalten wollten, was sie hatten, und es nicht zum Opfer bringen wollten für die gute Sache, sobald er es begehrte. Solche alle sollten im Dreck erstickt werden, denn nie brächte man die auf die freie Höhe der neuen Zeit. Im ersten Zorne rannte er gegen das Baselthor. Da fiel ihm ein, daß zu viele Spatzen auf einem Kirschbaume die Kirschen rar machen, er schwenkte daher beim Münster der Fußbrücke zu, gegen das Bernthor. Nicht nach Bern wollte er, er kannte Bern und wie viele Spatzen dort hinter den Kirschen waren. Er hätte am liebsten einen Kirschbaum gefunden, auf welchem noch gar keine Spatzen gewesen, solche Bäume sind aber rar in unserer bevölkerten Zeit. Indessen kannte er einen Bruder, der im Bernbiet auf einem Kirschbaume saß und das Handwerk aus dem Fundament verstand, pfiffig, geil, anmaßlich, kriechend, falsch war, als wäre er aus dem allerbesten Galgenholz geschnitten, wo es ihm anging, den Richter machte, als wäre er einer der von Gott über Israel geordneten Richter. Er wußte wohl, daß dieser Spatz ihn nicht begehrte auf dem Kirschbaume, auf welchem er selbst saß, aber er konnte ihm vielleicht einen anweisen, auf dem noch kein Spatz saß, eine Spätzin hätte ihn weniger genirt. Begreiflich kehrte er aber noch ein, ehe er Solothurn verließ. Es war bald Mittag und der Zorn macht bekanntlich trocken. Es war der Tag vor Weihnacht, es war ein schöner Tag. Es läutete viel in Solothurn an diesem Tage, und es läutet schön in Solothurn, wenn es recht angeht und nicht bloß die kleinen Glöcklein klingeln und bimmeln. Aber dem armen Dorbach war alles nicht recht, die

Sonne nicht, sie verdarb ihm den Weg, die Glocken nicht, die
machten ihm Ohrenweh. Wenn es einmal wüst in der Seele
ist, so scheint der wüsten Seele alles wüst, was vor sie kömmt.
Es war keiner der ersten Gasthöfe, in welchem er einkehrte,
sein Zeichen war ein verdorreter Busch. Verdorrete Büsche,
seien es Tannen-, Dorn-, Palm- oder andere Büsche, sind merkwürdige witzige Schilder für solche Häuser: sie bezeichnen den
Menschen, der da aus- und eingeht, das Ende seines Aus- und
Eingehens, das Verdorren. Aber so dumm sind die Menschen,
absonderlich da, wo Sekundarschulen sind, d. h. Schulen, welche
aus Bauern sekundäre Herren machen, d. h. Halbherren, daß
sie so was durchaus nicht begreifen noch verstehen. Hinter dem
dürren Busche fand Doktor Dorbach wirklich auch das dahin
gehörende Publikum, welcher dem Sinnbilde Ehre machte:
halbverdorrete Bürger, halbvertrocknete Handwerker und ganz
verdorbenes Weibervolk. Man schöppelte und räsonirte ge-
waltiglich. Die Einen schimpften über die Herren, die Andern
über die Bauern, die Dritten über die Regierung, die Vierten
über die Pfarrherren, kurz es schien da die allertüchtigste Gesinnung, wahrer Vollblut-Patriotismus zu herrschen, d. h. eine
totale Unzufriedenheit mit allem, was im Himmel und auf
Erden ist.

Hier fühlte sich Dorbach in seinem Elemente, wohlig als
wie das Fischlein auf dem Grunde, hier war es ihm, als
sollte er Hütten bauen. Er half räsoniren, und was Andere
in die Kreuz und in die Quer sagten, ließ er aufmarschiren
mit geschlossenen Gliedern in förmlicher Schlachtordnung mit
Artillerie und Cavallerie, ließ alle Waffen spielen und blitzen
schrecklich. Aber es ging ihm wie den Eidgenossen im Son-
derbundskriege, er schoß zu hoch über die Köpfe und gab so
sich selbst bloß. Er schimpfte nicht bloß über Herren und
Bauern, Regenten und Pfarrherren, wie die Andern, er schoß
bis zum Himmel hinauf, lästerte alles Heilige, namentlich
den Weihnachtstag und dessen Bedeutung.

Ja da kam er auf einmal auf ganz andern Boden. Katholifen find wunderlich, namentlich Luzerner und Solothurner. Sie können fehr leichtfertig reden, namentlich im Bernbiet, können thun, als ob fie alles Glaubens baar feien, aber fie find fehr oft nicht, was fie fcheinen. Sie können fchimpfen über Gebräuche, können gegen Heilige muthwillig fein, aber läftern über das Hochheilige, befonders an heiligen Fefttagen in der Nähe ihrer Kirchen, wo fie noch deren Glocken vernehmen, und befonders von Fremden, das wollen fie nicht hören. Hinter dem leichtfertigften Muthwillen ift zumeift doch noch eine heilige Scheu verborgen, fie fürchten die Bären noch, welche die muthwilligen Spötter fraßen. Anfangs hörte man auf das Männchen und deffen Rede, fo lange fie fich auf irdifche Dinge und Perfonen bezog; als fie aber höher fich verftieg, das Allerheiligfte läfterte und lächerlich zu machen verfuchte, da gab es faure Gefichter und Widerfpruch. Dorbach konnte auf fremdem Terrain fonft fehr vorfichtig fein, gehörte nicht zu denen, welche mit der Fanft gleich die Fenfter einfchlagen, um beffer durchzufehen, und in jedes Haus mit der Thür fallen. Er achtete fonft auf die herrfchenden Winde, ftellte nach ihnen feine Segel, jedoch nur feinem Ziele zu. Er gehörte unter die verruchten Lehrer, deren Hauptaugenmerk es ift, nicht bloß allen pofitiven Glauben, fondern auch jedes religiöfe Gefühl zu tödten, den jüdifchen Fleifchessinn einzuführen, die Materie auf den Thron zu heben, aber alles auf verblümte, unmerkliche Weife. Man kann fie bei keinem Worte faffen, die Worte haben keine Handhabe, weder Nafen noch Ohren, fie tödten nach und nach, ftibitzen Stücklein um Stücklein unbemerkt, impfen in kleinen Portionen das Gegentheil ein, tröpfeln die Aqua toffana ein, die geruch- und farblofe, welche die gefchickteften Aerzte nicht zu erfaffen vermögen, gefchweige denn einfältige Papas und Mamas und am allerwenigften eine hohe Stadtbehörde oder andere fchulheitliche Weisheitsbüchfen. Das find gewöhnlich die allerkreuzdümmsten Choristen oder Statisten. Es giebt immer Worte, welche man Stadt- und Staatsbehörden in die Hand stößt, accurat wie die Wartmütter in den Kleinkinderschulen Fahnen, Stecken, Zeichen den Kindern in die Hände stoßen, wenn sie dieselben spazieren treiben. So stieß man solchen Behörden zu einer Zeit in die Hände die Worte Neolog, Rationalist, Freimaurer, Freidenker, damit schlugen sie verflucht um sich und klopften die Rücken aus in die Kreuz und Quer. Plötzlich stieß man ihnen die Worte Humanität, Liberalität, Fachwissenschaft, Gründlichkeit, System in die Hände. und damit hätschelten und tätschelten sie die Betreffenden, bis sie stinkend wurden, entweder davon liefen oder sonst erkniffen mit den papiernen Sternen an der Brust, accurat wie in Kleinkinderschulen, d. h. mit löschpapiernen Zeugnissen, mit denen sie sich brüsteten, als wären es goldene Kronen. Dorbach wußte mit diesen Statisten, d. h. Staats- oder Stadtbehörden, sonst umzugehen wie der Schiffer mit den Winden und segelte, bis Sturm ausbrach, sehr gut mit ihnen. Aber wenn der Wein wirkte, vergaß er Vorsicht und eigentlich war er sehr hochmüthig. Er benutzte wohl das Pack, aber wenn es sich ihm entgegensetzte, konnte kein alter Zwingherr gröber sein und es verächtlicher behandeln als er. Er verstand es dann zu demonstriren, daß Alles außer ihm Nichts sei und sein Ich die einzige wirkliche Existenz oder das einzige Wesen, welches eine wirkliche zu beachtende Existenz hätte. So that er es auch jetzt, es blitzte und donnerte als meinte er, er sei Jehova und sitze auf Sinai. Aber so wenig er Jehova war und auf Sinai saß, so wenig hatte er Juden um sich, die sich gerne ducken, wenn es wettert, sondern Solothurner, und zwar nicht bloß Schneider und Handschuhmacher, das sind jedenfalls eine andere Art von Krebsen.

Sie waren noch dazu vom gröbsten Korne, welches man in der dortigen Steingrube findet, ergrimmten über den Fremdling, der so unbescheiden und lästerlich ihr Bestes im Kothe herumzog, und begannen nun in groben und hohen Tönen das beliebte Lied über die Fremden, welche den Landeskindern nicht bloß das Brod vor dem Maule wegfressen thäten, sondern noch dazu im Lande herumführen mit Schnauben und Toben, Glauben und Leute verlästerten, Streit und Zank anzettelten, als wären sie nicht bloß Kinder des Teufels, sondern zweimal ärger als er selbst. Aber nur Geduld, nach Weihnacht komme der Sylvester, da läute man nicht immer und ewig nur das alte Jahr aus, da läute man auch einmal die neue Landplage zu Thor und Land hinaus und zwar unsanft, die Schnäuzler, die verfluchten, das fremde Pack allzumal, vor welchem kein Pföstlein und kein Meitschi sicher sei. Allen mache man es wie den Käfern, man schüttle sie von den Bäumen, werfe sie in ein Loch, schütte Kalch dazu, daß sie weniger stinken thäten. Kurz, die thaten jetzt, daß es Dorbach ward, als höre er bereits das Hep, Hep, er machte, daß er das Thor fand; aber noch lange war es ihm, als käme ihm der Landsturm nach, als tönte es Hep, Hep hinter ihm her. Seine Haut war ihm nicht feil, so wüst sie war; er konnte beispiellos frech sein, so lange es anging, und beispiellos feig, sobald es an die Haut ging, er gehörte durchaus in das Geschlecht der Tauchenten. Er marschirte also straks zur Stadt hinaus, den Berg hinauf auf der Bernstraße. Er sah mehr als einmal zurück, ob ihm der Troß nicht folge. Sah er dann niemand, so schüttelte er sein Fäustchen über die Stadt, als wie zum Fluche, als ob er sagen wollte: Warte du nur, bis ich wiederkomme, wahrscheinlich als Attila, so gleichsam als Geisel Gottes. Wie schön der Blick über Stadt und Thal war, das sah er nicht. Wie der fromme Glaube durch ein frommes Leben, zog die schöne Aar ruhig und klar durch's schöne Thal, und wie ein frommer Mensch in Gottes Gnade und Segen, glänzten Thal und Fluß in der Sonne Licht.

Nachdem er das Fäustchen geschüttelt hatte, bereitete er die Präliminarien zur Verwirklichung der Drohung, schnitt

die Ruthe, probirte die einzelnen Reiser, d. h. er schmiedete
Zeitungsartikel, schnitzelte Bannstrahlen, spitzte Pfeile und
tauchte die Spitzen in indianisches Gift. Dieses Handwerk
verstand er aus dem Fundament und trieb es mit Freuden,
es war seine wahre Bürgerlust. Es ist dieses ein grauenvolles
Handwerk, ein eigentliches. Es ist das Handwerk der Schlange
im Paradiese; die, welche es treiben, sind der Schlange Ab-
kömmlinge. Sie streuen Gift in alle Verhältnisse, säen Mißtrauen, und wie die Schlange Gott verdächtigte der Eva,
untergraben sie den Glauben an Gott, den Glauben an gute
Menschen, verdächtigen und verleumden dem Volke die Besten
im Volke, schieben den edelsten Zwecken die niederträchtigsten
Absichten unter und ersinnen Lüge auf Lüge, wie Kanoniere
Lage auf Lage geben. Die Zahl dieser Sünder ist Legion und
gut dressirt sind sie, scharf eingeschult, ganz wie von Sulz-
berger die Milizen. Ein Pfiff von der Wacht ertönt, das
ganze Rudel, Meilen weit zerstreut, spitzt die Ohren und paßt
auf weitere Losung, giebt die Losung weiter, und in Hunderten von Zeitungen widerhallen die Lügen und Verleumdungen,
wiederholen sich hundert-, ja tausendfältig, bis Bresche geschossen ist, bis Sturm gelaufen werden kann. Diese Legion hat
Siege erfochten, an die keine Seele gedacht, sie wird aber
auch ihr Moskau finden, so gut als Napoleon; durch Nieder-
lagen wird man siegen lernen, wenn man sich einmal von der
Verblüffung erholt und den gehörigen Muth wieder sucht und
um den Geist bittet, der unserer Schwachheit aufhilft.

Als Dorbach auf die Höhe kam, lag im röthlichen Lichte
der untergehenden Sonne ein reiches Land, mit dunklem Walde
reich durchzogen. In tiefem Hintergrunde standen in stiller
Majestät hell und klar unsere Berge, noch blühten sie nicht
in der Abendrötheglut, sie glichen Rosenknospen, harrend auf
den Kuß der scheidenden Sonne, um zu Rosen zu erblühen.
Doch Doktor Dorbach sah das nicht, er sah selten etwas, was
ihn nicht geradezu anging oder in sein Handwerk einschlug.

Er fühlte nichts als die Befriedigung über die bereitete Arbeit und ergötzte sich, indem er sich vergegenwärtigte, wie die Betroffenen aufschreien würden wie getretene Hunde, oder in tödtlichem Schmerze sich winden, wie von vergifteten Pfeilen, welche aus sicherm Verstecke verruchte Buschmänner abgeschossen, die unerwartet Getroffenen. Arbeit macht aber auch durstig, daher streckte Dorbach seine Beine immer schneller und länger nach dem Dorfe, welches vor ihm lag. Er wollte diesen Abend noch weiter, näher seinem gedachten Freunde auf den Leib, doch wäre er einstweilen auch in Bibrist geblieben, wenn dort ein Kirschbaum ohne Spatzen gewesen wäre, eine fette Schulstelle z. B. oder ein freisinnig Blatt sich hätte gründen lassen. Bis dahin ist dort keines erschienen, und das Klima schien bis dahin dieser Produktion nicht günstig: indessen scheint auf der Welt alles möglich zu werden. Es bedarf z. B. in Bibrist nur 'n Koplon, so ein rechter lieber Junger, so kann der Kukuk für nichts mehr stehen, ein Blatt ist im Umsehen gesichert; kaufen es die Männer nicht mit Geld, zahlt es das Weibervolk mit Eiern und Enten. Es war stille im Dorfe und in der Gaststube, die Wirthsleute nicht gesprächig, es war als ob eine Art von Bann auf der Welt und ihrem Treiben liege, eine unsichtbare Kraft bewältige die sinnlichsten Gemüther, aufsprenge eine lang verschlossene Kammer, und aus derselben schritten drei ernste lang gefangene Gestalten: die heilige Scheu, die inbrünstige Andacht, die gläubige Demuth. Das machte Dorbach Langeweile und spotten mochte er doch nicht. Der Erfolg konnte hier noch derber ausfallen als in Solothurn, er trank hastig, die Wärme wirkte, er schlief ein. Sein Schlaf war anfangs ruhig, was Angenehmes schien ihn zu beschäftigen. Nach und nach ward er unruhig, wild, dann krampfhaft ängstlich.

Es träumte ihm, er hätte irgendwo die Gemüther bearbeitet, Gährung sei gekommen, die Revolution in Aussicht gestanden, den Tyrannen habe er mit giftigen Pfeilen

durchlöchert. wie ein Sieb, daß derselbe auf dem letzten Löch-
lein geblasen, da habe derselbe plötzlich sich aufgerafft und ihn
abfaffen laffen. Er erschrak innerlich, that stark äußerlich,
proteftirte gegen die Gewaltthat, rief Himmel und Erde um
Rache an gegen die Verletzung aller Bürgerrechte, gegen diesen
rechtlofen Zuftand, wo ein Tyrann sich nicht bloß vertheidige
gegen einen Bürger, sondern sogar Represfalien gebrauche,
räche, was gegen ihn geschrieben worden, während doch Preß-
freiheit sei, jeder schreiben könne was ihm beliebe ohne Störung, und nur das souveräne Volk allein das Recht habe zu
schinden und zu hängen, wer etwas ihm Mißliebiges geschrieben. Aber an das Proteftiren kehrte man sich nicht. Er rief
das Volk zusammen, und das Volk kam nicht, ja er sah zum
Himmel auf, aber stille blieb es da oben. Er sollte gehängt
werden, er wand sich wie ein Wurm, aber der Strick kam
ihm um den Hals trotz alles Wehrens. Er versprach Eröffnungen, aber man hörte ihn nicht. Es fing an zu läuten,
jämmerlich wimmerte das Armensünderglöcklein. Er war in
Gedanken so oft ein Held gewesen, hatte sich in die Bruft
geworfen, Reden an das Volk gehalten, das es Steine aus
dem Boden sprengte, das Volk in Thränen aufgelöst ward,
war dann geftorben wie Stephanus, und tausend Hände fuhren mit Schnupftüchern in sein Blut und färbten sie roth für
Kinder und Kindeskinder. Als nun das Armensünderglöcklein
wimmerte so jämmerlich, da ward es ihm auch jämmerlich im
Herzen, an Kühnheit und Rede dachte er nicht, gebrochen
warf er sich in die Kniee. Da entftand ein heftiges Klirren,
er hörte einen schrecklichen Schrei, er sprang auf, riß die
Augen auf, das schreckliche Glöcklein wimmerte noch immer,
aber er sah kein Schaffott, keinen Henker, nichts als eine
dunkle Stube und eine verschlafene Stubenmagd. Sie schien
mit ihm in sonderbarem magnetischen Rapporte zu stehen.
Als er einschlief, schlief auch sie ein, und als er gehängt
werden sollte, schrie sie schrecklich auf, aber eigentlich nicht

wegen dem Hängen, sondern weil Dorbach in seinen Todes-
krämpfen Glas und Schoppen an den Böden geworfen hatte.
Mit dem Traum war auch die Gefahr vorüber, aber wohl
war es ihm doch nicht da. Man kann es auch begreifen! Er
trank rasch noch einen Schoppen und ging. Wie lange er geschlafen, wußte er nicht.

Er schlug nicht die große Heerstraße in's Bernbiet ein.
Das war auch so eine lange, lange, wie die, auf welcher er
sich gestern die Beine fast abgelaufen, und die nichts besser
glichen als einer amerikanischen Rede, welche zuweilen sieben
Tage fortlaufen sollen. Man hatte ihm noch eine andere gezeigt, welche noch dazu schneller zu seinem Ziele führen sollte,
diese schlug er ein. Die Straße führte alsbald in den Thalgrund, über eine magere lange Emmenbrücke auf ein weites
Feld, eigentlich in eine sehr große Ebene, in welcher unendlich viel liegt an Aeckern, Häusern, Mühlen, Schmieden,
Wald und Wiesen, unendlich viel läuft von Hasen und Menschen, Wasser und Wäldern, Zinsen und Klappereien, Pro-
zessen und Politik, Kiltbuben und Volksmännern, Rathsherren
und Bettlern. Es war nicht finster, gegen Osten schwebte
eine eigenthümliche Helle am Horizonte, es war, als wolle
mitten in die Nacht hinein ein junger Morgen kommen. Dorbach kümmerte sich aber nicht darum, sah es wahrscheinlich
nicht einmal. Er lief, als wenn das Armesünderglöcklein
Beine bekommen hätte und ihm nachliefe. Besonders unheimlich kam es ihm in die Beine auf der langen Brücke über den
weißen breiten Grund, durch welchen kaum sichtbar der ver-
trocknete Fluß sich wand. Es giebt aber auch nicht bald was
Schauerlicheres als im flachen Lande das breite Emmenbett
fast ohne Wasser, wenn hell der Mond scheint. Es ist als
wären die hellen Kiesel gebleichte Todtenbeine, der weiße
Grund die große Todtenstraße, auf welcher der Tod wandert
mit den Todten durch's Land nach der dunkeln Ewigkeit.

Träume sind sehr merkwürdig und oft von Gott gesandt.

Sie bringen aus den Tiefen der Seele herauf, was da unten auf dem Grunde verborgen liegt, sie bringen dem Menschen, welcher sich ihrer achtet, zum Bewußtsein beides — verborgene Kräfte und verborgene Schwächen. An so was dachte aber Doktor Dorbach nicht. Er ärgerte sich bloß über das heillose, unnütze Läuten, welches er einmal noch gänzlich abzustellen hoffte sammt den verfluchten Tyrannen, welche die Menschen nicht bloß nicht in Ruhe leben ließen, sondern noch im Traume molestirten. Er that schwere Gelübde; das müsse anders werden, füllte auf's neue Bomben und Granaten, überschlug das Terrain, wo die Batterien am zweckmäßigsten aufzufahren hätten, das feindliche Lager zu beschießen.

Darüber ging der Mond auf, groß, klar, herrlich, in wahrhaft himmlischer Majestät. Aber Dorbach, der eben nichts mehr haßte als alle und jede Majestät, throne sie, wo sie wolle, sah ihn nicht einmal verächtlich an. Das verdroß die Geister, welche in den Tiefen wohnen und über den Wassern schweben, aber doch verehren in aller Demuth, was am Himmel ist. Sie woben aus den Dünsten, über welche sie Macht haben, einen Schleier, ließen ihn leise, unmerklich von der Erde weg zum Himmel auf, daß es seltsam wunderbarlich wurde, als wandere man in einer Seele voll Ahnungen, als gehe man zwischen Geheimnissen und Räthseln und überall in den Räthseln drehten die Schlüssel sich in den Schlössern. Es ist ein Wandern wie in einer andern Welt, es ist als nahe man sich den Thoren des Himmels, hinter welchen der Pilgrim, der endlich auf der rechten Straße die Thore gefunden, findet Gottes unaussprechliche Herrlichkeit.

Aber davon merkte Doktor Dorbach nichts. Als er Bomben und Granaten in hinlänglicher Zahl gefüllt glaubte mit Mord und Brand von allen Sorten, sah er den Nebel und es fiel ihm ein, ob er verirrt sei oder noch auf dem rechten Wege? Dorbach war ein Culturmensch, kein Naturmensch. Wenn schon nach einer Seite hin beide sich berühren, wie alle

Extreme, so ist doch dies durchaus nicht der Fall, wenn sie irgendwo im Nebel stehen. Ein Culturmensch vom feinsten Schlage wird, wenn er einmal merkt, daß er in wirklichem Nebel steht, nicht bloß verlegen, er kriegt recht eigentlich Angst. Giebt man so Einem eine alte Schwarte in die Hand, in Schweinsleder eingebunden, oder einen Verfassungsentwurf für ein Land hinter den Himalayabergen, er ist alsbald zu Haus, die tiefsten und kühnsten Auslegungen stehen ihm zu Gebote. Oder weise man ihm die Fußtritte eines Menschen an, den er moralisch todt beißen soll, er verliert die Fährte, hat er sie einmal aufgenommen, nicht mehr, er ist ihm auf der Ferse durch Dick und Dünn, durch Laub und Gras, bis er ihn todt gebissen. Aber im Nebel, ja, da ist's ganz anders! Im Nebel, und wenn derselbe so leicht ist, daß man in aller Bequemlichkeit noch sehen kann, wo der Mann im Monde sein Maul hat, da ist so Einer wie ein Kind, ist halt weg. Vor seinen Geist stellt sich alles, was er von Kindesbeinen an gehört und gelesen, das im Nebel passirt sei: von Menschen, welche in's Meer gefallen oder in Flüsse gerannt und lebendig ertrunken, von Andern, welche über Felsen hinaus gestürzt, im Walde sich verwickelt, daß sie ihr Lebtag nicht herauskommen konnten, oder in unendlichen Ebenen sich verlaufen, in Moräste gerathen, da erfroren, mit Sand und Schlamm bedeckt erst nach tausend Jahren wieder gefunden worden, annoch ganz jung und schön. Dann kommt es ihm aber auch in Sinn, was er gehört und gelesen, wie Viele durch Ruhe und Besonnenheit sich gerettet hätten, und namentlich durch folgende drei Dinge, welche jeder Mensch im Nebel zu beachten, überhaupt kein Mensch zu vergessen habe, denn eigentlich wisse kein Mensch, ob er nicht auch in Nebel kommen könne ganz unerwartet und unvorbereitet, so daß er gar nicht Zeit habe, heimzugehen und nachzuschlagen, was ein Mensch im Nebel zu thun habe.

Die drei Dinge seien nämlich die, und seien untrüglich.

Man solle scharf um sich sehen, ob man nirgend ein Licht bemerke. Wo ein Licht sei, da sei meist auch ein Haus. Irrlichter im Nebel seien nicht gebräuchlich; man solle scharf aufpassen, ob man keinen Hund bellen höre; wo ein solcher belle, da sei ebenfalls gewöhnlich auch ein Haus, und höre man mehrere sich antworten, so sei anzunehmen, da seien auch mehrere Häuser oder gar ein Dorf; höre man aber eine Uhr die Stunde schlagen, so sei mit Gewißheit anzunehmen, daß da ein Kirchthurm sei, und wenn auch nicht allemal ein Dorf, so doch bestimmt ein Küster, welche zumeist der Wege sehr kundig seien und sehr bereit sie zu weisen, weil sie zumeist ein Trinkgeld sehr nöthig hätten.

So ging es unserm Dorbach. Der sah sich im Nebel die Augen aus dem Kopf nach Licht; hörte sich die Ohren wund nach Hundegebell und Stundenschlag, ja er that noch mehr, er sperrte weit die Nase auf. Er erinnerte sich, wie oft er etwas gerochen, was die Mutter oder sonst eine Köchin gebacken, was er sein Lebtag weder gesehen noch gehört hätte. Er dachte, wie leicht eine Luftwelle ihm den Duft von geröstetem Kaffee, einem Eierkuchen oder geröstetem Speck zutragen könnte, oder einer tapfern Mehlsuppe, oder selbst von etwas Angebranntem, was ihm diesmal ebenfalls willkommen gewesen wäre. Mit großer Spannung sperrte er wirklich Augen, Nase und Ohren auf, mehr konnte er nicht. Aber nichts wollte ihm durch eins der Löcher eingehen von dem, was er brauchte, wie auch oft ein Fischer alle seine Reusen setzt nach edeln Fischen, und er findet nichts als unbrauchbares Gezüchte darin, oder gar Frösche und Kröten.

Während er so alle seine Pflichten verübte zu seiner Lebensrettung, vergaß er Eines, nämlich auf den Weg zu sehen; daran hatte er gar nicht gedacht, davon stand aber auch in keinem Buche etwas. Drei Tage nach dem Vollmond, auch wenn Nebel zwischen Himmel und Erde ist, sieht man freilich nicht, ob man auf dem rechten Wege ist, d. h. auf dem, wel-

her und an unser Ziel führt, aber man sieht doch immer, ob
man auf einem Wege ist oder gar keinem, auf einem breiten
oder schmalen, ja man sieht selbst die Scheidewege. Achtet
man sich dessen aber nicht, so kann es leicht geschehen und
selbst ohne Nebel, daß man aus einem breiten Wege in einen
schmalen kömmt, und aus einem schmalen in gar keinen; und
eben dieses passirte auch unserm Doktor und Professor Dör-
bach, dem in Hegel und Aristoteles viel Bewanderten, leider
aber nicht im Nebel; aber wohl verstanden, wenn auch oft be-
nebelt, wanderte er doch nicht gerne im Nebel, er saß lieber.
Was halfen ihm aber jetzt der Hegel und der Aristoteles, als
er auf einmal keinen Weg mehr unter den Füßen hatte, in
Schlingpflanzen stand, die sich wie Schlangen um seine Füße
wanden, gewaltige Gestalten vor ihm standen, gewaltiges Geäste
über ihn hereinragte, das er halb sah, von dem er halb ahnete,
daß es Eichen sein möchten! Jetzt ging ihm wohl ein Acht
auf, aber bloß in der Seele, daß er vom Wege abgekommen:
er wußte nicht wie und wo? Er begriff, daß er in einem
Walde sei, aber er wußte weder in welchem, noch nach welcher
Seite zu die Straße liege. Da ward ihm bang im Herzen und
jämmerlich im Gemüthe, wie er es lange nicht erlebt hatte.
Im Walde ohne Ausweg, in kalter Weihnachtsnacht in dünnen
Kleidern, so kalt und schaurig der Tod, wenn er als Frost an
den Menschen kömmt, ihn umfängt, bis das warme Blut kalt
geworden, steht in den Adern wie im Flusse das Wasser, wenn
es zu Eis werden will! Sterben wollte er ja nicht, auf kei-
nerlei Weise, ernten wollte er noch, was er ausgesäet, wohl
und herrlich leben davon. Unkraut, Dornen, Disteln hatte er
ausgesäet, Trauben erwartete er zu ernten, so groß war die
Weisheit des Thoren. Er schüttelte sich auf aus der Angst;
er faßte sich. Er war glücklicherweise nicht müde, nicht schläf-
rig. Er war an diesem Tage nicht zwei Stunden weit gegangen, hatte so eben erst geschlafen, selben Tags keinen Schnaps
getrunken, er dachte, wenn er sich bewege mit Mäßigung, wo

möglich in der gleichen Richtung, so könne er sich warm erhalten und es aushalten bis zum Morgen, wenn er nicht früher das freie Feld oder einen Weg finde. Der Wald, so viel er merkte, bestand aus uralten Eichen mit sehr dünnem Unterholz, unter welchem die Brombeersträuche die fatalsten waren, so daß der Wald kein amerikanischer Urwald war, sondern ein bequemes Spazieren erlaubte. Er setzte sich also in Bewegung, aber vorschriftsgemäß nach Licht spähend, horchend auf Hundegebell und Glockenschlag, die Nase hoch zur bequemen Witterung von allfälligen Eierkuchen oder sonst was in Butter Gebackenem.

Es ging aber nicht lange, so fing sich sein Fuß in einem der vielen festgespannten Brombeerzweige, er stolperte und fiel. Schaden nahm er keinen, aber es wackelte ihm der Muth in seinem Gemüthe, und hoch hob er die Beine, um den ausgespannten Schlingen zu entgehen. Da fand ein Bein keinen Boden, er stürzte; ein Schrei wie der Todesschrei eines Rosses, welches von Wölfen zerrissen wird, entfuhr ihm. Er dachte an einen unergründlichen Gletscherschlund, wo die Ewigkeit ertrohlet, wer da hinunterfällt. Aber es war kein Abgrund, er platschte bloß, so lang er war, in seichtes Wasser, es war ein breiter Bach mit nicht sehr hohen Ufern, welcher sich gemüthlich durch den Wald bewegte. Er nahm keinen Schaden, er ward bloß naß, was indessen um diese Zeit eben nicht zu den Annehmlichkeiten des Lebens gehört. Er zitterte wie Espenlaub, es war nicht zu unterscheiden, ob von innerm oder äußerm Frost, wahrscheinlich von beiden. Es war aber auch immer mehr Ernst dabei, um diese Jahreszeit in Nebel und Wald ohne Weg und Richtung, von Gott und Menschen verlassen zu stehen, rathlos und jetzt noch naß dazu. Als Josephs Brüder in fremdem Lande in die Klemme kamen und verlassen den Tod gewärtigten, denn damals machte man wenig Komplimente mit den Menschen, sprachen sie: das haben wir an unserm Bruder Joseph verdient. Unser Doktor Dorbach hätte

füglich auch sagen können: das habe ich an Weib und Kindern
verdient, aber er sagte es nicht, er dachte es nicht einmal,
denn er glaubte an die Sünde nicht, weder an die wirkliche
noch an die angeborne. Natürlich, wer nicht an Gott glaubt,
hat's mit der Sünde kommod, sie fällt ihm weg ganz von
selbst, wie dem Kinde ein Milchzahn.

Indessen ward ihm doch immer übler zu Muth, er wußte
selbst nicht, war es Angst, oder fing es ihm an im Kopf zu
fehlen, es schwirrte ihm gar seltsam vor den Augen. Plötzlich
zuckte es ihm durch alle Glieder, als wären sie von elektrischem
Schlage getroffen, er war auf etwas getreten, das bog sich auf
und lag ihm eisig kalt und feucht um die Beine. Es war
eigentlich nur ein Ast und das Kalte kam von den nassen Hosen, aber er meinte, es sei eine Schlange, die sich ihm um die
Beine gelegt so schlüpfrig, naß und kalt. Es schien ihm, als
raschelten noch mehrere um ihn her, glitten kalt und grausig
ihm an den Beinen auf. Eine plötzliche Schlangenangst ergriff ihn, als ob die Welt voll Schlangen wäre, ward es ihm.
Er fühlte Schlangen am ganzen Leibe sich schlingen und drängen,
so schaurig kalt, so grausig! Doch dieser Anfall ging vorüber,
der Nebel senkte sich, er sah Sterne, im Mondlicht glänzten
die Wipfel der Eichen, auf der Erde aber lag noch eine dichte
Nebeldecke über Manneshöhe. Da schlug weit und dumpf ein
Hund an, ein Windstoß fuhr durch die Wipfel der Eichen,
seltsam rauschte es in dem Gebüsche. Da fuhr Dorbach auf,
das waren ihm himmlische Töne. Kraft kam wieder in seine
Glieder, Angst und Schlangen schwanden vollends, haftiger
strebte er vorwärts, den himmlischen Lauten zu, die doch so
unhimmlisch lauteten für den, der unbefangen gewesen und
auf Hundelaute sich verstanden hätte. So tief, hohl und zornig, wie ein Ungewitter in tiefem Felsenthale, heulen sonst
Hunde nicht. Immer mächtiger schwoll es an, immer näher
kam es, es war, als heule das ganze Hundegeschlecht in Weh
und Wuth.

Da fiel der Nebel ganz. Klar ward es zwischen den Eichen, die hier sehr dünn standen auf freiem weiten Platze ohne Unterholz, nur hier und da ein Wachholderstrauch. In der Mitte des Platzes quoll aus der Erde herauf ein Brunnen und floß alsbald als breiter Bach, im Mondlicht glänzend wie ein reicher, reiner Silberstrom, durch den Wald. Ueber dem Brunnen stand die größte der Eichen, gewaltig, vielhundertjährig, seltsam regte es sich unter derselben und um den Brunnen. Es waren nicht Wolken, nicht Wesen, nicht Schatten, es war etwas, für welches Dorbach keinen Namen wußte. Der ganze Himmel schien voll Hundegeheul, wie nah, wie fern es war, wußte Dorbach nicht, aber weit, weit oben, wo eine ausgehauene Waldstelle war, kam es ihm vor wie eine ungeheure schwere schwarze Wolke, die sich auf die Erde gesenkt. Hinter der Wolke herauf schien das Geheul zu brechen und die Wolke wälzte sich wie eine Meereswelle den ausgehauenen Wald herunter dem Brunnen zu. In der Welle funkelte und flimmerte es, als führen schlängelnde Blitze durch sie hin, als wäre sie mit funkelndem Edelgesteine besetzt. Und funkelnde Punkte blitzten von ihr aus, fuhren vor der Welle her, schossen auf Dorbach zu, der versteinert stehen blieb. Es waren glitzernde Schlangenaugen, welche auf Dorbach zufuhren, wie in dürren Steppen Flammen fahren durch's dürre Gras, und hinter den Augen waren dünne gelbe Schlänglein, welche blitzschnell hinter den glitzernden Augen glitten und ringelten. Da war es Dorbach, als fahre ihm eine glühende Hand über das Gesicht, reiße ihm die alten Augen aus und setze ihm neue ein. Plötzlich erkannte er mit Grausen die Schlänglein allzumal. Es waren seine verkörperten Jugendsünden, die auf ihn einfuhren und züngelten. Es waren die Lügen, mit welchen er Vater und Mutter bedient, die Verleumdungen, mit welchen er Brüder und Schwestern gequält, die Afterreden, mit welchen er Streit und Zank erhalten in jeder Schule, in welcher er war, die Lehrer und Schüler feindselig auseinander gehalten zu ge-

genseitigen Pein und Qual. Sie schossen daher, Pfeilen gleich, die grün und giftig glitzernden Aeugelein, offen der langgespaltene Mund, weit vorgestreckt und zornig züngelnd die zweizackige Zunge. Er wollte fliehen, aber ringsum glitzerte es zornig, züngelte es giftig. Er wollte die gelbe Brut zertreten, aber sie glitschte unter den Füßen weg, umwand ihm die Beine in gereizter Wuth gleich glühendem Eisendraht, und im innersten Mark fühlte er in unnennbarem Weh die Spitzen ihrer Zungen. Von der schwarzen Welle hatte ein schwarzes Stück sich losgerissen, war vor ihr weggerollt, zerplatzt in tausend und abermal tausend schwarze Schlangen, die, den glühenden Rachen aufgesperrt, die Zunge weit vorgestreckt einem flammenden sprühenden Eisen gleich, in weiten wilden Sprüngen auf ihn einsetzten, und er war gebunden, fliehen konnte er nicht. Er kannte sie auch alle, diese schwarzen wilden Schlangen, es waren auch seine Kinder, Sünden, die er gezeuget. Es waren die Sünden des Neides, der Bosheit, des Undankes, der Sinnenlust von jeglicher Art, mit welchen er von so und gegen Alle gesündigt, mit denen er je gelebt, und am schwersten gegen seine Allernächsten. In zorniger Hast bögelten sie sich an ihn heran, an ihm auf, bissen sich in sein Fleisch Blutsaugern gleich, stießen das flammende Eisen ihm in's Herz, umwanden seinen Leib wie mit eisernen Ringen, und immer gräßlicher, betäubender füllte den Himmel das Hundegeheul.

Aber gräßlicher, weit über das gräßliche Geheul hinaus, schrie plötzlich Dorbach auf. Hinter den schwarzen Schlangen her und mitten unter ihnen waren andere Schlangen geglitten unbemerkt. Sie waren farblos, nicht grau, nicht weiß, augenlos, lang, schlüpfrig, zahllos. Ohne Bewegung glitten sie an ihm auf, glitschten ihm zum Mund hinein, in seinen Leib hinunter, spielten mit seinen Eingeweiden, streckten zu seinen Augenhöhlen heraus die augenlosen Köpfe, krochen hinein in zahllosen Schaaren, schwellten ihn auf zum unkennbaren Ungeheuer, peinigten ihn mit tausendfacher Höllenpein. Er kannte

sie alle, diese schrecklichen, greulichen, farblosen Schlangen ohne
Augen, die unbemerkt glitten in den Menschen, das höllische
Weh ihm bringend: es waren seine eigensten Kinder, in unzählbaren Mengen gezeuget. Es waren die Worte, die Redensarten, Bemerkungen, Erläuterungen, wie zufällig, unabsichtlich,
zwecklos hingestreut, mit welchen ein Lehrer die Seelen der
Kinder vergiftet, den Glauben an Vater und Mutter, an Gott
zersetzt, Tugend und Treue lächerlich macht, die sinnlichen Lüste
wecket, das Streben allein auf das Diesseits richtet, die heil-
loseste Selbstsucht nährt und den alten Menschen, der Gott
und Nächsten, Alles hasset außer sich selbst, den eigenen Gott
und die verfluchte Schlange, welche ihn verführt. In unnenn-
baren Zahlen war die Brut seinem verruchten Munde entglitten,
hatte Seelen vergiftet, und ein Strom von Vater- und Mutter-
thränen, glühend und heiß wie der Lavastrom, der, brennendem
Schlunde entflossen, sich zischend und brausend in's Meer stürzt,
daß es hoch auf sich bäumt, stauchte sich auf vor den Thoren
des ewigen Gerichtes und schrie um Rache über den, der da
die Kleinen geärgert und von dem sonst so ein unendlich Aerger-
niß gekommen, wie über keinen, dem ein Mühlstein an den
Hals gehängt und der da versenkt wurde, wo das Meer am
tiefsten war. Diese Schlangen alle nun, die ganze zahllose
Brut, kamen zurück, giftgeschwollen, genährt von der Unschuld
der Seelen, suchten ihren Vater. Sie kamen daher unzählbar,
wie die Heuschrecken des Morgenlandes, suchten die Höhle,
welcher sie entstammt, und füllten sie mit tausendfacher Höllenpein, mit dem Lohne, den Höllenkinder Höllenvätern zahlen.
Dorbach hörte kaum das nahende Hundegeheul, von welchem
der Boden bebte, die Eichen krachten, aber er sah durch die
augenlosen Schlangen die schwarze Welle schwarz und mächtig
nahen, und aus ihr ragten schreckliche Zacken auf, wie aus
schaumgepeitschtem Meere Felsenspitzen. Es waren aber nicht
Felsen, es waren die Häupter riesiger Schlangen, welche die
riesigen Leiber in einander geschlungen hatten, die Köpfe hoch

empor aus dem Knäuel streckten und mit weit klaffenden Rachen nach der Beute sich dehnten, die sie witterten, näher und näher, und diese Beute war ihr Erzeuger.

Und unter ihnen reckte eine ihr Haupt weit über die andern auf, trug eine Krone, gewunden aus tausend Schlangen; der Schlund war eine Feueresse, die Zunge ein zweischneidig Schwerdt, die Augen große Kessel, in welchen Neid und Bosheit, Geiz und Gift, List und Frechheit brannten und siedeten. Dorbach kannte sie auch, diese schauderhaften Riesenschlangen, so giftig als gewaltig, alles begeifernd, zermalmend, verschlingend. Es waren die ungeheuern Verleumdungen, mit welchen er seit Jahren fort und fort mit eiserner Beharrlichkeit in den mannigfaltigsten Tonarten und den verschiedenartigsten Blättern ganze Stände, die besten Männer, die tüchtigsten Säulen eines freien, aber christlichen Volkslebens umwunden und begeifert hatte, daß sie Ekel erregend, Abscheu erweckend niemand mehr zu berühren wagte, die mit Schlangen-Schaum und Gift Begeiferten. Die in der Mitte mit dem höllischen Haupte und der Schlangenkrone, die hatte die fürchterlichste Arbeit gethan. Das war die, welche die Sprache verfälschte, mit der verfälschten Sprache den Menschen bethörte, mit christlichen Worten höllische Begriffe in seine Seele impfte, und niemand wußte wie, und niemand verstand sich mehr, und niemand wußte wie ihm geschah; die Fleischeslust Sittlichkeit nannte, Selbstsucht Religion, die Ehe eine Unsittlichkeit, den Uebergang zum thierischen Leben sittlichen, entschiedenen Fortschritt, Rebellen gegen göttliche und menschliche Ordnung Volksfreunde; Eigenthum Diebstahl; Treue, Wahrheit, Gerechtigkeit veraltete Begriffe, deren sich die Culturfreunde zu schämen hätten, entschiedene Frechheit tüchtige Gesinnung, Unglauben Aufklärung, wilde, freche Zuchtlosigkeit edles Unabhängigkeitsgefühl; die mit den verfälschten Begriffen eine ganz andere Anschauungsweise und Würdigung aller Zustände und Verhältnisse vorbereitete, listig, frech, beharrlich, darum glücklich, den

großen Abfall herbeiführen, zum Bischof der Hölle die Erz=
wachen wollte. Er kannte sie auch, diese alle, es waren seine
Lieblingskinder, sein Stolz; das Haupt mit der Schlangen=
krone war der Sohn, der ihm das Reich erobern, ewigen Ruhm
ersiegen sollte, den Thron in der Republik der Wühler. Die
kamen jetzt im wilden Ringen den Vater zu verschlingen, den
von Schlangen schon Umsponnenen, von Schlangen innen und
außen in tausendfache Höllenpein Getauchten.

Da waren sie alle wieder, seine Kinder, die ganze heillose
Brut, am Vater selbst zu versuchen Gift und Geifer und alle
ihre Kraft und Macht. Grausenhaft in Gier und Gewalt
fuhr nach ihm aus die große Schlange mit dem Höllenrachen
und der Schlangenkrone, aber die Beute sollte sie nicht fassen.
Die andern Schlangenköpfe fuhren in giftigem Eifer und Zorn
auf die große Schlange ein, bissen und raugen sich an ihr
heran, sie beugte sich zum zornigen Kampfe, tausend und aber=
mal tausend Schlangenköpfe fuhren giftgeschwollen aus der
Krone, zu streiten für ihre Königin. Aber das Wild kann
nicht jagen auf eigene Faust und sich beißen und streiten um
die erreichte Beute, wenn an seinen Fersen die Hunde hängen,
hinten her die Jäger tosen in donnerndem Rosseslauf mit
Peitschenknall und Jagdgeschrei, wie auf wilder Jagd die wilden
Jäger reiten. Von oben her stürmte das ganze Heer schwarz
und schrecklich dem Brunnen zu, der silbern und friedlich floß
in hellem Mondesscheine. Da flatterte es von der Eiche weg
ängstlich, wie Tauben flattern, wenn auf sie der Habicht stößt;
dunkel wurde es über dem Brunnen, in wildem Winden ließen
die Schlangen sich los, als gehetztes Wild schossen sie weiter.
Aber den Vater ließen sie nicht, sie nahmen ihn mit, sie faßten
ihn, rollten ihn in ihren Knäuel hinein, rollten mit ihm weiter
in immer rasenderer Jagd, tosend und ächzend durch den wei=
ten Wald.

Nacht war es um Dorbach, Nacht aus Schlangen gewo=
ben voll Gift und Geifer, eingewickelt war er in die grausi=

gen, kalten, schlüpfrigen Riesenleiber, gleich einem Mittelkinde.
Das Bewußtsein verlor er nicht, er fühlte alle Schlangen,
fühlte vieltausendfache Höllenpein, und er kannte sie alle, diese
seine schrecklichen Kinder, fühlte ihr Gift im Mark, ihren Brand
im Fleische, das kalte zerreißende Gewinde in den Eingeweiden,
die Rachen, die nach dem Vater schnappten.

Aber schrecklicher als alles war ihm der Tod. Sterben
wollte er nicht, grausenvoller als alle die tausend und tausend
Schlangen, welche Gift und Geifer an ihm verschwendeten, war
ihm das Nichts nach dem Tode, welches er so viel und schön
gepredigt denen, die er verführen wollte. Er suchte Gedanken,
Listen, wie er entrinnen möchte, er spannte seine Seele auf
die Folter um Gedanken, wie nie ein Leib um Bekenntnisse
gefoltert wurde; aber sie hatte keine mehr, konnte keine geben,
nichts war mehr in ihr als Galle und Gift, Angst und Pein,
das Gefühl der unaussprechlichen Qual, in der er gerollt ward
in Mitte seiner Kinder, gehetzt von wilder Jagd.

Plötzlich, wie wenn ein Schiff, das mit vollen Segeln
fuhr, von einer Windsbraut erfaßt, an einen Felsen geworfen
wird, in tausend Trümmer fährt, prallte der scheußliche Knäuel
an einen festen Gegenstand, zerplatzte, und am Brunnen bei
der Eiche in freundlichem Mondeslicht stand Dorbach, unsichtbar waren die Schlangen, silbern plätscherte der Brunnen, aber
vor ihm standen zwei Hunde, die Haare gesträubt, die Zähne
blank, und weit heraus hingen lechzend die Zungen, und um
ihn hielten auf sieben schnaubenden Rossen sieben geharnischte
Gestalten, schwer gewappnet, offen die Helme, wild und schauerlich die Gesichter; hinter ihnen auf schwarzem Rosse höher als
alle hielt eine dunkle Gestalt, regungslos, aber gewaltig. Dorbach, sobald er die Gestalten erblickte, wenn auch in uralten
Wesen, Fleisch und Bein vor sich zu haben glaubte, hatte er
die alte Frechheit wieder, und vergessen war die ausgestandene
Pein samt allem, was an ihm vorübergegangen.

Aber plötzlich stand auch sein Weib neben ihm, und seine

acht Kinder alle umgaben ihn. Da erbebte Dorbach wieder bis in's Herz hinein; was da werden sollte, begriff er nicht, und zornig wollte es sich regen im Gehirne gegen Weib und Kinder. Doch dazu war nicht Zeit, der nächste der Hunde sprang auf Dorbach ein, unwillkürlich schob dieser das Weib ihm dar. Dem ersten der Hunde sprang der zweite nach, ein Kind theilte des Weibes Geschick. Hinter den Hunden her ritten die Ritter an. Kind um Kind warf Dorbach hin zum Schutz und Lösegeld, dem letzten der Brüder das jüngste der Kinder. Als er allein nun stand, das Geschrei der Geopferten Wald und Himmel füllte, da schritt auf schwarzem Rosse die schwarze Gestalt aus dem Hintergrunde und wie tiefer Donner rollten die Worte über des Sünders verfallenes Haupt: Jetzt bist du mein, dem Zehnten gehört der Zehnte. Und wie das gesprochen war, waren alle Schlangen lebendig und wieder da, ringelten sich um seine Füße, bissen sich im Körper ein, glitten ihm zum Mund hinein, umschlangen ihn mit ihren Riesenleibern, wälzten ihn auch in den schauerlichen Knäuel hinein, und los ging wieder die schreckliche Jagd. Aber alsbald hieben die Jäger mit Schwerdtern und Peitschen in den grausigen Knäuel ein, hieben ihn in Stücke, und die Stücke verschlangen die Hunde, zerstampften die Rosse, und in vieltausendfacher Höllenpein fühlte Dorbach, wie er von Hunden gefressen ward, und erst als das letzte Stück verschlungen war, ward es Nacht über seiner Seele einstweilen.

Verschwunden war der mitternächtliche Greuel, vor den Mond hatte schwarzes Gewölke sich gelegt, einsam war es am Brunnen, in tiefem Schweigen standen die Eichen, stille war es im ganzen Walde. Eine Weile nach Mitternacht war es, als ein langsames dumpfes Geräusch vernehmbar ward. Es war als kämen langsam Wagen daher, aber man hörte weder Peitschenknall, noch des Fuhrmanns sonst so weithallende salbungsvolle Töne. Unheimlich wäre es jedem geworden, der es vernommen, und wer das Frühere gehört, hätte geglaubt,

es kehre wieder nach vollendeter Jagd das wilde Gejäge, aber
müde und matt, die Jagdbeute auf Karren geladen nach-
führend.

Den Wald herauf am Bachtelenbrunnen vorbei führte
keine Straße, Waldwege wohl kreuzten sich hier, bewachsen
mit Gras, bloß von Hasen, Jägern und Holzschelmen betreten
und ordentlich befahren am Tage nur dann, wenn da herum
alle zehn Jahre etwa einmal Holz geschlagen ward. Diesmal
waren es wirkliche Wagen oder Wägelchen, es war eine
Schmuggelei von Weingeist, der von Solothurn ins Bernbiet,
ohne Ohmgeld zu zahlen, geführt werden sollte. Der Weg
war ganz gut gewählt, und um das Unternehmen vollständig
zu sichern, hatte der Weinhändler die Nacht, in welcher der
Heiland der Welt geboren ward, ausgewählt als die passendste.
So gefährlich, wie in Spanien und Frankreich, ist bei uns
das Schmuggeln nicht, auch nicht so großartig, aber doch immer Schlauheit und Vorsicht nöthig. Wird man ertappt und
hat keine Heiligen im Himmel, welche die Sache als einen
bloßen unschuldigen Verschuß darzustellen wissen, kostet es mör-
derlich Geld. Ohne Laterne und ohne Gerede führten die mit
den Wegen wohlbekannten Fuhrleute den Zug den Wald herauf, wollten an Brunnen und Bürgeln vorbei gegen Kirchberg
oder Ersigen zu. Da stolperte der vorderste Fuhrmann, daß ihm
trotz aller Instruktion ein lauter Fluch entfuhr. Er untersuchte
mit dem Fuße, worüber er gestolpert, und als er endlich
merkte, daß es ein Mensch war, fluchte er noch einmal und
hielt die Wagen an. Die Fuhrleute hielten Kriegsrath. Aeu-
ßerst verdächtig kam es ihnen vor, an diesem abgelegenen Orte
und um diese Zeit einen Menschen zu finden, und noch dazu
schlafend. Es konnte kaum anders sein, als daß Einer ihnen
hier aufgelauert und darüber entschlafen war. Am kürzesten
und sichersten ward gefunden, ihn todtzuschlagen, sei er wer er
wolle, so verrathe er sie doch dann nicht mehr. Die Ausführung schob aber einer dem andern zu, denn aus bloßer Vor-

sicht mit kaltem Blute einen Menschen totschlagen, ist nicht jedermanns Sache. Allweg schade es nicht, sagte einer der Fuhrleute, wenn man sehe, wer es sei und ob man ihn nicht kenne? Er strich ein Zündhölzchen an, inspizirte und sagte, er glaube nicht, daß der viel mache, es sei ein Fremder, wahrscheinlich ein Handwerksbursche, werde oben im Felde verkauft und hierher gerathen sein. Er rathe, ihn schlafen zu lassen, erwache er, so könne er sehen, wie er hinweg komme; erwache er nicht mehr, so seien sie doch nicht schuld daran.

Vom Schein des Zündhölzchens und dem Gerede schreckte aber Dorbach auf, es war ihm, als fühle er Hunde und Schlangen wieder über sich. Als er die Augen aufthat und natürliche Menschen um sich sah, schrie er erbärmlich um Gnade und Erbarmen. Da ward ihm verdeutet, er solle inne halten mit dem Gebrüll, sonst schlage man ihn todt, solle sagen, wer er sei und wie er hierher gekommen. Dorbach war voll Schrecken noch und erzählte ziemlich wahr, wie er hierher gekommen und was alles über ihn gekommen, wahrscheinlich bloß im Traume, aber im schrecklichsten, scheußlichsten, den er sein Lebtag gehabt. Die Fuhrleute horchten erschrocken und starker Schlotter kam über sie, denn sie kannten die Sage von den Bürglenherren wohl, aber sie hatten vergessen, daß jetzt die Nacht war, in welcher sie reiten müssen, die heilige Nacht. Das ist Fuhrleuten allfällig zu verzeihen; vergessen dieses doch noch ganz andere Leute. „Dir wäre nützer, du wärest nicht mehr erwacht," sagte Einer, „jetzt mach, daß du zum Walde hinaus kömmst, und probire zu beten, vielleicht daß dir das noch helfen kann." Dorbach trat darein nicht ein; sondern fragte, ob sie nicht was zu trinken hätten, ihn friere und dürste entsetzlich; und ob er sie nicht begleiten dürfe, er kenne ja den Weg nicht. „Nicht um tausend Gulden," sagte einer der Fuhrleute, „ginge ich mit dir durch den Wald. Gehst hier gerade aus dem Bache nach, so bist in fünf Minuten aus dem Walde, in einer halben Stunde im Dorfe. Du kannst trinken, so stirbst wenigstens nicht vor Durst, ehe er dich nimmt." Man reichte ihm eine halb angetrunkene Flasche. Er nahm einen tüchtigen Schluck, wollte sie dann zurückgeben. „Behalte sie nur," sagte einer, „die rührt keiner von uns an, und wäre ein Trunk vom allerbesten darin. Jetzt mach', daß du fortkommst, sieh, da gehst durch und kannst nicht fehlen." Dorbach mußte gehen und schweigen, wie sehr sich in ihm der Versucher rührte, den Fuhrleuten eine Vorlesung zu halten. Aber die Glieder wackelten ihm doch zu sehr und Lokal wie Personal waren ihm doch zu unheimlich und unrichtig. Die Fuhrleute hielten, bis er weiter war, lenkten dann in einen andern Weg, um so rasch als möglich auf der andern Seite aus dem Walde auf das Feld zu kommen, und suchten das alte Wagensträßlein trotz größerer Gefährlichkeit, kam sie aber doch nur von Menschen.

In einer gewissen Betäubung, wahrscheinlich eine Mischung von alter Angst und neuen Schlücken, kam er durch den Wald und bald ins Dorf. Unterwegs verwerchte er einen schrecklichen Zorn über die Dummheit und Inhumanität der Fuhrleute, über den herrschenden Aberglauben im Volke und die verfluchten Pfaffen, welche denselben nicht mit Stumpf und Stiel längst ausgerottet, die Menschheit, ja alle Fuhrleute vom ersten bis zum letzten human und liberal gemacht hätten und dafür gesorgt, daß die als Engel gebornen Kinder Engel blieben, bis sie von Würmern gefressen und vom ewigen Tod verschlungen würden. Aber solche Gedanken schossen nur so wie Blitzstrahlen durch den Kopf, hielten nicht fest. Einmal im Dorfe angelangt und in der warmen Stube, versank er alsbald in einen schändlichen Katzenjammer an Leib und Seele. Er mochte das Erlebte drehen wie er wollte an dem Drehstuhle moderner Anschauungsweise und es klopfen mit psychologischem Hammer, er kam doch nicht durch. Es graute ihm wohl vor Schlangen, aber er hatte weder an Schlangen gedacht, ehe er in den Wald kam, noch viel weniger an seine Sünden. Je mehr er darüber denken wollte, desto wunderlicher ward ihm zu Muthe, ihn fieberte, es that ihm alles weh, er glaubte ein Nervenfieber im Anzuge oder eine Gehirnentzündung, betrachtete das Erlebte als ein Vorspiel dessen, was er noch erleben müsse, legte in dieser Erwartung mühsam und in banger Angst sich zu Bette und schlief trotz der Angst bald ein. Er schlief, bis der andere Morgen am Himmel stand, erwachte bei vollem Bewußtsein und bei ganz gesundem Leibe und zwar seit langen Jahren zum ersten Mal ohne sturmen Kopf. Seine Voraussetzungen waren also irrig gewesen, von seinen Muthmaßungen paßte keine.

Nun kam es doch über ihn, wenn auch nicht wie Reue, doch wie ein Schatten von Reue. Trotz allen seinen abgerundeten und in einander abgeschlossenen Ansichten dachte er daran, daß wenn eigentlich trotz seinen Ansichten ein höheres Wesen sei und gegenüber demselben eine Verantwortung, die seinige schwer werden müsse. Es kam ihm vor, wenn er gegen die Ehe gewesen, so hätte er keine eingehen sollen; jetzt, da er doch eine eingegangen und zwar nicht bloß ungezwungen, sondern unter großem Hasten und Drängen von seiner Seite, und jetzt Kinder habe, so habe er doch einigermaßen wenigstens die thierische Pflicht, für ihren Unterhalt zu sorgen, bis sie ihn selbst fänden, wie es auch bei einigen Thieren der Fall sei. Es waren doch einmal seine Kinder und einige derselben waren ihm sogar nicht unangenehm, ja, sie hatten ihm manchmal Freude gemacht, selbst Hoffnungen erregt. Er hatte sein Lebtag so viel von Bildung gesprochen, von ihrem Werthe in dieser Zeit, wer sollte seine Kinder bilden, wenn er es nicht that, ja nicht einmal für ihre Nahrung sorgte, geschweige denn für ihre Bildung? Nun da sagte er sich freilich, dafür sei der Staat da, der habe alle Kinder gemeinsam zu erhalten und zu erziehen, die Last müsse gleichmäßig vertheilt sein. Größere Last gebe es keine, als acht Kinder aus bloßem Verdienst zu erziehen, und ungerechtere Ungleichheit gebe es ebenfalls nicht, als daß Andere bei großem Vermögen keine Kinder und also auch keine derartige Last hätten. Indessen die Sorge, daß diese Ungerechtigkeit egalisirt, die Kinder wirklich vom Staate übernommen und dazu gesehen werde, daß ihnen besondere Sorgfalt zu Theil werde in dem Maaße, als er auch besondere Verdienste hätte, das schien ihm denn doch eigene Pflicht — so kalkulirte er.

Indessen glauben wir denn doch an einen väterlichen Zug, eine aufgerüttelte Wehmuth, welche dem Kalkul zu Grunde lag. Man täusche sich nicht. Was der bloße Verstand verarbeitet, seien es Begriffe, Ansichten, Grundsätze, in Regeln gebrachte Gesinnungen und wie die Dinge alle heißen mögen, es sind doch nichts anders als blank geschmiedete Gefühle, Regungen, Triebe, gerade wie in einer Schmiede, wo, was der Schmied verarbeitet zu scharfem Stahl und festem Eisen, als unlautere Schollen aus dem Schoose der Erde kommen. Zu dem kam noch Eines: ihm fehlte der Muth, was weiteres zu versuchen, er hatte das Bedürfniß nach einem Obdach, nach Ruhe für einige Zeit, ihm graute vor allen Wegen, Stegen, absonderlich vor allen Wäldern. Er dachte, wenn er daheim fleißig sei und schaffe nach seinem Vermögen, bringe er in alle Wege einen erklecklicheren Verdienst heraus, als wenn er wandere auf den verfänglichen Straßen selbstsüchtigen Freunden nach.

So ging er heim, jedoch nicht etwa bußfertig und gleich wie der verlorene Sohn mit den Händen im Haar und dem Bekenntniß auf den Lippen: ich habe gesündigt vor Gott und Menschen, bin nicht werth dein Mann zu sein! O nein, er kam heim als der Herr des Hauses, freilich ohne Donner und Blitz, wie sonst oft, sondern bloß mit dem einfachen Bewußtsein, er sei der Doktor Dorbach, hier Herr und Meister.

Weib und Kinder waren überrascht, als er bei ihnen eintrat, man kann es sich denken. Doch faßte sich sein Weib alsbald und kehrte ihm nicht den Rücken, sondern gab ihm freundliche Worte; einige Kinder wurden blaß, andere gaben ihm die Hand, je nach dem Verhältnisse, in welchem sie zusammen

standen. Was das Weib hatte, gab es her, aber der überall
hervortretende Mangel ärgerte ihn doch, und an allem, was
ihn ärgerte, war natürlich nicht er, sondern jemand anders
schuld nach moderner Ansicht. Es war ihm sehr unbehaglich
da, unheimlich, begreiflich nicht wegen seiner Art und Weise,
sondern weil nach moderner Ansicht niemand wohl sein kann
bei Weib und Kindern, besonders wenn nicht von allem die
Fülle und mehr als genug für Alle vorhanden ist. Indessen
überwand er sich anfänglich und that so ziemlich manierlich;
doch in dem Maaße, als die Eindrücke am Bachtelenbrunnen
sich verwischten, stellte sich die alte Hässigkeit und üble Laune
wieder ein. Sein Weib fing wieder an zu zittern und es
stellte sich der Angstschweiß ein, und die Kinder krochen in
Winkel oder wo ein Versteck war, wenn sie des Vaters Tritt
oder Stimme hörten. Von wegen der kleine Freiheitsmann,
der ward wieder zum gewaltigen Hausdespot, bei welchem der
Kaiser von Rußland noch hätte Lehrgeld geben können. Er
war der Ansicht, daß Haus und Staat, die politische Freiheit
und die häusliche Freiheit ganz verschiedene Arten von Krebsen
seien; war wahrscheinlich kein Germane, sondern ein Slave,
ein Polack vielleicht, der Doktor Dorbach. Die Frau aß mit
Zittern einen Bissen, sie mußte immer fürchten, es sei nicht
der rechte oder dem Manne einer zu viel. Es war, als ob
das trübseligste Regenwetter eingebrochen sei über diese Familie,
kein Sonnenblick fiel mehr auf die Gesichter, geschweige in ihre
Seelen, es war ein Leben als ob ein Sauerteig, gemischt aus
Galle, Essig und Teufelsdreck, in dasselbe gerührt worden sei.
Wenn Dorbach weise Nachbarn gehabt, konnten sie an seiner
Familie die Zukunft eines Staates sehen, an welchem Dorbach
etwas zu regieren kriegte, oder wenigstens sein Geist andern
Geistern eingeimpft wurde.

Dorbach arbeitete. Wie der Jäger seine Pfeile, ließ er
die zubereiteten Artikel fliegen, aber was er verdiente, brauchte
er für sich und es reichte nicht hin, und immer trüber war

das Wetter, es war faft, als ob Gott das Zeichen des Regen-
bogens vergeffen hätte. Da fand er einmal einen Brief daheim, der lautete:

Bruder!

Gleich nach Empfang von Gegenwärtigem reife nach X.
Dort ift das Terrain günftig, der Freiheit Bahn gebrochen,
nur einige Steine find noch zu sprengen, welche im Wege
liegen, das thut fich mit einigen Centnern Löschpapier, man
braucht für folches Geschiebe, wie du weißt, nicht einmal
Schießbaumwolle. Du begreiffft, es müffen einige fogenannte
brave Männer, Respektsperfonen, Zöpfe und jefuitische Luder
todt gemacht werden, dazu bift du der Mann, in diefem
Handwerk bift du bewährt. Zugleich freut es uns, dir für
einftweilen unter Dach zu helfen, fpäter findet fich fchon was
Befferes. Du begreiffft, daß es um die Redaktion eines neuen
Blattes in X. zu thun ift, welches unter deiner Leitung ftehen
foll. Deine wie des Blattes Exiftenz find vollkommen ge-
fichert. Nähere Inftruktionen und Notizen findeft du an Ort
und Stelle, melde dich nur bei dem dir bekannten Rothen.
Es wird fehr vortheilhaft einwirken, wenn du mit Anspruch,
in patentem Wir aufmarschiren würdeft. Die Ausgaben werden dir erfetzt. Wäre das Geld nicht fo rar, es würde dir
gleich das Nöthige gefchickt. Die letzte Zeit hat gar zu verflucht viel konfumirt, nicht bloß die Kaffen find erfchöpft,
fondern die Quellen fcheinen fich ruiniren zu wollen. Haft
du nicht Geld, fo haft du doch ficher noch Kredit, nimm auf
Pump; haft du dabei noch den refpektabeln Vortheil, daß du
es erfetzt kriegft und es nicht zu bezahlen brauchft. Dort
bift du außerhalb Schußweite deines Weibes, und Gevatter
Schneider und Handschuhmacher reifen dir nicht nach. Eile!
Dein
T.

Dorbach lebte neu auf, war doch dies wieder eine Stellung. Nebenbei hatte er freilich einen schändlichen Zorn zu verarbeiten, erstlich, daß man ihm nicht Geld geschickt, und zweitens, daß ihm niemand Kredit machen wollte. Nun am Ende, wenn es sein muß, weiß ein Mann wie Dorbach sich immer zu helfen. Er versetzte die besten Kleider seiner Frau, versilberte die noch vorhandenen Sparpfennige der Kinder und einige alte noch vergessene Familienstücke, reiste ab und ist bis jetzt nicht wieder erschienen bei Weib und Kindern, hat um sie sich nicht gekümmert.

Brüder!

Die sieben Bürglenbrüder oder Bürglenherren werden ihre Erlösung kaum mehr suchen in der Bekehrung eines verlaufenen Literaten und Professoren. Ob man es wohl vernimmt, an wem sie in diesem Jahre ihr Heil versuchen, und ob ihnen endlich Erlösung wird? Ruhe im Grabe wollen wir den wilden alten Jägern wünschen von Herzensgrund; um Ruhe in die frieblosen Gemüther, die da herumirren in der Welt, Streit und Haber säen und daher nirgend ein Genügen finden, wollen wir beten von ganzem Herzen und ganzem Gemüthe. Der Gott des Friedens möge sich der Armen erbarmen, welche, von Unzufriedenheit gegeißelt fort und fort, eine verbitterte Seele Spießruthen jagt von Dorf zu Dorf, von Stadt zu Stadt, von Land zu Land; er möge sich ihrer erbarmen, ehe der Tod sie faßt, das Grab verschlingt!

Eines

Schweizers Wort

an den

Schweizerischen

Schützenverein.

～．～～～～～

Vorwort.

———

Herr von Fellenberg, Alt-Landammann, trug dem Fest-Comite zu Chur bei Uebersendung seiner Gaben an: auf einer von ihm gegebenen Basis ein festliches Wort verfassen zu lassen, und schlug dazu den Unterzeichneten vor.

Das Comite ging in den Vorschlag ein und das Ansuchen gelangte an den Verfasser. Derselbe unterzog sich der Aufgabe um so williger, weil er die hohe Bedeutung des Schützenvereins anerkennt und die gegebene Basis seinen Ansichten nicht widersprach. Sollte Vielen die Ausführung der dargestellten Ideen wie ein frommer Wunsch erscheinen, ein schöner Traum, so streiten wir nicht, sondern fragen: Fromme Wünsche, hat sie nicht oft Gott erhört? schöne Träume, traten sie nie in die Wirklichkeit?

J. G.

Nathwort.

Von mehreren Seiten aufgefordert, übergiebt der Verfasser nachstehendes sogenanntes Manifest, welches bis jetzt nicht im Buchhandel war, dem Publikum.

Einige Auslassungen, zu denen er berechtigt war, einen Beisatz, der gewünscht ward und der ihm von Herzen ging, ausgenommen, glaubte er an dessen ursprünglicher Gestaltung nichts ändern zu sollen, nicht sowohl aus dem Grunde, weil nichts zu ändern gewesen, sondern weil es so, wie es ist, von denen, welche es hervorgerufen, anerkannt und gebilliget worden.

J. G.

Gottes Rathschläge sind unerforschlich, Welten sind seine Gedanken. Wie diese Gedanken seinem Willen entströmten — zu einer eigenthümlichen Welt ein jeder ward, zahllos, maaßlos den Raum bevölkerten, das hat keines Menschen Auge gesehen.

Wiederum erzählt uns keines Menschen Mund die Läuterungen alle, durch welche Gott die Erde gehen ließ, ehe Menschen sie bewohnen, bebauen, verklären konnten.

Was Gott gethan, ahnen die Weisen; aber Einer anders als der Andere. Ob wogenden Wassern, ob feurigen Wellen die Berge entstiegen, wie langsam, wie schnell sie ihre Häupter enthüllten, sie badeten im reinen Blau des Himmels; wie langsam, wie schnell des Feuers Wellen erloschen, die wogenden Wasser zu der Berge Füßen verrauschten: das berichtet keine Geschichte.

Aber über die sprühenden Feuerquellen, die gährenden Fluthen hob sich dem Himmel nahe eine Feste, gegen dieselben mit Bergen gegürtet; auf dieser Feste ruhte des Herrn Liebesblick und mit väterlicher Hand weihte er sie durch seinen reichsten Segen zu seiner Feste. Und diese Weihe blieb bis auf den heutigen Tag, und diese Feste heißt das Schweizerland.

Ueber manchem Lande wölbt klarer der Himmel sich, stehet wärmer die Sonne und wehen mildere Lüfte; in manchem Lande ist ein üppigeres Wohnen, fruchtbarer ist der Erde Schooß, und Gold und Diamanten sind die Eingeweide der Berge. Aber über keinem Lande steht so unverrückt des Herrn Liebe; sie ist unser Polarstern, der nie untergeht, während über jedes andere Land die Nacht kömmt, welche seine Sonne verschlingt. Ueber keinem Lande träuft so stetig des Herrn Segen und wehen seine Warnungen so milde, ist so sicher, wird so treu bewahrt, was der Herr gegeben; ist so stärkend dem Leibe, so heilbringend dem Lande, was die Erde bringt, was die Berge gewähren. — Was hier ausgesprochen ist, liegt nicht in den Gefilden des Ahnens, ist nicht den Zeiten entnommen, deren Geheimnisse keines Menschen Auge geschaut; die Liebe des Herrn, ihre stetigen Segnungen liegen dießeits jener dunkeln Gebiete, einem Strom des Himmels gleich schlängeln sie sich klar und herrlich durch alle bekannten Jahrhunderte, strömen ja in reicher Fülle an unsern eigenen Augen vorüber in goldenem Wellentanze, so daß wir es glauben müssen, weil wir es selbst sehen: unser Vaterland ist des Herrn Feste, sein eigener Blick hat es geweiht zu seinem eigenen Lande, und mit selbst eigener Hand hat er es behütet in der Fluth der Völker, in den Strömungen der Jahrhunderte.

Als des Herrn allmächtige Hand immer fester schnürte die Bande der Elemente, floß grollend das Feuer in dunkle Kammern, die Wasser schäumend in ihre weiten Becken; aber noch lange bebte die Erde in Zorn und Groll und fand das sichere Gleichgewicht nicht. Und es war, als ob in diesem Beben auch die Völker nicht Ruhe fänden, der Erde Zittern sie aufjagte aus ihren Sitzen; sie wirbelten auf der Erde herum wie der Wind die Welle aufjagt aus des Meeres Schoos, sie peitscht, bis sie verrinnt an ödem Strande, bis sie zerschellt an zackigtem Felsenriff.

So tobten, als eine neue Fluth, die Völker über die Erde; aber über unsere Berge schienen nur einzelne Wellen geschlagen zu haben und bald wieder Ruhe und Stille eingewohnt zu sein in des Herrn Feste. In Stille und Ruhe vom Herrn geschirmt, wuchs hinter den Bergen ein Völklein auf, der Geschichte unbekannt, bis es auf einmal heldenkräftig und zornesmuthig, einem Sohne des Himmels gleich, als ein mächtig gefürchtetes Volk gegen Rom, die Weltbeherrscherin, in des Kampfes Schranken tritt. Einem Strome ist es vergleichbar, den ein geheimnißreicher Quell geboren, in der Berge Schoos groß genährt, der aber dann als eine mächtige Fluth aus dessen durchbrochenen Seiten strömt und Schrecken verbreitend in die Ebene sich ergießt. Aber auch es widerstand der Sünde des Uebermuthes nicht, dem Verderben des Helden, welches die Kraft der Meisten brach, wenn sie am üppigsten schien, ehe die Reife des Alters sie schmückte und festigte. Das jugendliche Heldenvolk, auf seine Kraft vertrauend, verachtete des Herrn Feste, brach hervor aus der Berge Ring, suchte eine wärmere Sonne, suchte ein üppigeres Land; aber des Herrn Segen war nicht mit ihm, seinen Schirm fand es nicht; es fand Noth und Grab, fand, seinen Enkeln zu Nutz und Frommen, des Herrn Zeugniß: daß des Herrn Hand und Liebe über seiner Feste sei und über jedem, der wohnet in dieser Feste und treu sie wahret in Zucht und Furcht; daß sie aber nicht sei über dem, der muthwillig sie verläßt um einer andern Sonne, eines reichern Landes, eines üppigeren Lebens willen, nicht über dem, der im Vertrauen auf die von den Vätern ererbte Kraft vergißt, was den Vätern die Kraft gegeben. Dieses Zeugniß prägte der Herr in Blut und Graus durch fünf Jahrhunderte der Geschichte ein; denn was Menschen nicht vergessen sollen, muß tiefer als in Erz gegraben sein, in manch' auf einander folgendes Geschlecht, und schaurig und grausenvoll müssen den Enkeln vor Augen stehen die Trümmer der väterlichen Thorheit.

Es war, als ob die ausgezogenen Helvetier die Häupter ihrer Berge gebeugt hätten; denn alsobald schlugen neu aufgewühlte Völkerfluthen wieder über dieselben herein, das Land ward eine Wüste, das Volk ohne Hirt eine Heerde, die zerstreut in der Irre geht, eines jeglichen Beute!

Wie aber kein Erdbeben ewig dauert und jeder Sturm

zu Ende geht, das Athemschöpfen nothwendig wird, nach allen gewaltigen Anstrengungen im weiten Gebiete der Lebendigen, so sänftigte sich allmählig die Völkerfluth, wenn auch noch lange einzelne Wellen hoch hereinschlugen über's Land, aber sie kürzten sich immer mehr und der zerschellten folgte immer seltener eine andere.

Aber wie nach Wasserfluth, nach Erdbeben oder Bergstürzen mit Schutt und Steinen das Land bedeckt ist, war Europa übersäet mit Trümmern von Völkern, war eine zerbröckelte Welt, und bunt durch einander lag Gleiches und Ungleiches und auch das Gleiche war vom Gleichen getrennt, wie man noch jetzt auf Goldau's Grab Bergblock neben Bergblock sieht, und jeder steht für sich alleine und zwischen allen sind öde Räume und leere Klüfte.

So bleibt es durch Jahrhunderte im wüsten Felsenthale, wo der Tod wohnet, wo keine Pflanze blüht, kein Vogel nistet, das Gestein zu hart, die Lüfte zu rauh sind für des Mooses erweichende Kraft, aber so bleibt es nicht, wo Leben wohnt, so bleibt es nicht auf Goldau's Grab, wo die Pflanze blüht, der Vogel nistet; die Klüfte, zwischen Stein und Stein, alle lassen sich ebenen, so daß Leben über dem Tode zusammenwächst. So bleibt es noch viel weniger unter den Völkern, da gährt das Leben fort, auch wenn es stille scheint, während dem tiefen Athemholen, nach langer Erschöpfung.

Bald tritt das Leben wieder sichtbarlich zu Tage, es verzehrt den Tod, es scheidet vom Ungleichen sich das Ungleiche, stößt das Widerstrebende aus, und das Gleiche sucht das Gleiche und mit dem Gleichen bindet sich das Gleiche und bildet zu einem neuen eigenthümlichen Wesen, zu einer eigenen Gestaltung sich.

Die Revolutionen gebären die Organisationen, aber Mutter und Töchter haben oft so ähnliche Naturen, daß man sie fast nicht zu scheiden weiß.

Die Revolutionen tobten zuerst in der Erde; ihre Töchter sind unsere Berge, die so frei und frank zum Himmel strebten. Sie tobten unter dem Geschlechte der Menschen; ihre Töchter sind die Völker, wie sie nach und nach sich gestalteten, nach der großen Völkersluth, und zum Verwandten das Verwandte sich gesellte, das gleiche Leben Trümmer mit Trümmern band.

So bildete sich allmählig aus dem großen Trümmerhaufen die Eidgenossenschaft heraus und durch's gleiche Leben verbunden, stellte sie sich dem Betrachtenden als ein Ganzes dar, wie von Rigi's Kulm hinweg Goldau's Grab, trotz den Trümmern, immer mehr zum blühenden Thale wird; denn zwischen den Blöcken keimet Gras, an den Blöcken herauf schleicht das Moos und wie verschieden das grün gefärbte Leben in der Nähe scheinen mag, ein Leben scheint es doch. So ward auch wieder ein Leben in unserem Lande; das Ungleiche, welches sich nicht binden ließ, ward ausgestoßen, floh, und zur Feste des Herrn ward wiederum unser Land.

Das geschah in den großen Tagen der Eidgenossenschaft, die wir Alle kennen, den Tagen, in welchen der Schweizer es bewährte, daß eine Kraft in seiner Seele glüht, welche in ihrer Art nicht schwächer ist, als die Kraft, welche seine Berge gen Himmel trieb; daß die Kraft auch in seinen Adern rollt, welche in so eigenthümlicher Stärke durch alle Erzeugnisse seiner Länder strömt.

Das waren die Tage, die wie Sterne leuchten in unsere Geschichte hinein, wo der Schweizer Ehrenfestigkeit leuchtete in die treulose Zeit hinein, wie ein Gestirn in dunkle Nacht, wo ihre Heldenkraft thronte über den Schlachtfeldern, ihr Name wie ein zweischneidend Schwerdt in die Herzen der Völker fuhr. Das waren die Tage, in denen die Männer lebten, deren Namen schweizerisches Gemeingut sind, zu denen auf, wie zu Ahnenbildern, jeder Schweizer die Augen seiner Söhne richtet, deren Namen aber auch unter den hehrsten glänzen in der Weltgeschichte, am hellsten und herrlichsten aber wohl — da, wo alle Namen aufgezeichnet stehen, die Großes thaten, weil sie sich selbst vergaßen.

Es waren die Tage, wo Tell vor leerem Hut sein Haupt nicht beugen wollte, sein Kind es aber auch nicht beugte — vor des Vaters Pfeil; wo kühn und fest die Häupter standen, wo Winkelried sich selbst vergaß, seines Weibes und seiner Kinder gedenkend, sein Leben warf in den Speergrund hinein, zur Rettung der Freiheit und des Vaterlandes; wo Erlach Fürstenkraft bezwang, und trotziger Bürger Ungehorsam — durch die Macht seines Namens und die Macht seines Willens, und jegliches Mißtrauen der trotzigen Bürger und feindlichen Fürsten — durch nie getrübte Ehrenfestigkeit, weil auf seinen Namen nie ein Schimmer der schändlichen Lehre fiel, daß, um geträumten Parteivortheils willen Alles erlaubt sei; wo Adam der Camogasker mit kaltem Schwerdte des Kastellans geiles Blut kühlte und Chaldar dem Freiherrn von Fardün, dem Verhöhner seines Hausrechtes, den Uebermuth in heißem Brei erstickte; wo die Helden im Burgunderkriege ihre Schwerdter flammen ließen, daß vor deren Blitzen Kaiser und Könige bebten und der Kühnste derselben vor deren Schärfe sein stolzes Haupt senkte in ein nasses Grab. Ja, das waren die Tage, deren Andenken jeder Schweizer heilig hält, deren Andenken sein Herz erwärmt, seine Seele erhebt, in dieser kalten niedern Zeit!

So entstand in rauchendem Blute allmählig die Eidgenossenschaft; zu einem Volke wurden wieder die, welche des Herrn Feste bewohnten, wie es die Helvetier waren, aber größer, bedeutsamer in der Weltgeschichte, enger in sich selbst verbunden. Wie ein Berg in ebenem Lande erhob sie sich hellstrahlend unter den Völkern der Ebene, ward weithin gesehen, aber von niemand ohne Zorn oder ohne Ehrfurcht; und fremder Herren Knechte sah man herumkriechen an des Berges Fuß und Seiten, und herum um den Gipfel, um mit Zaubersprüchen von allerlei Sorten des Berges zornige Kraft zu

lüftigen oder zu entzünden, und das Eine oder das Andere
nach ihrer Herrn Lust und Nutzen.

Fest, breit, einem Berge gleich, erhöb sich die Schweiz,
und also stehet sie noch unter den Völkern Europa's; aber jedem Berge gleich ist sie geklüftet mannigfach durch manchen
Schlund und Grund, einzelne Zacken und Hörner streben empor, zerrissene Wände, überhängendes Gestein drohen den Ein-
sturz. Wer nur von weitem den Berg gesehen in seiner Majestät, erschrickt und bebt, wenn er in dessen Mitte kömmt, die
Zerrissenheit sieht und wie locker und schroff und scheinbar un-
verbunden Vieles durch einander liegt; er fürchtet den Ein-
sturz, er wendet sich zur Flucht. Doch unverzagt bleibet und
bebet nicht, wer die Gebirgswelt kennt; er weiß, daß andere
Gesetze walten im Gebirg als am Meeresstrande, daß ohne
Spur Jahrhunderte lang über die Fluh der Wind geht, daß
Wind und Wellen alle Tage durcheinanderwerfen den Mee-
resstrand.

Nach diesen großen Tagen kamen die stillen Tage. Wie
nach gewaltiger Hitze der Regen kömmt, nach schwerer Arbeit
der Schlaf, nach mächtigem Ausbruch des Feuerberges seine
Donner schweigen, das Feuer sich legt, die Lava steht, erstarrt,
einem Gürtel des Todes gleich, um den Berg sich legt: so
kam auch Aehnliches über die im Mittelalter so regen Völker,
so kam Aehnliches ganz besonders über unsere Eidsgenossenschaft.

Ueber sie kam es wie Erstarrung, und das starre Tod-
tenwesen ward Gewohnheit, schien Gesetz, daß wenn bloß
ein Stein zum andern rollte, männiglich über das unge-
wohnte Leben erschrak und des Berges zornigsten Ausbruch
fürchtete.

Wir nennen diese Zeit eine öde, traurige Zeit, sie
war es; wir nennen sie eine böse, verderbliche Zeit, wir
irren.

Wie der Winter nicht des Sommers Kraft verzehrt, son-

bern des Sommers Kraft bereitet, wie unter des Schnees Leichentuch zur Auferstehung die Natur sich rüstet, geheimnißvoll
und unsichtbar die junge Saat ein fröhliches Leben beginnt, und
wie die Lava ein schaurig Todtengewand ist, aber verwittert
der Schoos des üppigsten Lebens wird, so ward jener Zeit eine
ähnliche Bedeutung im Völkerleben. Das neue Leben kam
nicht wie ein Wirbelwind über die Völker; es regte sich auch
nicht in seinen äußern Verhältnissen, trieb sie daher auch nicht
aus ihren Sitzen; es regte sich in den Tiefen des Geistes; es
war ein Bewußtsein der Bande, die diesen umschlangen, der
Klüfte, die Menschen von Menschen trennten, ein Sehnen nach
einer freiern Welt, nach einer innigeren Vereinigung des Bru-
ders mit dem Bruder.

In die mittelalterlichen Gewohnheiten hinein brachen die
Strahlen der alten Sonne wieder, weckten Geister zum Leben,
brachen aber auf die seltsamste Weise sich an der nach und
nach zum Leben erwachenden Masse. Was vom Geiste aus-
ging, drang in die sichtbare Welt, ergriff um körperlicher
Dinge willen auch die, welche vom Geistigen nichts wissen,
und ein neuer Sturm kam über die Völker und in grausen-
hafter Schlacht schlug durch manch Jahrzehnt das Alte mit
dem Neuen sich. In Rauch und Dampf war die Welt gehüllt; Organisationen wechselten mit Organisationen, jede ent-
schwand unter Rauch und Staub, und jede entstand unter
Donner und Blitz; und durch Staub und Rauch drangen die
herrlichsten Strahlen des erwachten Menschengeistes. Je mehr
die Kriege die Völker zerrissen, desto näher kamen sich die
Menschen, desto besser verstanden sich die Geister, und je freier
die Geister wurden, um so stärker wurden sie, errangen sich die
lang geträumte Herrschaft über die Elemente, schmiedeten Ketten für diese und zwangen sie, als gefesselte Geister zu wun-
derbarem unterthänigem Dienste.

Der allgemeinen Regung konnten wir nicht fremd bleiben; was Europa durchzuckt, empfinden auch wir. Ein eigen-

thümlich Leben keimte auch unter uns, entfaltete seine Schwingen, einzelne Wellen von außen her schlugen über unsere Berge, und was die Wellen nicht brachten, das trugen später die Winde uns zu, die über die Berge wehen.

Die Geschichte dieser Zeit näher zu berühren, liegt außer dem Kreise dieser Schrift; wie andere litten und stritten, litt und stritt auch die Schweiz, was andere fanden, fand auch sie: aber über das Allgemeine hinaus, ward ihr vor andern eine Gabe, ein Zeichen eines eigenthümlichen Lebens und der besondern Huld des Herrn, ward ihr ein Born des reichsten Segens; und von diesem zu reden ist Zweck dieser Schrift.

In der Zeit der geistigen Aufregung, in diesen Tagen des Erfindens waren es nicht die Schweizer, deren Geiste die hellsten Funken entsprühten, die Kräfte des Dampfes ermaßen sie nicht: die Gesetze der Maschinen ersannen sie nicht: aber das Sehnen nach Vereinigung mit getrennten Brüdern glühte im reinsten Feuer in ihren Seelen, weckte das Streben, verwandte Geister zu suchen, und Klüfte und Schlünde, die zwischen Menschen liegen, zu ebnen, sie auszufüllen mit brüderlicher Liebe; und wenn auch kein Schweizer einen neuen Stern entdeckte oder des Mondes Beschaffenheit ergründete, so waren es doch Schweizer, die zuerst in trautem Vereine zu höherem Streben sich zusammenfanden. Aber was dieses Sichfinden damals war, ermisset man nimmer.

Wer hat nicht schon ein grünes Kornhälmchen gesehen, dessen Häuptlein durch den Schnee brach, dessen lieblich Grün so seltsam abstach gegen das weiße Schneefeld, dem so allein der Tod drohete in der nächsten Nacht und der rauhen Luft; und wo die weite Schneefläche war, breitet nach wenig Tagen ein großes grünes Saatfeld sich aus; und wiederum fällt so seltsam auf der wenige Schnee, der an der Sonne serbet und nach wenigen Tagen gar nicht mehr sein wird.

Auf ödem, schwarzem Lavafelde wächst ein Pflänzlein auf
14*

das erste in schwarzem Steingerölle; man möchte weinen um das arme Pflänzlein, das so lieblich steht in der schwarzen Oede. Aber wenige Jahre, so haben Menschen und Gott im wüsten Graus eine neue Welt geschaffen, und einzelne mächtige Steine nur geben Zeugniß, wie es war vor Zeiten und wie es ward durch Menschenfleiß und Gottes Macht im Laufe der Zeiten.

In wilder Felsenkluft sproßt eingeklemmt in hartes Gestein unscheinbar und dürre ein klein Gesträuch. Des Herrn Vögel oder des Herrn Winde hatten den Samenstaub hingetragen, oder es war entstanden nach des Herrn Willen und über der Menschen Verstand. Aus dem unscheinbaren Gesträuche wächst ein klein Röslein empor so wunderlieblich, so wunderzart, trotz des harten Gesteines, an dessen Brust es liegt trotz der rauhen Lüfte, die es tränken. Die Sterne kosen mit ihm, der Mond wirft seinen lieblichsten Schein auf dasselbe; aber keines Menschen Auge sah dasselbe, keines Gärtners Hand pflegte es. Und lange blieb das Röslein alleine und manch Röslein verblühte alleine. Aber die Wurzeln verwittern nicht, Jahr um Jahr — wenn die Sonne höher steiget, blüht es neu, aber nicht immer alleine. Rings um dasselbe sprossen neue Gesträuche auf, und aus den neuen Gesträuchen blühen auch neue Rösleln und nach Jahren, welche der Herr zumißt, deren Zahl er alleine kennt, ist zu einem blühenden Garten das ganze Felsbeet geworden. Röslein reiht an Röslein sich und hoch und herrlich preisen sie Den, dessen Hauch sie erschaffen, dessen Hand auch über ihnen waltete.

Einundachtzig Jahre sind es, daß eine solche Pflanze sproßte im harten Gesteine unseres Vaterlandes, in den rauhen Lüften der damaligen Zeit. Alle Jahre blühte sie, manches Jahr alleine; aber nicht immer; wo sie alleine war, ist jetzt eine Blumenwand und ihr Duft steiget auf zum Himmel.

In den begabtesten eidgenössischen Geistern, in solchen, in welchen vor allen das Walten Gottes sich offenbarte, entstand ein Sehnen nach einer Vereinigung, welche nicht abhängt vom

Gebirg oder Wasser, von längst gesetzten Gränzen oder gestrenger Herren Willen, sondern von der Stimmung der Geister, dem gleichen Wünschen und Sehnen, dem gleichen Willen und Ringen.

Das aber war ein verwegen Sehnen, vermessener als des zarten Kornhalms Beginnen, welcher der erste den Schnee durchbricht. Aber wie diesen eine unwiderstehliche Kraft, die nicht frägt nach Gefahr und Noth, zu Tage trieb: so ist auch das rechte Sehnen in des Menschen Brust eine Gewalt, welche ihre Wünsche durch alle Gefahren ins Leben setzet, durch das Eis der Zeit und ins harte Gestein hinein ihre Wurzeln schlägt.

Schüchtern und geheimnißvoll verabredeten die edelsten Eidsgenossen eine Zusammenkunft im Bade Schinznach. Ein beispielloses Unternehmen war es vor einundachtzig Jahren, daß sonder Geschäfte und Krankheit, sonder obrigkeitliche Sendung oder Erlaubniß, erleuchtete Männer in einem Bade zusammentraten. Als sie es unternahmen, schlug wohl Allen das Herz, es umwehte sie geheimnißvoll, wie die Blätter lispeln, ehe der Sturm beginnt. Sie werden geglaubt haben, es umwehe sie der obrigkeitliche Zorn; sie dachten nicht, daß es die Stimmen der Altvordern waren, die sich freuten ob ihrer Enkel Beginnen. Ein Grauen mochte sie wohl alle durchrieseln, als sie auf die geheimnißvolle Fahrt sich wagten, die nicht viel weniger war, als ein neues Sichsuchen auf Grütlis geheimnißreicher Matte. Als sie das Blümchen pflanzten, mögen wohl Ahnungen ihre Herzen geschwellt haben; aber was es werden sollte, seine Fülle, seine Bedeutung, das träumten sie doch wohl in ihren kühnsten Träumen nicht.

So quillt das Größte und Herrlichste, durch Gottes Kraft hervorgetrieben, aus den Tiefen der Seele fast bewußtlos; der Mensch ahnt, was er thut; aber weit über seinen Gesichtskreis hinaus wachsen die Folgen seiner That, und nicht selten bleibt unbedeutend und verkümmert elendiglich, was der Mensch mit

großem Pompe in die Welt stellt, als das Größte in Rechnung bringt.

Die meisten der Männer, welche diese Zusammenkunft
verabredet hatten, verbargen ihre Reise, nachdem sie vielfach ge-
wärnt worden, verließen heimlich die Mauern der Städte,
schlichen halb verkleidet geheime Wege. Die Freunde zagten,
die Weiber weinten, auf die Stirnen der schlafenden Kinder
fiel eine heimliche Thräne des Vaters, welche weder Freund
noch Feind sehen sollte; der Abschied wurde genommen, fast
wie auf Leben und Tod, fast wie Zwingli ihn nahm, als er
ritt nach Kappels verhängnißvollem Grunde. Aber verschieden
sind des Herrn Wege und unerforschlich seine Rathschläge; hier
führt er zum Tode, dort zum Leben, und es weiß es der Eine
nicht, und es weiß es der Andere nicht.

Es ist schon geschehen, daß da, wo man vor Zeiten steile
Wände sich senken sah in finstern Abgrund, wo man kühne
Kletterer klimmen sah über dem Abgrunde, ihres Todes jeden
Augenblick gewärtig, man jetzt breite Heerstraßen sich ziehen
sieht in bequemer Beugung, kühne Brücken sieht in mächtiger
Wölbung, und eine sorglose frohe Menge, welche hinüber und
herüber wandelt in mannigfachstem Verkehr.

Gerade solche Kletterer waren die, welche im Jahr **1761**
unter Bangen und Sorgen nach dem Bade Schinznach sich
stahlen, Schinznach zu einem neuen Grütli weihten. Was auf
dem Grütli am Vierwaldstättersee vorberathen ward, das setzten am nächsten Neujahrsmorgen die Rather ins Werk; was
im Grütli an der Aare Strand gepflanzt wurde, das brauchte
ein Jahrhundert, um zu keimen und zu reifen.

„Helvetische Gesellschaft“ nannte sich dieser Verein. Sie
blieb lange das einsame Blümlein im Gebirge und blühte in
Demuth fort; sie wurzelte alle Jahre fester trotz rauhen Lüften
und hartem Gesteine, und weit umher erquickte sie mit dem
Hauche kräftigen Lebens die Seelen, aber unbemerkt, sich selbst
fast unbewußt.

Der Tag des Zusammentrittes der Gesellschaft war der Wonnetag der Männer, die sie bildeten. Jeder sog sich die Brust voll Schweizersinn, voll Begeisterung für Vaterland und Menschenwohl, trug den gewonnenen Sinn heim hinter seine Berge, in seine Thäler, strömte ihn dort befruchtend aus im Kreise seines Wirkens. Wenn sie so einzeln kamen aus dumpfen Städten, abgelegenen Thälern, einsamen Berghalden, wo jeder sein besseres Leben kaum zu fristen, den Muth nach etwas Besserem zu streben kaum zu erhalten vermochte, und nach und nach groß ward der Ring der Männer, und jedem einzelnen es ging wie dem ganzen Verein, jeder ein hartes Ringen hatte mit der schweren Zeit, und doch alle bewahrten den heiligen Glauben an die höhere Bestimmung des Menschen und an den Willen des Herrn, daß es besser werde im Vaterlande, und in Allen der Muth feurig loderte, dem Herrn in Treue zu dienen, zum heiligenden Werke beizutragen, jeder an seinem Orte und nach seiner Kraft; so ward jeder wieder zuversichtlich in seinem Geiste, und stärkte den Glauben an die bessere Zukunft des Vaterlandes. Er wußte nun, daß sein Thun kein vereinzeltes sei, daß sein Wille, sein Sehnen noch in hundert Herzen glühe, daß wenn es auch nur Sandkorn um Sandkorn bringe zum großen Werke, hundert und hundert Hände ebenfalls Sandkörner brächten, daß was jeder an seinem Orte schaffe, zusammenwachsen und sich wölben werde zu einem neuen Himmel überm Vaterlande.

Wohl weiß der, welcher die ewigen Wahrheiten in's Leben führen will, daß sein Helfer im Himmel nicht schläft und den guten Willen anerkennt, seinem Streben ein Gedeihen giebt, früher oder später. Aber wenn er so einsam sich fühlet auf Erden, niemand freundlich diesen Willen anerkennt, noch weniger ihn theilt, dann faßt so gerne Muthlosigkeit den armen Sterblichen; er wird irre an Gott und sich selbsten fährt dahin mit dem Strome.

Den vereinzelten Männern tagete es, als sie sich in

Schinznach zusammen sahen. Neu belebt, einer bereichert durch den andern, kehrten sie heim, legten die gewonnenen Schätze an, ein jeder an seinem Orte, und was sie schafften und wirkten, vermag nur der auszusprechen, der dem Thau des Himmels nachzurechnen weiß, die Leben, die er enthält, die Labungen, die er spendet, die Kräfte, die er erweckt.

Dieser segensreiche Verein, einst unsers Landes köstlichster Edelstein, emporgetragen aus den reichen Schachten des schweizerischen Gemüthes, an Werth durch die glänzendsten Erfindungen des menschlichen Geistes nicht übertroffen, war unter allen Vereinen der Erste. Lange blieb er es, bis sein Vorbild noch andere erweckte, nicht in der Schweiz nur, sondern auch in Europa.

Wo in einem Zweige der Wissenschaft, oder in einer Richtung des Lebens frischer Athem wehte, da traten eidgenössische Männer zusammen, theilten brüderlich sich mit, was jeder erfahren oder ersonnen. Sie fühlten, wie in der Einheit unbezwingliche Kraft liegt, sie legten die Probe ab, daß je tüchtiger Einer für sich ist, er um so mehr die Vereinigung mit Andern sucht und in der Einheit seine Kraft gesteigert findet. Sie gewannen Alle an Wissen, an Einsicht; die Vereine mochten eine Richtung haben, welche sie wollten, so brachten doch alle einen Gewinn, und der war der größte: sie brachten die Ueberzeugung, daß überall zu Berg und Thal wackere Männer wohnen, sie brachten den Glauben der Schweizer an den Schweizer, sie brachten das Ahnen eines Schweizerlandes, in welchem alle innern Schranken gefallen, alle Klüfte ausgefüllt, alle Zacken verschwunden, weil über allen irdischen Spalten die Geister sich gefunden.

Diese Vereine zogen ihre Kreise vorzugsweise unter den Männern, welche einen Zweig der Wissenschaft oder der Kunst mit Liebe pflegten (diese Vereine wurden hauptsächlich im übrigen Europa nachgeahmt), oder aber unter denen, welchen das Volk der Gegenstand ihrer reinsten Liebe war, die Förderung seines Wohles das Ziel ihres Strebens. Die Männer aus beiden Klassen fanden sich zumeist unter den gebildeten, vorzugsweise unter den mittlern Ständen. Es giebt eine Klasse überall und auch bei uns, die aus dem Volke herausgewachsen ist, sich daher nicht mehr zum Volke rechnet, wo ein verschrobener Sinn eine Kluft zwischen ihr und dem Volke gegraben, so daß das Wohl des Volkes ganz außer ihrem Gefühlskreise liegt, das Volk ihr nur erscheint, bald wie ein Brodkorb und bald wie ein Fußschemel. Es giebt einen engen Sinn, der nur nach Kronen und Batzen zu rechnen weiß, nur die Scholle kennt, welche die Hand bearbeitet.

Hieher drang der Sinn der Vereine nicht, in der zu hohen und der zu niedren Brust weckte der neue Hauch kein neues Leben.

Noch aber lag eine große Masse in Schlummer und harrte des Hauches, der sie in's Leben rief; in den Seelen ruhte der ächte Schweizersinn, aber die besondere Richtung, in welcher die vorhandenen Vereine sich bewegten, berührte sie nicht.

Die Gegenstände, mit welchen sich dieselben befaßten, lagen den meisten zu hoch oder zu ferne, außer dem Bereiche ihrer Kräfte, banden also nur die zusammen, welche in der gegebenen beschränkten Richtung sich bewegten, waren aber nicht ein Bindungsmittel für die Masse, für die Nation; auf die Nation träufelte ihr Segen; die Mehrzahl aber wußte nicht, woher dieser Segen kam, so wenig, als sie weiß, woher und auf welche Weise der Thau auf die Pflanzen kömmt.

So waren die Vereine wohl National-Eigenthum, aber national waren sie nicht, d. h. die Nation genoß ihre Frucht, aber ihren Werth kannte sie nicht. Das geschieht wohl oft, daß der eigentliche Nationalschatz mitten in der Nation vorhanden liegt, ja vor ihren Augen liegt; aber ihre Augen sehen ihn nicht, sie sind gehalten, bis Gottes Finger sie berührt, bis er den Schlüssel zu der Kammer, die ihn birgt, der Nation in die Hände legt.

Da fand der Zufall, der Instinkt, ein glücklicher Einfall zu guter Stunde, so pflegen nämlich die Menschen zu nennen, was Gott an uns thut, das wahre, das einzige Bindungsmittel, um welches die Nation sich sammeln konnte, zum großen Vereine, welcher die Masse umschlang, die keiner besondern geistigen oder künstlerischen Richtung sich hingab, aber doch den ächten Schweizersinn schlummernd trug in ihrer Brust, sich sammeln konnte zu einer Einheit, trotz Flüssen und Gebirgen, sich sammeln konnte in dem Bewußtsein, daß sie alle Söhne eines Vaters, Kinder einer Mutter sein, trotz der verschiedenen Redeweisen, trotz der verschiedenen Beinamen, sammeln konnte um die Ueberzeugung, daß überall, so weit schweizerische Marchen gehen, schweizerische Männer seien, ihres Namens würdige Träger, Segen spendend im Frieden in stiller Demuth, todesmuthig im Kriege in alter Heldentapferkeit.

Was konnte aber dieses Bindungsmittel anders sein, als die Nationalwaffe, als der Stutzer?

Noch ist dem Schweizer die Freiheit sein höchstes irdisches Gut, noch lebt in ihm der Sinn, es zu wahren, und die Kraft dazu, und darum liebt er auch und ehret, was sie ihm soll wahren helfen, was seiner Kraft zur Hand sein muß; er liebt seine Waffe. Diese Waffe ist ihm jetzt das schwere Feuerrohr, zu welchem ein klares Auge, eine sichere Hand gehören, beide des Schweizers angebornes Eigenthum. In dieser Waffe liegt zugleich etwas Geheimnißreiches, Wunderbares, welches zu jeder Zeit seine besondere Gewalt üben wird über der Menschen Gemüther; ein fernes Ziel zu treffen, den Tod in die Weite zu senden mit sicherer Hand, daß das erzielte Opfer fällt, wie vom Blitz aus Gottes Hand getroffen, unerwartet und ohne Abwehr, hat etwas Götterhaftes. Darum ergreift auch das Wunderbare dieser Kunst fast jedes Knaben Herz mit unwiderstehlicher Gewalt: darum fesselt auch in Ehrfurcht unsern Blick, wer dieser Kunst Meister ist.

In hohen Ehren stand diese Kunst schon im Alterthum,

ein Vorrecht der Götter war es, zu treffen mit immer sicherer Hand. Jupiter schleuderte seine Blitze; die Götter und Göttinnen schossen ihre Pfeile ab und fehlten ihre Opfer nicht.

Gepflegt wurde die Kunst, besonders vom deutschen Stamme; ausgezeichnet in derselben blieben seit Tell's Zeiten die Schweizer, die Tellenhand, das Tellenauge vererbten sich.

Es wechselte das Geschoß, aus der Armbrust ward der Stutzer; es blieb die Lust und die Kunst, es wechselte das Ziel: bald war es die flüchtige Gemse, bald der Scheibe Mittelpunkt, allenthalben bewährte sich die gleiche Fertigkeit.

Arme und Reiche zu Stadt und Land wetteiferten in dieser Kunst, denn bei uns dämmte oberkeitliche Furcht sie nicht in einer Gilde enge Schranken. Den Werth dieser freien Kunst erkannte und erprobte man an Unterwaldens Gestaden, am Rothenthurm, zu Neuenegg, in Zürich's Rebbergen und vor allem an der Aare Strand, als wenige Schützen ein ganzes Heer von des Stromes Ufern trieb.

Auch ist sie keine Kunst, die einsam, verborgen getrieben werden kann. Der Schütze kann sich nicht einschließen wie der Alchimist, der in verborgener Werkstatt den Stein der Weisen sucht, wie der Mathematiker, der an die Quadratur des Zirkels den gesunden Verstand setzt. Die Schützenkunst ist eine freie, frohe, eine gesellige Kunst, sie treibt einen Schützen zu dem andern, nicht um einer dem andern etwas abzulernen, sondern um einer mit dem andern zu wetteifern; denn da steht jeder für sich, und auf des Mannes selbsteigenem Geschick, das nicht vom andern zu erlernen ist, ruht eines Jeden Kunst.

Darum erloschen unter uns die Schützenkünste nicht. Die Schützen fanden sich auch sonder Schützenhaus und Schützengesetze, öffentliche Schützenfeste (Schießeten) wurden ausgeschrieben fast an jedem Orte und zu jeder Zeit. Mancher alte Mann, wenn er eine glückliche Stunde haben will, schließt seinen Schrank auf, holt die bunten Säckelein hervor, durch welche schimmert das blanke Gold, legt daneben die silbernen Gaben, die gewonnenen Waffen, nimmt eins nach dem andern zur Hand, legt eins nach dem andern wieder hin, schaut träumend auf sie nieder. An seinem Auge ziehen vorüber die Tage seiner Jugend, seiner Kraft, seiner Liebe, im feuchten Glanze seines Auges schwimmt seine ganze Vergangenheit. Und immer dunkler wird sein Auge, er muß es abwenden, er hat in seinen Lebenslauf gesehen, wie ein Anderer in die untergehende Sonne; noch ist das Auge geblendet, aber bald wird es dunkel, finster; denn am Rande des Thores steht die Sonne, und hinter dem Thore ist das Grab. Die Pforte aber, die aus dem Grabe führt, sieht keines Sterblichen Auge, daß aber eine sei, zeuget an jedem Morgen die aufsteigende Sonne.

Darum aber war die Waffe tausend Herzen lieb, die Schützenkunst geehrt durch's ganze Volk, bei Reich und Arm, zu Stadt und Land, und der Stutzer die bedeutungsvollste Zierde eines Schweizerhauses. Wo man einen Stutzer hängen sah an der Wand, da wohnte auch ein Schweizer, das wußte man.

Der Gedanke, einen schweizerischen Schützenverein zu stiften, einen Schützenbund, gehört daher unter die Gedanken, von denen der Mensch nicht weiß, woher sie kommen, noch viel weniger, wohin sie führen. Der, welcher zuerst ihn aussprach, wußte sicher wohl, was er sagte, aber das Bäumlein, welches er pflanzte, kannte er kaum.

Aber auch nur in eine Schweizerseele konnte dieser Gedanke kommen und nur in schweizerischem Boden Wurzel fassen. Wer in einer Monarchie geboren wurde, dem lag der Gedanke eines Vereines, welcher das ganze Volk umfaßte und bewaffnete, außerhalb seiner Gedankenreihe, er lag ihm im Gebiete des Wahnsinns.

In keinem Lande hätte man harmlos den Gedanken aufgefaßt und Wurzel schlagen lassen, das Volk bewaffnet zu

versammeln, ohne Führer und nur in der Ordnung, welche
es sich selbsten gab. Kaum hätte in einer Monarchie das
Gefühl für Ordnung und Anstand die Masse so durchdrungen,
daß sie frei und froh, unbewacht und unbezwungen, in den
Schranken des Gesetzes sich bewegt hätte, während die Macht
in ihren Händen lag, der Wein in Strömen floß. Wie wäre
es erst in Amerika gegangen, wo die Repräsentanten des Volks
sich wie Buben am Boden wälzen oder wie Spitzbuben auf
einander schießen!

In jedem andern Lande wäre ein solcher Verein entweder
unterdrückt worden, oder er hätte sich selbst zerstört.

Bei uns aber schlug dieser Gedanke Wurzel und wuchs
herrlich auf, doch nicht rasch und auf einmal. Im Schweizerlande ist der üppige Boden nicht, der über Nacht Pflanzen
treibet, unter deren Schatten am folgenden Tage Menschen
ruhen können; wir haben ein steinern Land, und was wurzelt,
wurzelt langsam. Aber sind die Wurzeln einmal getrieben
in's harte Gestein, dann werfen Sturmwinde den Baum nicht
um, dann splittern die Aexte, welche an die Wurzel wollen.

Mehr als zwanzig Jahre sind verflossen, seit der Verein
begonnen, die großen Nationalschießeten, die Schützenfeste
ihren Anfang genommen; aber erst jetzt durchdringt die Theilnahme das Volk, umfaßt in immer weitern Kreisen die
Schweizer allzumal mit magnetischer Kraft, einem lebendigen
Mittelpunkte gleich, zieht die Nation trotz Klüften und Gründen, trotz Hörnern und Zacken, trotz Cantonsnamen und Vorurtheilen an, und gründet durch Erweckung des ächten Schweizersinnes die wahre Einheit, welche über allen Formen und Ge-
walten steht, in Friede und Noth die gleiche ist, nicht untergeht, mögen Gränzen sich ändern oder Verfassungen. Ja,
diese magnetische Kraft reicht nicht bloß bis an des Landes
Gränzen, sie geht weit über die Gränzen nach Süd und Nord,
in heiße und kalte Länder, geht über weite Meere hin, geht
so weit als Schweizer wanderten, weckt in der fernsten Ferne

das Sehnen der Söhne des Landes nach der Mutter, fesselt also die entfernten Söhne neu an's alte Vaterland, und aus allen Gegenden der Welt und über die breiten Meere her kommen Pfänder der Liebe und Treue und bringen Kunde, daß die Kinder die Mutter nicht vergessen, die Mutter auf ihrer Kinder Treue zählen könne zu jeglicher Stunde.

Anfangs zogen die Schützenfeste nur die Schützen an, und außer den Schützen höchstens die, welche gern einen lustigen Tag mitmachten, wo nur die Gelegenheit sich bot, und wer unter diesen letztern einen bekannten Namen hatte, verbarg ihn, wenn er konnte.

Nicht unbedeutend waren schon anfangs die Preise; aber sie kamen zumeist aus der Schützen eigenen Säcken: die wenigen Ehrengaben kamen von den Behörden des Ortes und des Staates, in welchen der Schießet abgehalten wurde, und waren oft nur die Früchte mühseliger Berathungen. Jetzt strömen an die Feste Männer und Frauen aus allen Gauen, Ehrengaben aus allen Cantonen, aus allen Ländern, in denen Schweizer wohnen. Zur Ehre des Festes sein Scherflein beizutragen, öffnet sich so manche Hand, welche nie den Stutzer getragen. Des Festes Herrlichkeit zu sehen, zieht so manchen Mann nicht nur, sondern auch so manches Weib, die nichts wissen von Schützenbrauch und Sitte. Dem Feste ein Wort zu weihen, Zeugniß zu geben von dem, was im Herzen brennt, treibt so manchen Mann auf die Rednerbühne, dessen Name einen guten Klang hat im Vaterlande, der weder ein Schütze ist noch die eigene Rede nöthig hat zu eigener Verherrlichung. Aber des Tages begeistertes Wehen öffnet den lebendigen Quell in seiner Seele, und aus derselben strömt über die Tausende durch seine Rede ein begeisternder Hauch.

Und warum sollten nicht so viele Tausende dieses Festes Herrlichkeit zu sehen trachten, und wem das Trachten gelingt, glücklich gepriesen werden? Wird das, was hier zu sehen ist,

anderswo geschaut im Schweizerlande, anderswo in der weiten
Welt?

Hier sieht man flattern alle Fahnen unter einer Fahne,
sieht über allen Schweizern den gleichen Geist, den Geist des
Festes, den Geist des Vaterlandes, und dieser bringt über alle
eine Einheit, die man so sehnlich wünscht und nirgends sieht,
so sehnlich sucht und nirgends findet.

Man sieht keine Klüfte mehr, welche die verschiedenen Meinungen ziehen zwischen den Menschen. Man sieht nicht Schwarze,
nicht Weiße, nicht Rothe, nicht Städter, nicht Länder, nicht
Zürcher, nicht Berner, man sieht Schweizer, von einer Freude
erfaßt, von einem Gefühl gehoben und getragen, und dieses
Gefühl ist das Nationalgefühl. Was sonst in des Herzens
tief unterstem Grunde schlummert, jetzt kömmt es zu Tage
hell und klar: es ist der Brudersinn, der im Volke ruht, wenn
auch die Leiter uneins sind, es ist die Freude des Schweizers
am Schweizer, der Glaube des Schweizers an den Schweizer,
wenn auch Bitterkeit und Groll durch die Wipfel der Spitzen
rauschen; es ist die Gewißheit, daß das Volk in Liebe und
Treue, seinem innersten Wesen nach — über allen Parteien
steht, daß die Zeugnisse, welche man dagegen anführen will,
die Organe der öffentlichen Meinung, wie sie sich selbst zu
nennen belieben, die Zeitungen voll Streitigkeit und Schmähung
nichts sind als Abzugsgräben, durch welche das Unreine fließt
vom Reinen weg, so daß, je häßlicher der Koth ist, den sie
wälzen, um so reiner der Acker wird, aus dem sie fließen.

Hier sieht man ein wahrhaft mannhaft Volk, jedes Glied
desselben in sich das Bewußtsein tragend, daß in seiner Hand
die Sicherheit seines Vaterlandes liege, in seiner Hand dessen
Ehre. Daher die Ehrenfestigkeit eines Jeden, der Anstand,
mit welchem die Massen durch einander strömen, die Mäßig-
keit mitten im Jubel, die Sicherheit ohne Polizei und Staats-
gewalt. Man sieht, was bei uns (allenthalben, z. B. in Amerika, wäre es nicht so) aus dem Menschen wird, wenn man

ihn als ehrenwerth ehrt; wie der Niedrigste gehoben wird,
wenn man in ihm den Menschen achtet, ihm Kreise öffnet, deren Rechte er nicht hatte, deren Pflichten er daher auch nicht
kannte. Wer an einem solchen Schützenfeste als ein Mann
einhergeht, der sich zu meistern weiß; von dem darf man auch
hoffen, daß er als ein Mann stehen werde in der Schlacht,
daß er ein Mann in seinem Hause sein werde, der sich selbsten
ehrt, wie er von Andern geehret ward.

Man sieht, was man sonst nirgends sieht, als theilweise
in unsern Verfassungen auf dem Papiere, hier veranschaulicht
im Leben. Man sieht den Reichsten wie den Aermsten, das
Standeshaupt und den Hirten Theil nehmen an einer Sache
mit dem gleichen Rechte, der gleichen Freude, der gleichen Einig-
keit; mit dem gleichen Rechte stehen sie im Schießstande, mit
dem gleichen Rechte sitzen sie hinter der Flasche am Tisch; wie
mit Seinesgleichen geht der Schütze mit dem Lader um, aus
einem Glase trinken sie, aus einem Stutzer schießen sie. Es
wird Einem, als sei man an einem altschweizerischen Freuden-
tag, wo in ächter Brüderlichkeit die zusammen sich freuen, die
eingeschmolzen haben in heißer Schlachtenglut alle Unterschiede,
und einer dem andern sich bewährt als Freund und Retter.

Dieses Schauen geht über jedes andere, es gewährt nicht
nur eine Nationalfreude, sondern eine allgemeine, eine rein
menschliche. Hier kann man sehen, wie ein Volk ein Herz
und eine Seele wird, auf welchem Felde es eins werden kann
und einer dem andern gleich, und zwar ohne chartistische Greuel,
ohne kommunistische Träume.

Das Fest, welches wir hier vor Augen hatten, ist das Solothurner Schützenfest im Jahr 1840.

Dort war es, wo so manches Schweizerherz aufjauchzte
in lauter Freude, so Mancher von einer Erhebung sich erfaßt
fühlte, die er nicht gekannt. Auch unter grauen Haaren füllte
sich manches Auge mit Thränen, und es dankte Gott, der
solche Tage heraufgeführt, die man nicht zu schauen gehofft

hatte auf Erden, die man nicht gehofft hatte in einer Zeit, welche so sturmbewegt war, in welcher die Herzen so zerklüftet schienen.

Aber wie Gott — und Gott ist es ja doch, der jeden Tag heraufbringt mit allem, was darinnen ist — Todte auferwecken kann, so kann er auch mitten unter Schutt und Graus hervor die schönsten Blumen ziehen, kann auftauchen lassen mitten im Weltengebrause eine liebliche Insel, kann sie schützen mit Felsenriffen, kann sie schmücken mit Herrlichkeiten aus seiner Hand. Aber nicht nur dankte der Greis dem, dessen Huld die Tage ihm noch heraufgeführt in sein Leben, sondern er gedachte auch der Gründer des ersten Vereines, die vor einundachtzig Jahren zu demselben zogen in dunkler Nacht auf verborgenen Wegen mit bebenden Herzen, während zu Hause die Weiber weinten, die Freunde zagten.

Und sie schlichen zu keiner Verschwörung, nicht ein tollkühnes Unternehmen zog sie zusammen, es war nur ein stilles Weh, ein Sehnen nach Trost, nach Hoffnung, daß das Schaffen an einer bessern Welt keine Thorheit sei.

Wenn der Herr, so dachte der Greis, ihnen allen öffnete die Feste des Himmels, in allen ihren Beziehungen zu schauen die Herrlichkeit dieser Tage, wie müßten ihre Herzen in seliger Wonne schlagen, wenn sie die Ernte erblickten, die aus ihren treu gepflegten Saaten emporwachsen und reifen wird; wie würde es ihnen ums Herz werden, wenn sie sehen könnten, wie mit dem Stutzer bewaffnet, unter Kanonendonner und Trompetenklang die Tausende, in stets wachsender Zahl zum freien Feste ziehen, wie brüderliche Grüße die Brüder ab den Bergen und aus allen Thälern bewillkommnen, wie die freie Rede sich ergießt nach Herzenslust über alles, was eines Schweizers Brust bewegen kann, und wie die Standeshäupter dabei weder zürnen noch beben, sondern mit dem Volke sich brüderlich einen! Wenn sie in den Tausenden erkennen würden den gleichen Sinn, der die ersten Stifter in Schinznach zusammentrieb in Gefahr und Angst, einen Sinn, der seit ihrer Zeit zu einem Gemeingut geworden, das in mannigfacher Form hervortritt, aber in jeder Gestaltung anerkannt, geehrt wird als die Blüthe des Vaterlandes, als die Frucht einer bessern Zeit: wenn sie dieses erkennen könnten, müßte diese Erkenntniß nicht der schönste Schmuck ihrer Krone werden?

Als der Greis dieses dachte, dachte er an den Wandel der Zeit, und was in derselben dem Herrn möglich sei, wie, was er vor achtzig Jahren für unmöglich gehalten, eine Thorheit gescholten worden, jetzt frei und frank, wie von selbst in nie gesehener heimischer Pracht vor seinen Augen stehe; da drang sein Blick sich noch in die fernere Zukunft hinein, jetzt ihm wohl noch ein etwas dunkles Land, welches ihm aber bald die Sonne, welche über der Ewigkeit steht, erleuchten wird. Er gedachte, daß nach den vergangenen achtzig Jahren achtzig neue kommen werden, in welchen des Herrn Kraft und Liebe eben so mächtig sein werden, als in den vergangenen. Er gedachte, wie in diesen neuen Jahren die wohlgepflegten Bäume sich gestalten, und welches Wachsthum gewinnen werde der Baum gesammter Eidsgenossenschaft, so wunderbar behütet in den vergangenen Jahren; daß er in den Schützenfesten jetzt schon ausgewachsen sei, die volle Fülle gewonnen hätte, das konnte er nicht glauben. Was er zu Solothurn ahute, das ward ihm zur unwandelbarern Ueberzeugung, als die Theilnahme am Schützenfest zu Chur nicht bloß inniger ward durchs ganze Schweizerland, als sie je noch gewesen, sondern auch in immer weitern Kreisen ihre Kraft äußerte, und Pfänder und Zeichen dieser Theilnahme aus allen Weltgegenden herbeiströmten, so daß die Ehrengaben eine nie erlebte Höhe erreichten. Die volle Pracht des Baumes auf Erden zu schauen, ist dem Greisen freilich nicht vergönnt, und die volle Zukunft durchschaut er nicht, über ihr steht ihm die Sonne der Ewigkeit noch nicht unumwölkt; aber er ahnet sie, er ahnet sie um so heller und klarer, je deutlicher des Schützenfestes, des Schützenbundes Bedeutung und Verbindung sich ihm vor die Augen stellt. Daß diese Bedeutung und Verbindung zum allgemeinen Bewußtsein gebracht werde, schien ihm nothwendig; denn von diesem Bewußtsein hängt die Herrlichkeit des eidgenössischen Baumes ab, wie er sie sah in seinem Geiste.

Was er erkannte, was er im Geiste sah, das soll ausgesprochen werden; aus ödem Träumen wächst keine schweizerische Frucht; soll ausgesprochen werden, sonder Kümmern über das Deuteln der Menschen; was aus einem Schweizerherzen kömmt, wird doch wohl noch zu Schützenherzen dringen sonder Deuteln.

Der Schützenverein ist entstanden auf dem Boden des schweizerischen Gemüthes, welches nach der Einheit sich sehnt; das Schützenfest ist ein Sinnbild nationaler Einheit nicht nur, sondern auch der brüderlichen Gleichheit. Was es jedem Schützen insbesondere, was es der Nation noch werden sollte damit immer reicher die Fülle seines Segens über unserm Lande werde, dieses trat auf folgende Weise vor die in des Festes Freudigkeit gebadeten Augen des Greisen.

Darum, welches Auge kein solches Bad empfangen, wer die Dinge mit dürrem Verstande zu werthen und ihren Werth in Zahlen zu berechnen gewohnt ist, der sieht die Preise, rechnet die Kosten, bringt die versäumte Zeit in Anschlag, die Unwahrscheinlichkeit des Gewinnens, bringt auf diese Weise einen Nationalverlust heraus und erschrickt, wenn derselbe von Fest zu Fest größer werden sollte, wünscht, hofft deshalb ein gleichsam Zurückwachsen des Festes in seine ursprünglichen Schranken.

Wie diese Augen das Ganze, so fassen andere die einzelnen Theilnehmer ins Auge, eines Jeden besondere Verhältnisse, erkennen solche, denen Arbeiten nothwendiger wäre als Schießen, die ihren Kredit festigen sollten zu Hause, statt zu zielen nach so selten getroffenen Zwecken, stellen sich so manchen gestörten Hausfrieden vor, so manches weinende Weib, verwahrloste Kinder, ein bitteres Darben daheim, während überflüssigem

15*

Schwelgen der Väter am Feste. Auch die, welche so sehen und rechnen, werden einen verdammenden Schluß am Ende ihrer Rechnung finden.

Das, was diese sehen, wollen wir nicht in Abrede stellen, gegen die Richtigkeit ihrer Rechnungen nicht Einsprache machen; aber wie es viele Seiten giebt im Menschenleben, so giebt es auch verschiedene Rechnungen, und wie in jedem Gemüthe die Dinge einen andern Werth haben, so giebt es auch verschiedene Schlüsse in den Rechnungen.

Allerdings ist auf Erden nichts rein; das Edelste wird mit Schwäche gemischt, das Reinste mit Sünde, das Höchste mit dem Niedrigsten. Allerdings mag manches Weib weinen, wenn mit allem Gelde der Mann zum Feste zieht, mit Schulden wiederkehrt; allerdings mögen Kinder weinend nach dem Vater fragen, wenn der Hunger sie plagt und das Brod fehlt; allerdings mag des Hauses Friede fliehen, wenn ohne Preis in stiller Bitterkeit der Vater wiederkehrt und in der Unzufriedenheit mit sich selbsten mit niemand anderm zufrieden ist, den Groll über sich selbst an Andern ausläßt, zur Arbeit den Muth nicht hat; allerdings mag eine tiefe Kluft die Herzen dauernd scheiden, wenn in Unzufriedenheit die Eheleute geschieden sind, der Mann einen bessern Sinn heim bringt, das Weib denselben nicht aufnimmt, so daß desselben Groll einem Pfeile gleich in Gift getaucht zurück in des Mannes Seele fährt. Allerdings mag eine ungeheure Summe aufgehen und was mit ihr hätte vollbracht werden können, wenn man sie zusammengethan, hätte etwas Großartiges zu leisten vermocht, welches alle Menschen mit den Augen sehen, mit den Händen hätten fassen können.

Das alles geben wir gerne zu. Möchten weinen mit dem armen, verlassenen Weibe, den hungernden armen Kindern, weinen um den gestörten Frieden, welcher jedes Hauses köstlichster Hausrath ist; wir geben zu, daß dieses des Festes düstere Seite ist, und daß des Geldes viel gebraucht wird,

und daß das Geld heut zu Tage keiner Familienhaushaltung
mangeln darf: aber daß das Geld alles werth, daß es das
Höchste sei, das glauben wir nicht, da gehen unsere Rechnungen auseinander. Wir glauben namentlich in unserm Schweizerlande sollte etwas theurer und werther sein, als das Geld.
Zudem ist es nicht das Geld, womit wir unsere Freiheit wahren, den Himmel gewinnen, sondern mit dem, was ich meine.
Drum, wenn wir es mit unsrer ganzen Habe erkaufen könnten,
so hätten wir einen guten Kauf gethan, und nicht nur zum
Heile des Vaterlandes, sondern auch Weib und Kindern zu
Nutz und Frommen, zu Nutz und Frommen ihres Leibes und
ihrer Seele; sie würden nicht mehr weinen, weder aus leib-
licher noch aus geistiger Noth, welche vom schlechten Vater
kömmt.

Wo aber sollte dieses Eine der Schweizer eher finden und
heim kramen können, als im Ländchen da hinter den Bergen,
wo das Eine duftet und wohnet, als da, wo das Land der
Treue und des besten Kramens ist? Keinem Sohne eines andern Cantones steht der Bündner an Tapferkeit nach, von der
Römer Zeiten weg bis zu den Franzosenzeiten hat er sie im
Kriege bewährt; er hat sie aber auch im Frieden erprobt bis
auf diesen Tag. Wer streitet wohl so tapfer mit dem Leben,
als des rauhen Graubündens rauher Sohn? Er legt nicht
die Hände in den Schoos und erwartet das Manna vom Himmel; er streitet mit wilder Erde, wilden Wassern, wilder Luft
und gewinnt ihnen den spärlichen Unterhalt ab. Und wer
seine Kraft an dieser wilden Dreiheit erprobt hat, zieht in die
weite Welt, ringt dort mit der menschlichen Thorheit und gewinnt ihr ab mit unermüdlichem Fleiße des Geldes die Fülle.
Aber er erringt es nicht um seinetwillen und verbraucht es
nicht wieder in eigener Thorheit; es vergißt der Bündner seines Landes nimmer, er ringt und kämpft im Schweiße seines
Angesichtes Jahre lang, um seines Landes willen, und was er
erworben, bringt er heim in's nie vergessene Vaterland, der

Biene gleich, die ihre süßen Schätze zurückträgt in den Korb, dem sie entflogen ist. Und wie mancher Sohn anderer Berge hat es in fremden Landen erfahren, daß der Bündner nicht bloß seine Berge kennt, sondern daß ihm theuer sind alle Schweizerberge und deren Söhne, daß er die Treue des Schweizers am Schweizer kennt; denn wie mancher fand in der Noth einen Bündner und seine Noth hatte ein Ende!

Darum ist das Fest gerade am rechten Orte, von woher jeder heimkramen kann den rechten Schweizersinn, in welchem unsere Einheit liegt und unsere Kraft, in welchem die Gewalt und die Majestät liegt, welche uns souverän gemacht hat und einzig uns souverän erhält. Man täusche sich aber nicht über unsern Sinn und meine, wir glauben, der Schweizer Kraft sei bloß eine blutige, Raum zur Tapferkeit gewähre nur das Schlachtfeld; ihre Treue erprobe sich nur im Heldentode. Alles was auf Erden reift, muß gepflanzet sein vorerst und wachsen der Reife entgegen; vollendet, wie vom Himmel herab, springt nichts zu Tage: so entstand im elterlichen Hause jegliche Bürgertugend, und wären die alten Schweizer nicht so treu im Vater= und Mutterhause gewesen, so groß in ihren blutigen Schlachten wären sie nicht geworden.

Tell ist der Vater der Schützen, Tells Söhne nennen sie sich, zum Vorbild nehmen sie ihn. Darum Schützen, vergesset Eines nicht: Tell hätte seinen Schuß, der als der erste gilt, so lange geschossen wird, nie gethan, wenn er nicht ein Tellenkind, einen Buben gehabt hätte, seiner würdig, der den Glauben zu ihm hatte, dem Glauben an Gott gleich, daß des Vaters Hand sein Kind nimmer verletzen werde. Dieser Glaube ist größer noch als der Schuß, ehret höher Vater und Kind; aber im Winde kömmt dieser Glaube nicht, gepflanzet muß er sein und gepflegt, je einen Tag um den andern vom ersten Bewußtsein des Kindes an.

Du Schütze! hast du keinen muntern Buben daheim, einen kühnen und trotzigen, einen lieben und treuen? Hast du so

einen, was meinst du, hat er Glauben an dich, kannst du ihn
auch stellen, wohin du willst, wie Tell seinen Buben stellte,
und stünde er dir, wie Tells Bube 'stand, sonder Wanken und
Zagen, weil er den Glauben an dich hat, daß du ihm kein
Weh anthun werdest! Ohne diesen Glauben des Kindes wird
kein Vater ein Tell. Was meinst du, hat dein Bube diesen
Glauben? Hat er ihn, so freue dich, Vater! Er sei dir das
schönste Zeugniß, daß du ein biederer, ehrenfester Vater bist;
denn solcher Glaube kömmt eben nicht im Winde, er ist nur
eine Frucht der Vatertreue. Weißt du aber, daß dein Bube
einen solchen Glauben nicht hat, so weine, du bist ein armer
Vater! Forsche nach in deinem Leben, was das Vertrauen
dir geraubet, des Vaters schönste Zierde — du wirst es finden: es ist die mangelnde Treue. Krame nun den Vorsatz
heim, ein treuer Vater zu werden, der das Vertrauen seiner
Kinder fesselt. Vermag einer als Vater das Vertrauen seiner
Kinder nicht zu gewinnen, wie will er es denn fordern dürfen
als eidgenössischer Mann?

Schütze! es ist doch schön, einen Buben zu haben, welchen
der Vater stellen kann, wohin er will, unter den eigenen Schuß
oder unter fremden Schuß, und wie ihn der Vater heißt, geht
der Bube froh und keck zum Leben, zum Tode, weil sein Herz
es weiß, daß der Vater das Rechte will, gehe es zum Leben,
gehe es zum Tode. Was meinst du, Schütze, wärs nicht schön,
solche Buben daheim zu haben? Darum bringe heim als Fest-
geschenk und Preis die altschweizerische Vatertreue, werde solcher
Buben werth, sie werden dann auch deiner werth.

Stanfacher, den Ehrenfesten und Milden, der nicht an
eigener Noth litt, aber schwer an der des Landes, den kennt
ihr Alle. Er zagte vor gewaltsamer Abwehr der Noth, er
kannte des Versuches Ausgang nicht, und ein solcher bringt
gar oft engere Bande und größeres Verderben in's Land und
Haus, über Weib und Kind. Wer verscheuchte sein Zagen,
hieß ihn Gleichgesinnte suchen, wollte mit eigener Hand den

Brand werfen in's eigene Haus, aber nicht mehr dulden die bisher erduldete Ungebühr? — Es war Staufachers edles Weib, welches nicht nur mit dem Mann theilte den Sinn für das Vaterland, sondern ihn kräftigte zur Hingebung, sein Weh zu einem Entschlusse reifte, ihn aussandte, die That zu beginnen. Wäre sie nicht in der Treue und Biederkeit des Mannes ein glückliches Weib gewesen, sie hätte dieses nicht gethan, sie hätte nicht an die Noth des Vaterlandes gedacht, sondern nur an die eigene, sie hätte statt Muth Thränen gehabt, hätte nur Groll gehabt gegen den Mann und darum keinen Sinn für das Vaterland. Nur des biedern Schweizermannes Weib ist eine biedere Schweizerin, nur wo der Mann des Weibes Herz gesund erhält, hat dasselbe für etwas mehr Platz, als seinen eigenen Jammer, hat Platz für die Freude, daß der Mann ein Schweizer sei, und sieht mit Freuden ihn ziehen zu den schweizerischen Tagen, sei es zu freudigem Spiele, sei es zum blutigen Schlagen.

Nur wo in einem Hause eine solche schweizerische Mutter waltet, da ist ein ächt schweizerisches Ehrenhaus; Schweizerblut strömt durch die Adern der Kinder; der Kinder freudiger Sinn wächst zu frohem Muthe auf, erstickt nicht im Grame der Mutter; der Mutter ähnlich werden die Töchter, schweizerische Ehrenmänner die Söhne.

Schütze! hast du ein solches Weib daheim? Hast du es durch Treue dir so gezogen, gestärket zu solchem Sinne durch deine Ehrenfestigkeit: dann Schütze, freue dich, dein Haus ist in guter Hand, steht auf festem Grunde — in deiner Brust ist der Muth nicht bloß ein flüchtiger Schein, er ist eine stätige Flamme, die hier und zu Hause in gleicher Fülle brennt, die im Frieden nicht erlöscht, im Kriege zum verzehrenden Feuer wird.

Freudig bist du zum Feste gezogen, wirst freudig heimkehren; freudig harret deiner dein Weib, freudig empfängt es dich, denn es ehrt und kennt die Gabe auch, die du heim

bringst, trägt es sie ja auch in treuer Brust, deinen neu ge-
stärkten Schweizersinn, den frisch entbrannten Muth zu allem
Schönen und Guten.

Hast du aber kein solches Weib daheim, keines das deine
Freuden theilt, dich mit Freuden ziehen ließ; hinterließest du
Groll und Thränen, weißt du, daß solche dir noch warten,
wenn du heimkehrst, mischt dir dieses Bewußtsein bittere
Tropfen in den Becher der Freude, trübt dir selbst den Blick,
wenn du den Zweck fassen willst, macht unsicher deine Hand:
so frage dich selbst: verdienst du es besser? Bist du ein
Staufacher, daß an deiner Seite eine Staufacherin gedeihen
könnte? Bist du der Treue und Ehrenwerthe, der Biedere und
Fromme, der das Vertrauen seines Weibes fesselt, seine Seele
erhebt, dem Haushalte Vorsorge thut, den Kindern voran-
leuchtet in jeder guten Sitte?

Weinen und darben sie um deinetwillen — warum kömmst
du auf's Fest? Das hätte kein rechter Schweizer gethan; du
bist ein ungetreuer Mann, und wer im Kleinen nicht getreu
ist, wie sollte der getreu im Großen sein; und wer es mit
dem eigenen Hause nicht gut meint, wie sollte der es gut
meinen mit dem Vaterlande; und wer Weib und Kindern keine
Freude opfern kann, wird der wohl Leib und Leben opfern
dem Vaterlande?

Man lasse sich nicht verleiten durch ödes irres Geschwätz:
Im Hause muß beginnen, was leuchten soll im Vaterlande;
aus dem Hause stammt die öffentliche Tugend, und wer kein
treuer Hausvater ist, dem fehlet des alten Schweizers Art
und Weise, dem fehlet der Heldenmuth, der aus der Seele
stammt, und was nützet in den Tagen der Gefahr der, welcher
nur im Munde liegt? Darum Schütze, wenn der Wein im
Becher bitter ist, von der Heimkehr dein Auge sich wendet,
kein schweizerisches Weib freudig reiner wartet, so greife in
deine Brust, suche deine Schuld; du wirst sie finden; tilge
sie, sonst wird in den Tagen der Freude dir immer bitter der

Wein sein und die rechte Freudigkeit hast du auch nicht in den Tagen der Noth. Hier am Feste gehe der Sinn dir auf für die eigentliche Manneswürde und den Willen trage heim, zu versöhnen die Vergangenheit durch Treue, ein rechter Mann zu werden. Am Feste ward jeder als Mann geehrt, es flog manchen Schützen das Gefühl einer Würde an, das er nie empfunden, und diesem Gefühl entstammte die Würde, und Mäßigung am Feste weiht dasselbe durch wunderbare Männerwürde. Dieses Gefühl nimm heim, Schütze, als die höchste Ehrengabe, und bleibe daheim ein Mann!

Mann sein heißt aber nicht Tyrann sein, nicht leben von des Andern Schweiß, sondern heißt der Stamm sein, an welchem das Weib sich aufrecht erhält, die Kinder sich aufranken, bis sie eigenen Halt erlangen, der Stamm sein, der des ganzen Hauses Bau in Ehren trägt, demselben einen guten Klang gewinnt im Lande, der Kinder reichstes Erbe.

So gekräftigt und erhoben, sollst du heimkehren, Schütze, sollst also bleiben; dann ist das Fest zum häuslichen Segen geworden.

Kommt dann wieder ein solches Fest, so wird diesmal Freude dein Weib ergreifen, es wird dich gehen heißen, wie die Staufacherin ihren Mann nach Freunden sandte, wird freudig deiner Heimkehr harren, die Freude dir gönnen aus Herzens Grund, weiß sie doch, du bringst die rechte Weise des Hausvaters wieder mit, die in erhöhter Lebensfreudigkeit über alle Glieder des Hauses strömt.

Und wenn statt den Tagen der Freude blutige Tage kommen sollen, wenn auf den Bergen Flammenzeichen den Feind verkünden, wenn Tod und Brand in's Land dringen, dann ist es dieses Weib, welches nicht vergeht in Jammer, den Stutzer von der Wand dir reicht, dich gehen heißt zum Schutze des Vaterlandes, einen Kuß dir giebt auf Leben und Sterben, den Buben dir nachschickt, dein treuer Tellbube zu sein, im Streite dir zu helfen, im Tode bei dir zu sein, —

das stark, muthig und Gott ergeben Haus und Kinder hütet,
aber den Brand werfen würde mit eigener Hand in's eigene
Haus, wenn es dem Vaterlande frommen, dem Feinde schaden
würde. Schütze! was meinst du, ein solches Weib, eine solche
Schweizermutter, wäre sie etwas werth? Nur ein Land,
welches solche Mütter heget, nur ein Haus, in welchem eine
solche Mutter waltet, stehen fest in des Lebens Brandung;
der Friede verzehrt sie nicht, der Krieg zerstört sie nicht.
Darum, Schütze, hast du eine solche, so freue dich und danke
Gott; hast du sie nicht, so schaffe sie dir. Es ist der Mann,
aus dem das Weib gebildet wurde und noch wird. Bringe
den ächten Schweizersinn heim, werde ein ächter Hausvater,
so wird dir eine ächte Hausmutter werden; kannst dein Haus
umschaffen zu einem ächt schweizerischen Ehrenhaus, auch wenn
es nur eine kleine Hütte ist, die Thüre niedrig, die Scheibe
blind.

Schütze! meine nicht, das solle eine Kapuzinerpredigt
sein, wie man heut zu Tage Jesuitenpredigten macht, es
seien die Worte eines Halbnarren, da auch Worte eines ganz
Tollen an dich gerichtet wurden; ein ächter Schütze kümmere
sich nicht um solches Zeug, er lache darüber. Schütze, meine
dieses nicht. Der, welcher dieses geschrieben, ist weder ein
Kapuziner, noch ein Jesuit, auch toll ist er nicht, weder ganz
noch halb; er ist ein so ächter Schweizermann, als du einer
bist, hat den Stutzer auch zur Hand gehabt, freilich kaum so
gut als du geschossen; aber es ist sein heiliger Ernst. Ohne
häusliches Glück kein schweizerisches Glück, ohne häusliche
Tugend keine Schweizertugend. Es ist ja eine Quelle, aus
welcher beide sprudeln, es ist ein Himmel, welchen beide
suchen.

Nicht landloses Gesindel war es, welches die Männer
auf Grütli's dunkle Matte rief; es war Walter Fürst, der
um seine Enkel bebte, es war Staufacher, der um seines
treuen Weibes willen kam, es war Melchthal; dem des Vaters

verlornes Augenlicht zum Brand im Herzen ward, ihn spornte zu kühner Wagethat. Es war nicht landloses Gesindel, welches ihrem Rufe folgte; es waren ehrenfeste Männer mit treuem Sinn, welche Väter, Enkel und Weiber liebten, und darum das Kühnste wagten.

Als Winkelried auf Sempachs heißem Felde den Tod wählte zur Rettung der bedrängten Brüder, war es etwa deswegen, weil sein Dasein ein verlornes war, weil er nichts zu verlieren hatte, niemand an ihm verlor? Wer kennt nicht seine großen Worte, mit welchen er aus dem Leben schied, Worte, die so groß als sein Tod sind, welche Zeugniß reden, daß er aus des Hauses stillem Frieden die rechte Schlachten-freudigkeit brachte in's blutige Feld, daß er erst ein getreuer Vater war, ehe er seine Treue bewährte am Vaterlande. Weib und Kinder vergeßt mir nicht! rief er, als er seine Brust in die Speerwand warf. Darum glänzt sein Name so helle im schweizerischen Heldengestirn, darum aber auch soll sein Zeug-niß glänzen über die Enkel hin: daß der rechte Held aus dem rechten Vater wächst.

Ja, es ist des Verfassers heiliger Ernst, wenn er sagt: daß vom Hause aus die Wiedergeburt der Schweiz gehen müsse, daß wiederkehren müssen in's Haus die alte Tugend und die alte Frömmigkeit, wenn in Rath und Feld der alte Schweizer-sinn wieder glänzen soll.

Ein neu Geschrei ging durch die Welt und Winde wehten es auch zu uns her, von einer Freiheit, welche die Freiheit des wilden Thieres ist, das Heiligthum des Hauses durchaus zerstört; das Geschrei von einer Freiheit, welche die des Sklaven ist, wenn er seine Kette bricht, in Blut und Graus und jegliche Lust sich stürzt, und nicht die des freien Mannes, welcher seiner Würde sich bewußt, seine Freiheit nicht darin sucht, daß er sich von allen Gesetzen los macht, sondern daß er sich frei macht von jeglicher Leidenschaft, und mit freiem Willen also waltet, wie es der Ehre seines Hauses wohl ansteht, wie er möchte, daß jedes seiner Kinder wandeln würde, wie es Leib und Seele glücklich macht.

Es wehten die Winde nicht nur diese unglückliche Lehre zu uns herüber, sondern auch Vorbilder in derselben. Aber, Schweizer, schaut auf die alten Ahnenbilder, nicht auf die neuen Gaukelbilder. Nicht aus Kneipen und Kaffeehäusern holten ihre Weisen und Helden die Alten, sie holten sie aus ihren Häusern oder vom Pfluge her, nicht die Schweizer allein, sondern auch die Römer. Am Pfluge fanden diese ihren Cincinnatus, am väterlichen Heerde die Berner ihren Bubenberg; fanden in beiden das treue Herz, das Unbill nicht rächt am Vaterlande, seinen eigenen Sinn dem Gesammtwillen unterwirft, und mit des Landes Rettung erlittenes Unrecht vergilt. Das ist ein ganz anderer Sinn als der, der wegen abgeschlagenen oder vereitelten Gelüsten Zetermordio schreit in allen Blättern, Schmach und Schande häuft über's ganze Land.

Des Herrn Feste sei die Schweiz, haben wir gesagt, mit Bergen habe seine Hand sie gegürtet. Aber nicht bloß deswegen gürtete er sie zu seinem Lande, daß sie frei bleibe von königlichen Ketten, von nachbarlicher Uebermacht, daß sie bleibe ein Sitz bürgerlicher Freiheit, sondern daß sie sich auch frei bewahre vor den Lastern der Zeit und ihrer schauerlichen Verschrobenheit, daß sie bewahre reinen Sinn und reine Sitten, daß sie bleibe ein Sitz einfacher froher Häuslichkeit. Draußen in der Welt verliert der Reichthum seinen Boden, die Armuth das Brod, die Bedürfnisse des Reichen wachsen über seinen Reichthum, die Gelüste der Armen über alle Schranken; wie die Schlange mit dem Löwen, ringt mit dem Reichthum die Armuth; Laster und Leidenschaft kochen immer wilder, spritzen bereits hoch auf in Blut und Graus, eine Höllenquelle scheint aufgebrochen, zerstörende Ströme wallen empor. Aber über unsere Berge sollen sie nicht schlagen, auch gegen diesen Feind hat der Herr sie gegürtet; hier soll bleiben der Sitz des Genügens, welches übrig haben und Mangel leiden kann, und

beides unbeschwert; es soll der Vater Meister bleiben über die
Bedürfnisse des Hauses, wie über die Triebe des Herzens,
soll nicht die Bedürfnisse Meister werden lassen über Haupt
und Glieder; es soll bewahrt werden neben edler Einfachheit
christliche Brüderlichkeit im Geben wie im Nehmen, der Reiche
soll nicht zu hoch sein, damit er dem Armen ein Vorbild sei
in jeglicher Tugend, während er anderwärts nur zum Ver-
führer in jeglichem Laster sich verdüstert; der Arme soll nicht
so tief sein, daß er nicht dem Vorbilde nachzustreben, tapfer
mit dem Leben zu ringen vermöge, während er anderwärts,
einem Ertrinkenden gleich, jedem Retter an die Beine sich
hängt, um in den gleichen Tod ihn zu ziehen.

Das Schweizervolk soll ein lebendiger Spiegel sein, in
welchem die Völker der Erde schauen können die Wirkungen
von Biedersinn und Frömmigkeit, den Abstand zwischen alten
Sitten und neuen Lastern, die Möglichkeit, wie Arme und
Reiche, Vornehme und Niedere eines Sinnes sein, brüderlich
leben können, trotz Klüften und Gründen, trotz Hörnern und
Zacken, und wie dieser Sinn ein Volk auf freie Höhe zu
heben vermöge, wo jegliche Kluft schwindet, die Liebe alle
Glieder bindet, einem Manne gleich die Nation nach Einem
Ziele ringt. Klar und weithin soll es gesehen werden können,
daß Zwist und Zank nicht kommen von den verschiedenen
Färbungen und Ansichten, daß diese nichts sind als Nebel, die
aufsteigen aus tieferem Grunde, daß Zwist und Zank steigen
aus verdorbenem Herzen herauf, als Leidenschaften brechen in
die Welt hinaus, eine die andere hassend und ihre Vernich-
tung suchend, wie es Sitte ist unter den Höllenkindern; daß
Eintracht und Friede nicht kommen, auch wenn man jegliche
Färbung tilgen, über einen Leisten alle Meinungen schlagen
könnte, wie es vielleicht Franzosenmeinung sein mag, sondern
wenn er wiederkehrt der alte, biedere Sinn, die Ehrenfestigkeit, jeder ein treuer Mann wieder wird, dem Pflicht das
Thun regelt, nicht Träume und Grillen, der den Glauben

zum Bruder wieder hat, daß er ihm die Führung seines
Streites überläßt, welchen er mit ihm vor dem Richter führt,
daß in der Heilung des Einzelnen die Einheit des Ganzen
liege, so wie in der sittlichen und religiösen Nichtmündigkeit
des Einzelnen die feindselige Zerfallenheit des Ganzen.

Darum hat der Herr seine Feste so hoch gestellet, daß
sie so weithin gesehen wird, aber nicht nur, daß ihre gewaltigen Berge in die Augen der Völker fallen, sondern daß auch
des Volkes Bild erhebend leuchte in alle Gemüther. Darum
tränket er die Kinder seiner Feste so rein und kräftig mit
seiner Berge Luft. Darum läßt er ihnen sprudeln so rein
und kräftig der Berge Quell, damit von Kindesbeinen an der
Sinn in ihnen erwache für Reinheit des Leibes und der Seele,
damit in kräftigem Körper die reine Seele ein muthig Werkzeug finde zu ihres reinen Willens Vollbringung, so daß,
wenn ein siecher Leib den Fremdling treibt, Stärkung zu
suchen in der Luft der Berge am reinen Bergquell, er auch
seine sieche Seele stärken könne an der Sitten Lauterkeit, an
des Volkes Männlichkeit.

Wie der Herr die Ströme unserer Berge sendet nach Süd
und Nord, nach West und Ost, die Völker zu verbinden und
zu tränken, Leben zu bringen in ihre Länder, so soll strömen
aus dem Volke, aus nie versiegendem Urquell, ein reiner, freier,
starker Sinn, der die Welt überwältigt und nicht von ihr
überwältigt wird, der einem reinen Bergstrom gleich die faulen Dünste in den Niederungen vertreibt, zu einem gesunden
Leben die Völker tränket. Aber die Quelle, wie mächtig auch
die Wasser strömen durch die Länder, die Quelle, die bleibt
im Lande, weiter strebt sie nicht, eine Quelle läßt sich nicht
versetzen von einem Lande in's andere Land.

Dieses ist die Bestimmung der Schweiz, dieses die Waffe
zum Siege, welche neu der Herr in des Schweizers Hand gelegt; zu derselbigen führen durch Erweckung und Läuterung
eines bessern Sinnes Schützenbund und Schützenfest.

Wer kennt nicht die schönen klaren Seen, die Schwestern der Berge, die holden Augen unseres Landes; sie sind es, welche die wilden Söhne des Gebirges, die dunkeln Kinder des Waldes, die Bergströme und Waldbäche läutern, zähmen; was sie den Strömen und Bächen sind, das sollen die Schützenfeste sein dem wilden Sohne des Gebirges, dem trotzigen Thalbewohner.

Der wilde Waldbach läßt im See sein zerstörend Wesen, sein verderbliches Geschiebe klärt sich ab, fließt weiter in besonnener Kraft, wird ein Segen des Landes: so soll der wilde Schweizersohn, dem die alte Kraft in den Adern sprudelt, die neue Zeit ihr aber nicht das rechte Bewußtsein giebt, der den Drang zu mächtigen Thaten in sich fühlt, daher so leicht zu thörrechtem Thun sich hetzen läßt, an's Schützenfest, in des Festes Freude sich läutern und sänftigen. Hier gehen ihm die Augen auf, er sieht eine neue Welt, hier keimt ihm die Demuth auf, unter den Tausenden ist er nur Einer und vielleicht ruht nicht einmal ein einziges Auge auf ihm; wie laut er daheim auch redet, hier lernt er verstummen vor andern Majestäten, hier muß er sich zusammen fassen in die Schranken, in denen alle andern gehen, hier muß er dahinten lassen, womit er sonst groß gethan, was ihm hier aber Schande brächte, und dazu schlägt der Funke, der in jedem Schweizerherzen schlummert, fester und leiser, in Flammen auf, er fühlt, daß er ein Schweizer ist, und stolz hebt sich seine Brust; es ist aber nicht der Eigenstolz, der sie hebt; es ist der Nationalstolz; es ist das Gefühl, daß er das Glied eines Ganzen geworden, daß die Ehre des Ganzen die seine ist, so wie sein Betragen das Ganze ehrt oder schändet. Er fühlt, etwas Großes hat er gefunden, Wächter eines theuren Schatzes ist er geworden, darum faßt er sich zusammen, darüber zu wachen mit offenem Auge, besonnenem Sinn. Er reifet in wenig Tagen, wie daheim in Jahren nicht, vielleicht sein Lebtag nicht; als ein anderer kehrt er heim, bringt neuen Muth in's Haus,

frische Kraft in alle Verhältniffe, Ehrenfestigkeit in jedes Beginnen; der Waldbach hat im See sich abgeklärt.

Darum können um das Fest keine Schranken gezogen
werden, frei einem Jeden muß die Theilnahme bleiben, eine
Beschränkung läge ohnehin nicht im Kreise der Möglichkeit,
ein Versuch dazu würde in's Gebiet gehässiger Willkür führen.

Wohl wirft der Gedanke, daß mancher daheim sein sollte,
daß Trauer in manchem Hause ist, während auf dem Feste so
große Freude, einen trüben Schein in des Festes Glanz hinein; aber wen sein Gewissen nicht abhält, den halte keine andere Macht ab, denn wer weiß, ob da nicht ein Strahl hinein-
schlägt in seine Finsterniß, den Funken eines besseren Lebens
zur hellen Flamme wecket! Gott faßt auf gar verschiedene
Arten den Menschen, führt ihn auf gar verschiedenen Wegen
zur Einsicht seiner Schuld; sollte er den Schützen nicht auch
fassen können am Schützenfeste?

Wenn ein Elender, deffen Weib darbet, deffen Name
Brandzeichen trägt, auch auf dem Gesichte des Unbekannten
so leicht bemerkbar, das frohe Wesen, die Ehrenhaftigkeit, die
Ehren, die den Ehrenhaften werden, sieht, wenn wie Pfeile
Worte aus treuer Schweizerbrust fliegen in seine Brust, wenn
er hört, was ein Schweizer soll, wer ein wackerer Schweizer
ist, kann da nicht sonder Zaudern und Säumniß hervorbrechen
das Bewußtsein seiner Versunkenheit? Vor den Augen stehen
ihm Weib und Kinder, heben die Finger ihm auf, schreckliche
Zeiger, welche Stunde warte dem ungetreuen Vaterherzen. Da
wird es ihm übel, es schwingt der Geist, der den Kain gejagt,
seine Geißel; es brennen ihn die Kinderaugen im Herzen, wie
ein anderer Blick den Petrus brannte; es duldet ihn nicht
mehr, es jagt ihn aus frohen Kreisen; er setzt sich hinter eine
Hecke; er lehnt sich an einen Baum, es quillt ihm heiß herauf, wie manchem der Blutstrom quillt aus zersprengten Ge-
fäßen. Aber es ist nicht Blut; es ist die Reue, es ist die
Scham, es ist das Leid, es ist die Furcht, die alle drängen

sich herauf, einer schwarzen Wolke gleich, über seine Seele. Wohl ihm, wenn die Wolke in Thränen sich entladet, und aus den Thränen hervor, wie nach dem Gewitter das Gnadenzeichen die Wolken röthet, der Entschluß über seine Seele sich wölbet, ein treuer Vater, ein Ehrenmann zu sein von jetzt an bis in's Grab! Dann hat ihn ja Gott gefunden. So hat er aber schon manchen gefunden, und wem es in Chur so ginge, der wäre nicht der Erste; ja schon mancher Schütze hat ein anderes Herz vom Feste heimgetragen, als er an das Fest gebracht. Damit wollen wir nicht sagen, daß nicht auch andere heimgehen mit dem gleichen verhärteten Herzen, das sie hingebracht. Doch eins konnten sie nicht von sich abwehren, es ist das Gefühl der Scham. Es war ihnen immer, als gehörten sie nicht hieher. Und wenn sie schon zum Schießstande gingen, so duldete es sie doch nicht lange in der Festhütte, sie verkrochen sich bald, wie der Uhu sich verkriecht in des Waldes Dunkel, wie die Schlange sich birget in's moosigte Gestein. Manche besuchten einmal dieses Fest und nicht wieder; sie hatten gefunden, was sie nicht begehrten, und was sie suchten, war nicht da.

Dagegen ist so Mancher nie an dem Schützenfeste gewesen, welcher dessen würdiger Theilnehmer gewesen wäre, dem es so wohl gethan hätte, die Brust sich zu füllen mit des Festes Geist, den ein heißes Sehnen zu dem Feste trieb, aber zu eng waren die Schranken ihm gezogen, zu ernste Pflichten schoben den Riegel ihm vor die Freude.

Es geschieht oft im Leben, daß Gott Einem das Liebste versagt, daß Verhältnisse die schönsten Kräfte zu binden scheinen, aber der Herr will es so, und seine Rathschläge sind unerforschlich und wenn der Herr Kräfte zu binden scheint, so ist es nur, damit andere und bedeutsamere sich entfalten. Es liegt daher auch hier nicht im Reiche der Möglichkeiten, durch Gesetze und Einrichtungen diese Verhältnisse zu lösen, die Theilnahme am Feste jedem möglich zu machen. Aber wo ein

Schweizer einem andern Schweizer die Mitfeier möglich machen
kann, ohne daß der Eine oder der Andere eine Pflicht verletzt,
wo Einer die Fülle hat, während der Andere nichts hat, da
führe er den Bruder an die Quelle, wo heiß und hoch Schwei-
ersinn sprudelt, daß dessen Seele sich stärke an den heilsamen
Fluthen, sein Wesen sich läutere in des Festes Wehen; er sei
er mitleidige Bruder, der den dürstenden Wanderer in der
Wüste führet an die Quelle der Labung. Wer weiß, ob der,
elchen du erquickt hast, nicht hundertfältig dir vergilt, was
an ihm gethan in deiner Fülle? Wenn rings um dein
aus Flammen wirbeln und im Hause schläft dein Bube, dein
ellenkind, und er holt es dir, er bringt es dir — hat er dich be-
hlt? Wenn ihr neben einander steht im Blitzen der Schwerdter,
Regen der Kugeln, du fällst getroffen, es strömt dein Blut,
schwinden deine Kräfte, der Rosse Huf schwebet über dir,
aber hält aus bei dir, hebt dich auf, schlägt sich aus dem
edränge, erquickt dich, stillt dein Blut, rettet dich — hat er
h bezahlt?

Darum sei am Feste die Gleichheit beibehalten, es
e offen dem Armen, wie dem Reichen, es werde nicht
raget, wer es vermöge, wer es nicht vermöge; aber wo
er es nicht vermag, und das Fest wäre ihm von hoher Betung, da ebne die freie Bruderliebe die Kluft, breche die
ranken, sorge dafür, daß der Schützenbund sich mehr oder
iger verbreite über das Volk, damit abgeklärt, geläutert
e jedes Glied des Volkes.

Dieses soll des Schützenbundes Heil, die Wirkung des
es sein auf jeden Einzelnen. Senken soll sich ein neuer
st in die Herzen, und jeder soll ihn tragen heim in sein
s und hier soll er Wurzeln schlagen und aus den Wurzeln
us soll des Hauses Friede wachsen und des Hauses Se-
und vom Hause weg soll Friede wachsen und Segen über
ganze Land, Rath und Muth im Kriege, in jeglicher
.

So sollen die Wurzeln des Festes sich senken in jedes Herz, solche Frucht sollen sie jedem Einzelnen bringen. Denn nimmer und nimmer dürfen wir es vergessen, und das ist ein Unterschied, der sein soll zwischen uns und andern Völkern, so lange wir Schweizer sein wollen, zwischen der Weisheit unserer Väter und der Lehre, welche in der Welt gilt; daß die Kraft bei uns im Einzelnen liegt und jedes Einzelnen Wiege das Haus ist, während andere Völker die Kraft in der Masse suchen und der Masse Kraft in ihrer Größe und ihrer Verkittung. Um den Einzelnen kümmert sich keiner und von keinem wird ein Heil erwartet. Die Folgen dieses Uebelstandes, welcher im weitesten Sinne auch persönliche Freiheit heißen soll, werden einst blutig leuchten über Europa und über Amerika vornehmlich; denn er ist ein unchristlicher und ist geradezu aller brüderlichen Liebe, allem sittlichen Ernste feindselig. Wir Schweizer verwerfen noch solche Lehre trotz mancherlei thorrechtem Geschrei aus zwei entgegengesetzten Enden, wo aus dunkeln Höhlen die Thorheit predigt; uns ist der Einzelne Augenmerk und Hauptsache; jeder für sich soll der Rechte sein, dann wird auch das Volk in Masse als das Rechte sich darstellen.

Dieser Grundsatz ist mehr oder weniger festgehalten in unserer Erziehung und in unserer Gesetzgebung, so weit letztere nicht tollen neumodischen Theorien hat weichen müssen; diese Lehre ist bildlich dargestellt gerade in diesem Feste. Der Stutzer ist die Waffe des Einzelnen, seine Wirkung hängt ab von des Einzelnen Geschick und Tüchtigkeit. Was nützt es, wenn Tausende um ihn stehen, und keiner hat ein gesundes Auge, keiner einen guten Arm, ein gefaßtes Herz, in allen ist der Muth verwelket, des Auges Kraft vergeudet; der Stutzer mit seiner Last hemmt nur die Flucht, überliefert seinen Träger dem Tode.

Der Stutzer will einen Mann, Männer bedarf die Schweiz; darum ist das Fest ein nationales und schlägt doch seine Wur-

zeln bis in's Haus hinab, in's Herz hinein, in jede Hütte,
ja, in die Wiege des Säuglings, der zum Tellenbuben erwach-
sen soll.

Das Fest hat aber noch seine zweite Bedeutung und wie
die erste tief hinunterreicht, ja bis in des Säuglings Wiege
hinab, so treibt die zweite des Festes Krone über's ganze Land
und ihre Spitzen weit über menschlichen Gesichtskreis hinaus,
tief in der Zukunft dunkeln Grund.

Dieses Fest zieht die Augen der Masse an, ja zieht die
Augen der Landessöhne über's weite Meer herüber und ihre
Seelen weilen bei dem Feste; an allen Bergen hallt der Stutzer
nieder; zum eigenthümlichen Volksfeste, zum eigentlichen Nationalfeste ist es geworden, denn es zieht nicht nur Schützen
an, sondern das ganze Volk, ja selbst die, welche sonst vom
Volke sich nicht berühren ließen, zu ihm sich nicht zählten, fühlen durch dasselbe sich bewegt, es ziehet Gaben an weit her
aus Schützenhänden, aber auch aus solchen Händen, die nie
neu Schuß geschossen.

Darum auch darf seine höhere Bedeutung, welche es ganz
sonders durch seine innere Verwandtschaft mit den andern
schweizerischen Vereinen hat, nicht länger vergessen scheinen,
muß wenigstens ausgesprochen werden; ihre Anerkennung
an die edelste Frucht des diesjährigen Festes werden.

Der schweizerische Schützenverein ist nicht der einzige Verein unseres Landes; aus dem gleichen Geiste, der ihn erzeuget
hat, sind ältere und jüngere Brüder erzeuget worden, und unter Weh und Angst geboren die ersten, Alle zu des Landes
Heil und Ehre.

Wie scheinbar verschiedene Richtungen sie auch haben, wie
verschieden die Gegenstände sind, mit welchen sie sich beschäftigen, Eins haben Alle gemein, etwas Wunderbares, Geheim-
volles. Wer sie besucht, dem wird es, als liege er an der
Mutter Brust, als werde er mit süßer Labung genährt und
gekräftigt zu einem andern und bessern Wesen. Ja wem ist

nicht oft gewesen in eines solchen Vereines Mitte, wenn die Wellen des Festgeistes über ihm zusammenschlugen, als müßte er seine Brust lüften in kühnem Heldenkampfe, als möchte er den Teufel schlagen mit des Wortes glühender Geisel bis in der Hölle hinterste Ecke, als möchte er weinen und lieben einem Kinde gleich!

Es ist Ein Grundgefühl, welches durch alle diese Vereine strömt, wie aus einem Stamme der gleiche Saft in alle Aeste. Aber diese Kinder einer Mutter, diese Zweige eines Baumes, diese Zeugen eines Geistes — stehen vereinzelt da, kennen einander nicht einmal dem Namen nach, stehen vereinzelter da als die Cantone selbst, denn diese haben doch noch eine Bundesverfassung und eine Tagsatzung und gegenseitige gesetzliche Besuche und vorgeschriebene Komplimente.

Unter diesen Vereinen aber ist unstreitig der größte und stärkste der Schützenverein, wie Hektor unter seinen Brüdern ragt er hervor. Er gehört seiner Natur nach dem Volke an, daher ist er der Verein des Volkes im Allgemeinen, er gehört aber insbesondere allen Schweizern an: die Einen führen den Stutzer, die Andern erwarten Schutz und Schirm von dem Stutzer. Der Scharfschützenverein ist unbestritten der bedeutsamste unter allen andern, denn so wie die Freiheit des Schweizers höchstes irdisches Gut ist, so ist der Stutzer das Sinnbild des Entschlusses, die Freiheit zu wahren Mann für Mann bis in den Tod. Er ist es, welcher seine Anziehungskraft ausströmt, so weit Schweizerherzen schlagen; er ist den Schweizern, was in gewisser Beziehung der Tempel auf Moria den Juden war, derselbe, welcher ihnen das Nationalgefühl erhielt; es war der nationale Mittelpunkt, welcher das zerstreute Volk zusammenhielt, um welchen es sich immer wieder sammelte. So ist es das Schützenfest, auf dessen Altar des Landes zerstreute Söhne die Zeichen und Pfänder niederlegen, daß sie die gemeinsame Mutter nicht vergessen.

Wie schriftliche Kapitulationen, von denen man aber nicht

weiß, ob sie werden gehalten werden, die in fremdem Dienste
gebundenen Schweizersöhne verpflichten und berechtigen, in's
Vaterland zurückzukehren, wenn Krieg ihm droht, so zieht der
Schützenbund freiwillig, unwillkürlich, sonder Kapitulation und
Vertrag, die Söhne zum Schutze der Mutter herbei, wenn die
Gefahr kömmt. In diesen Tagen würden aus allen Gegenden der Welt Tausende zurückströmen in die Feste des Herrn,
würden wetteifern in der Treue mit den eingebornen Söh-
nen, würden freudig an der Mutter Rettung ihr Leben
setzen. —

Darum ist es auch an diesem Vereine, die andern Vereine zu sammeln um sich, mit brüderlichem Bande sie zu umschlingen, in einen Strom zu leiten die einzelnen Kräfte, zu
vereinigen das große, aber zersplitterte Nationalgut, die edlen
Kräfte seiner Kinder, eine Einheit zu stiften über allen Verfassungen. Es soll der Schützenverein der Vereine Vorort
sein, ihr alleiniger Vorort, als der mächtigste und leuchtendste,
und eben deswegen ziemt es ihm, vorauszugehen mit dem Bekenntnisse: daß nur in der Vereinigung der vaterländischen
Kräfte des Vaterlandes Kraft und Macht liege, daß jede Kraft
für sich nichts sei, verrinne wie ein dürftig Bächlein in heißem Sande, daß daher auch nicht im Schützenvereine Alles
liege, weder die Einheit noch die Gesammtheit der Kräfte, daß
er ohne die andern nur ein vereinzelt Wesen sei; daß er
schwach sei nach allen Seiten, wenn nicht die andern um ihn
sich schaaren, ihn ergänzen; daß er nur ein zerstückelter Körper sei, wenn nicht alle Aeste des Stammes, alle Kinder
der Mutter, alle Vereine mit ihm zur Einheit zusammen
wachsen.

Täuschen wir uns nicht. Die Schwäche der Eidgenossenschaft, ihre Zerklüftung, die daherige gegenseitige Mißkennung,
wenn man nicht sagen will Anfeindung, rühren nicht her von
der Bundesverfassung, nicht von den Cantonalverfassungen; die
Zerklüftung wird bleiben, wenn auch die Verfassungen fallen,

wie die Zeit der Helvetik es gelehrt, und die Menschen werden sich um ihretwillen nicht näher kommen. Neben den bereits angeführten sittlichen Gründen liegt die Ursache der Zerrissenheit der Schweiz in der Zerklüftung der Stände und den dadurch entstandenen Vorurtheilen, den also möglich gewordenen Mißbräuchen der Macht, den fremdartigen Einflüssen insbesondere, in dem Uebermuthe der Zeit im Allgemeinen. Zur Zeit, in welcher eine Republik sich erhob, waren wohl auch Arme und Reiche, Führer und Geführte, aber einer kannte den andern, wußte um dessen Thun, einer ward Freund des andern, einer bedurfte des andern, einer suchte des andern Theilnahme, sie war sein Schutz, jede Kraft ward geschätzt und hochgeachtet, weil jede nöthig war zur Erhaltung des allgemeinen, des höchsten Gutes, der Freiheit. Die meisten Republiken fielen nicht fremder Uebermacht wegen, sondern weil die Glieder auseinander rissen, alle Kräfte nicht mehr nöthig schienen, daher man die übrigen zu beseitigen suchte, während sich die einen am höchsten zu stellen, alles auf sich zu stellen suchten. Weil man auf den Schlachtfeldern sich nicht mehr zusammenfand, so blieb man auch im Frieden gesondert, und immer mehr kam es dahin, daß Viele einen Einzelnen nöthig zu haben schienen, der Einzelne aber die Vielen nicht.

So entstunden entweder Königreiche, wenn ein Einzelner die verlassene, verstoßene Menge zu fördern wußte, oder die Republik wurde eine Beute der Feinde, weil man sich nicht mehr zusammenfinden konnte, ihr Dasein zu behaupten, und jeder das Seine erst zu retten suchte, ehe er an das Allgemeine dachte, weil die Republik aufgelöst war im Geiste, lange ehe ein Feind an ihren Gränzen stand. Und wenn man endlich auch dem Feinde sich entgegen warf, so geschahen einzelne Heldenthaten, aber dem längst zerrissenen Staate brachten sie nicht Rettung; er fiel zusammen, fast einem Leichnam gleich, der im verschlossenen Grabe ganz sich rhält, bei der ersten Berührung in freier Luft aber in Moer zerfällt.

Unter den Republiken Europa's wurden wir einzig erhalten; aber täuschen wir uns nicht, nicht durch unsre Schuld, sondern durch Gottes Huld. Wenn irgend wer es war, so waren und sind wir noch zerklüftet im Geiste.

Es wehte über unsere Berge her ein fremder Geist und drängte uns aus einander, es entstanden Herren, größere und kleinere, und die Größern verachteten die Kleinern, die Kleinern verachteten die, welche nicht Herren waren, und der städische Handwerker verachtete den Bauern, und der Bauer verachtete den Tauner und der Tauner verachtete den Hintersäß und haßte nebenbei alle die, welche nicht Tauner waren.

Es entstanden größere und kleinere Cantone, und die größern verachteten die kleinern, weil sie kleiner waren, und die kleinern verachteten die größern, weil sie jünger waren; beide verachteten die zugewandten Orte, weil diese nicht eigentliche Cantone — gleichsam Hintersäßen — waren, und die zugewandten Orte haßten große und kleine Cantone, weil diese, je mehr sie von Freiheit redeten, um so weniger Andern sie nnten.

So war es in der Schweiz; so ist es nicht mehr, wird man sagen; — so ist es noch, wird hier behauptet, und zwar besteht nicht nur theilweise die angeführte Zerklüftung noch, sondern neue Winde über unsre Berge her verjen, mit nur zu gutem Erfolge eine neue uns noch aufzungen.

Der unbärtige Junge verachtet das Alter, mit Schnauund Gebahren will er das Vaterland erretten, wie Goli die Israeliten bestehen wollte mit seinem Weberbaum; Student will bevorrechtet sein, weil er Simsonskraft habe seinen langen Haaren und Salomons Weisheit in seinen ten; der Soldat fühlt seine Kraft, kennt aber keine andere en sich; der Lehrer setzt auf seinen dreibeinigen Stuhl als

wie auf einen Thron sich und winket mit der Ruthe, daß es
jetzt für Andere Zeit zum Schweigen wäre, weil ein Anderer
predige; der Staatsmann macht schauerliche Augen und giebt
mit bedenklichen Achseln zu verstehen, daß er am Machen
einer Phrase sei, welche die Welt aus ihren Angeln heben
werde; der Großrath strengt sich an zu einem wichtigen Gesichte, auf welchem männiglich lesen könne, daß er vieles wisse,
was andre nicht, und vieles sagen könnte, wenn er es eben
sagen könnte. Der Pfarrer sagt, wenn er nicht noch den Wagen hielte, so läge er längst, wo niemand ihn mehr aufstellte;
der gemeine Mann runzelt die Stirne, ballt die Faust, brummt:
Macht nur, aber wenn ich komme, so mache ich's! So geberden sich alle, und keiner steht zum andern, hilft dem andern, es sei denn im Bunde gegen einen Dritten. So stehen
die Einzelnen zu einander, und wie die Cantone zu einander stehen, kann man alle Tage frisch lesen im ersten besten
Blatte.

Dieses unheilvolle Wesen weht auch mehr oder weniger
zwischen den Vereinen, die doch von einem Geiste erzeuget, von
einem Geiste beseelet sind; jeder schafft für sich, einer kennt
den andern nicht, ja leicht kann einer mißbraucht werden gegen
den andern.

Oder, Schütze! kennst du die Vereine, in welchen vater-
ländische Kräfte thätig sind zu des Vaterlandes Heil, vom
gleichen Geiste entsprossen, nach dem gleichen Ziele strebend?
Du kennst sie nicht, viele nicht einmal dem Namen nach. Ihr
Kinder einer Mutter seid euch fremder, als die Stände, als
die Cantone einander sind, denn wie viele haben nichts von
dir gehört, als der Stutzer Knallen, lauter Freude Ausbruch, reicher Gaben Verzeichniß. Wo man aber einander
nicht kennt, da kömmt auch die Einseitigkeit und der Hochmuth, in welchem man nur sich schätzt und sein Treiben, Andere aber und ihr Thun verächtlich über die Achsel
ansieht.

So ist wiederum hier eine seltsame Zerklüftung, welche
keine Verfassung ausgleicht, und dichter Nebel füllt die Kluft
und kein Auge bringet hindurch und sieht rings um sich der
Andern schweizerische Züge.

Wäre es nun nicht herrlich, wenn es endlich tagete, einem
herrlichen jungen Morgen gleich, wenn Gottes Sonne über
die Berge kömmt, wenn du, Schützenbund! als Sonne aufsteigen würdest aus der eidgenössischen Nacht, deine Strahlen senden würdest über's ganze Gelände, die Nebel zu
zerstreuen, und in deinem Lichte um dich sammeln würdest
die Brüder, alle von gleichem Stamme und gleichem Sinne?

Wie wäre es, wenn du, der mächtigste unter allen, der
Vereine natürlicher Vorort, den Hochmuth der Zeit auf die
Seite würfest und laut es verkündigtest: Im Vaterlande
dürfe fürder keine Kraft vereinzelt sein, keine ihm
verloren gehn, jede solle geehrt werden und alle
zusammengestellt?

Wie wäre es, wenn du der Zerklüftung der Geister ein
Ende machen würdest, damit jeder Schweizermann, wer es auch
sei, in welcher Richtung er sich auch bewege, in dir den Mittelpunkt der Nation finde, sich ihm anschließe, mit seiner Kraft
dessen Kraft, mit seiner Ehre dessen Ehre vermehre? Meinst
du nicht, dann würde unsre Nation wieder eine Eine und Un-
theilbare, und ihre Macht würde als eine gewaltige weithin
leuchtende über die Völker, ohne Worte und sonstiges Geklin-
gel? Meinst du nicht, wenn in deinem Schoose eine Einheit
entstünde, in welcher die Vorurtheile der Stände und Cantone
untergingen wie die Geschiebe der in klaren Seen geläuterten
Waldwasser, wenn die Hochgestellten sich mit den Massen ver-
brüberten, die Massen von dem höhern Walten ihrer Erleuch-
testen sich durchdrungen fühlten wie von einem Sauerteige,
die Weisheit zur Kraft träte, die Jugend unter das Alter, der
geistig Begabte zu dem in den Waffen Mächtigen, wie letztere zum ersten — es müßten Klüfte sich ebnen, Zacken ver-

schwinden, ein schweizerisches Vertrauen entstehen, ein schweizerisches Bewußtsein sich erheben, welches nicht mehr von jeglichem Winde, der über die Berge weht, hin und her gewie-
get würde?

Meinst du nicht, wenn einmal dieser Geist des Vertrauens
und des schweizerischen Bewußtseins unter uns wäre, es würde
dieser Geist eine schweizerische Einheit, die Bundesverfassung finden, über die man sich schon so viele Jahre lang
umsonst die Köpfe zerbrochen, eben weil der Geist dazu nicht
da war?

Wo der Geist des Betens fehlt, ist alles Beten eitel,
und wo der einige Geist fehlt, ist alles Streben nach Einheit eitel.

Darum sollte im Schützenbunde berathen und erforscht
werden, auf welche Weise alle Vereine, in welchen vater-
ländische Kräfte thätig sind, in Verbindung gebracht, —
berathen und erforscht werden, ob nicht das Schützenfest
erweitert werden könnte zu einem Nationalfeste, an welchem
jede Schweizerkraft und Kunst ihre Stelle einzunehmen hätte.

Solche Feste hatten die Griechen, und diese Feste waren
es, welche die verschiedenen griechischen Völkerschaften zu einer
Nation verbanden und die Nationalkräfte also steigerten, daß
ihre Erzeugnisse die Bewunderung der Welt geblieben und bis
auf den heutigen Tag nicht erreicht worden sind. Ohne diese
Feste wäre Griechenland längst auseinander gefallen gewesen,
als Xerxes seine Horden über den Hellespont trieb, ohne sie
wären die Kräfte der Einzelnen nie so ausgebildet worden, wie
es in keinem andern Volke geschah. Und in dieser Ausbildung
der Einzelnen liegt wiederum der Grund, warum die ganze
Nation so hell leuchtet in der Geschichte.

Im Schweizerland ist harter Boden, und das Meiste, was
Leben gewinnt, geht nur langsam auf, noch langsamer reift es
zur Ernte.

Der Gedanke im Jahre 1761, einen Verein zu stiften,

war viel kühner und größer als im Jahre 1842 der Gedanke
die entstandenen Vereine zu verbinden. Was seit jenem Jahre,
langsam, aber stätig aus jenem Gedanken hervorwuchs, ist
überraschender, wunderbarer, als die Verbindung der vereinzelten Aeste wäre. Die edlen Eidsgenossen bebten, wie vor
jenem auf dem Grütli beschwornen Bunde, als sie den Gedanken auszuführen begannen; aber den Ahnen gleich überwanden sie das Beben, das auch in dem Helden weht, ehe
er die Heldenthat vollbringt; sie wurden gewarnt; in ihren
kühnsten Träumen ahnten sie nicht, was er geworden.

Darum verlache man auch den geäußerten Gedanken einer
Verbindung nicht, erschrecke nicht ob der Schwierigkeit seiner
Ausführung, man nehme ihn auf in's treue, besonnene Gemüthe und berathe ihn; er ist der Berathung werth; über wie
viel Unbedeutenderes ist berathschlagt worden.

Der Vorschlag enthält freilich ein Neues, welches wider
das Gewohnte streitet. Eben daß nicht alles Neue Einem
widerlich sei, ist etwas, welches wir lernen müssen. Denn veraltet nicht alles auf der Erde? und das Alte hindert neues
Leben; und ist es nicht eben der Weisheit Aufgabe, zu vermitteln, wie aus dem Alten das Neue sich entwickeln und wie
das letztere sonder Störung an des erstern Stelle treten soll?
war es nicht eben das Gewohnte, welches den Stiftern des
ersten Vereins so gefährlich war, und was die damaligen Herren so erbitterte gegen das Neue? sie bedachten nicht, daß,
weil niemand vermittelte mit dem Alten das Neue, und weil
sie den durch die göttliche Weltregierung eingeleiteten neuen
Nothwendigkeiten hartnäckig Trotz boten, das Alte ihnen zum
eigenen Sarge werden müßte.

Ein solches Gewohntes überschatte aber den Schützenbund
nicht, werde ihm nicht zum finstern Dache, welches nichts
Neues mehr durchläßt. Noch ist so reges Leben in ihm; aber
jedes Leben erstarret, wenn dem Alten nicht Neues, Vollkommneres zugeführt wird. Der Schützenbund schwinge sich

zu höherm Leben auf; er schlinge die verschiedenen vereinzelt in's Weite starrenden Aeste zusammen zu einer mächtigen Krone, zu einer Krone, wie kein anderes Land sie hat.

Es herrscht der Glaube, Künste und Wissenschaften gedeihen nur im Schatten einer Krone, nur eine königliche Hand vermöge im dunkeln Schachte der Seele die Kräfte der Einzelnen zu wecken, nur sie sei der Zauberer, der mit goldenem Stabe an der Berge Seiten schlägt, bis sie sich öffnen zu weitem Thor und an den Tag tritt die verborgen gewesene Herrlichkeit.

Mehrentheils ist es einzelner Menschen und ganzer Völker Art und Weise, daß in tiefem Schlummer die besten Kräfte in ihrem Schoose verborgen und unbethätigt liegen bleiben, und daß sie geweckt werden müssen von außen her, daß sie rege gehalten werden müssen von andern ihres Gleichen, wenn Großes ihnen gelingen soll! Nur wenig Hochbegabten sprudelt ein lebendiger Quell in der Brust, welcher zu jeder Zeit und in jeder Umgebung zu Tage bricht. Die Meisten harren ihres Moses, der den Fels zerschlägt, unter welchem eingeschlossen der Quell verborgen liegt — die Meisten harren umsonst. Darum zaubern große Zeiten große Männer aus ihrem Schoose, darum zaubern große Könige um sich her große Kräfte aus ihres Volkes Schoose. Und eben in dieser Zauberkraft liegt ihre Größe, sie sind Moses, der sprudelnde Quellen aus Felsen schlägt, der Helden aus Sklaven schlägt und eine Jahrtausenden trotzende Volksseele aus dem rohen Kern eines verwahrlosten verwilderten Volkes.

Wir wollen keinen König. Im Schatten einer königlichen Krone würden schweizerische Kräfte verwelken und sterben, aber eines Moses bedürfen wir allerdings, der die Seele aus dem Volke schlägt, die Quelle aus des Schweizers Brust. Einer Krone bedürfen wir, aber vom Volke selbst muß sie geflochten sein, in deren Schatten die sprudelnden Quellen lebendig bleiben, nicht versiegen, nicht zerfließen, sich sammeln

ı gewaltigen Strome, der Leben hat und wiederum Leben
ıdet, der des Landes Mark ist.

Der Vorort der Vereine, der Schützenbund, soll mit den
ern Vereinen zusammengeflochten, zum schweizerischen Moses
ben, soll die Krone der Aufmunterung hoch halten über
Schweizervolk, mit dieser Majestät soll er sich schmücken,
strahlen in ihr über die Nation und diese Majestät würde
gegen jede andere irdische Majestät, was Altsilber gegen
ſilber ist, was ächtes Gold ist gegen Lausegold.

Wenn also gestaltet der schweizerische Scharfschützenverein,
Königs Statt und Stelle, Aufgaben würfe in's ganze
ł hinein, für den Landwirth, den Mechaniker, den Ma-
ıatiker, den Künstler, den Dichter, den Staatsökonomen,
ı die Eingaben aufgestellt, beurtheilt würden am Schützen-
; wenn das Schützenfest Ort und Stelle würde, wo der
veizer seiner Nation zeigen könnte seines Fleißes, seines
tes Frucht; wenn er Hoffnung hätte, daß die Nation
ıtniß nehmen würde von ihm irgendwie, daß er nicht ver-
nern müßte unbeachtet nicht nur, sondern auch ohne Brod:
würde das Schützenfest zum eigentlichen königlichen Na-
ılfest, dann würde es der Magnet der Nation, der Moses,
ıber die schlummernden Quellen gebietet und Ströme her-
ˀechen läßt in der Wüste.

Bei dem Sonderlingsgeiste (Partikularismus) welcher dem
weizer eigen ist, — noch mehr als dem Juden, denn der
durchzieht nicht nur Cantone, Stände, sondern selbst
amilien und um so sondernder, je kleiner Dörfer oder
te sind, in denen er hauset, — mag diese Zumuthung
ın Schützenverein allerdings auffallend und seltsam schei-
Das Schützenfest ist des Schützen Fest. Warum soll
mit Andern theilen? warum ordnen andere Vereine nicht
ſolche Feste und laſſen den Schützen mit dergleichen Zu-
ıngen ruhig?

Das große Moos zwischen Waadt, Freiburg und Bern

lag zwischen diesen Ständen lang im Streite, jeder sprach seinen Fetzen an, und keiner konnte mit seinem Fetzen was machen ohne Theilnahme von Seite der andern und vor allen bedurfte Bern der Uebereinstimmung, wenn es daran denken wollte, aus seinem Theile das zu machen, was er seiner Größe und Bedeutung nach werden konnte. Das Schützenfest hat den weitesten Boden gewonnen; aber der andern allen bedarf es, wenn es werden soll, was es werden kann.

Dabei verliert auch der einzelne Schütze nichts, sein Vortheil wird nicht gefährdet, sein Genuß nicht getrübt. Bis dahin war er allerdings der scheinbar allein Thätige, aber der allein Gewinnende war er lange schon nicht mehr, denn schon lange waren noch andere Kräfte auf den Festen lebendig, und diese gewannen theilweise so viel, als der Schütze; ja sie gewannen mehr, wenn man es auch nicht in Zahlen aussetzen konnte, — sie gewannen eidgenössische Begeisterung. Schon lange bestund also eine Macht neben des Schützen Macht, und große Erquickung hatte an derselben der Schütze und neidete sie nicht; sie war ihm gleichsam, was der Leuchter im Hochzeitsaal ist dem Hochzeitgast. Und wo hat wohl ein fröhlicher Hochzeitgast zu viele Leuchter? je heller es ist, während er tanzet, um so besser tanzet er. Je heller es um den Schützen ist, um so besser schießet er; ja er empfindet nicht Neid, sondern Ehrfurcht gegen den, welcher besser schießt als er, warum sollte er Neid empfinden gegen den, der wie eine Hochzeitfackel leuchtet in sein Fest hinein?

Die Redner zahlte der Schütze selbst nach Gefallen und Verdienen und meist reich mit dem Ausbruch seines Dankes, und selbst wo die Rede so leicht war, daß der Wind sie nahm, ertrug er sie mit Geduld. Sollten aber für Schüsse in andere Scheiben als die sind, in welche der Schütze schießt, Ehrengaben ausgesetzt werden, das würde der Schütze ebenfalls nicht beneiden; es würde sein Herz erweitern.

Zudem würden auch der Schützen Ehrengaben sich nicht

mindern, sondern steigern. Denn je weiter der Kreis des
Festes gezogen wird, desto größer wird auch der Boden, auf
welchem als Festblumen die Gaben wachsen; je mehr Kräfte in
Thätigkeit gerufen werden, desto mehr Hände öffnen sich, je
königlicher das Fest wird, um so königlicher werden auch die
Opfer, welche die Nation auf des Festes Altar legt; denn es
beginnen der Nation die Augen aufzugehen für die Nation,
und das ist das Gleiche, als wenn einem Menschen die Augen
aufgehen über sich selbsten und zwar während er noch bei Kraft
ist, ehe er im Sterben liegt.

Ja, wenn auch keine Preise gestellt würden, als allfällig
ein schön Röslein in eines lieben Mädchens Hand, oder ein
Denkzeichen aus würdiger Frauen Hand, wenn nur einmal der
Mittelpunkt gestellt würde der Anerkennung schweizerischen
Fleißes und Geistes, wenn nur einmal die Ehre wirken würde,
vor die Nation treten zu dürfen mit dem, was im Geiste bedeutend sich regt, aber des Lockens von außen bedarf, —
(und dieses bedarf der Schweizer vor Allen, denn ebenso wie
Kugel und Säbel kräftig sein müssen, wenn sie dringen wollen
in der Schweizer Brust oder Kopf, eben so hart hält's, wenn
das was drinnen ist, hinaus soll an's Licht) es würde manch
Herrliches zu Tage brechen, das schlummert und schlummernd
bleibt, wenn nicht Moses mit seinem verklärten Stabe, oder
schöner Frauen Hand, von denen namentlich die Turner viel
zu rühmen wissen, an den harten Felsen schlägt.

Rechne, Schütze, — denn der Schweizer rechnet nicht
ungerne, — wie viel Freude du schon an den Rednern gehabt,
wie viel Freude an jedem tüchtigen eidsgenössischen Mann,
den du da sehen konntest, auch wenn er nicht redete, und wie
viele Freuden dir noch würden zu diesen werden, wenn du
ziehen könntest in deine Mitte den Vater Pestalozzi, wenn er
noch lebte, oder Gott uns wieder einen schenken würde, den
Künstler, welcher den Winkelried in Stein gehauen, auf Lein-
wand gehaucht, den Dichter, der mit einem Schlachtgesang

dich begeistert, mit einem hellen Schweizerlied dich gehoben hat, daß du meintest, dein Kopf sei im Himmel, den lustigen Turner, den mächtigen Schwinger?

Siehe, Schütze, solche Männer wären dir in diesen Tagen, was den Tauchern Perlen sind auf des Meeres Grund und dein Lebtag hättest du deine Freude daran, wenn deine Augen die eidsgenössischen Männer alle gesehen, deren Namen guten Klang im Lande haben. Die Würde, welche du an ihnen gesehen, würde mehr oder weniger auf dich überfließen, ihre Ehre würde deine Ehre sein, würde dich heben über manchen Stein, an den sonst dein Fuß sich gestoßen, ein Fall dir gedroht. Dies eben ist das Nationalgefühl, wie es würdig sich gestaltet, nicht unter einem windbeutligen, sondern unter einem würdigen Volke. Das Andenken an die Wägsten und die Besten unterm Volke, die dein Auge gesehen, würde dein Stern dir sein in der Nacht der Zeit.

Wenn aber auch an solchen Tagen die Wägsten und die Besten, wenn diese, wenn gleichsam die ganze Nation sich durch's treue Auge bis auf den Herzensgrund voll wahrhaften eidgenössischen Schweizersinnes schauen würde, es müßten Groll und Vorurtheile wüsten Nebelbildern gleich schwinden; ganz anders, als man aus der Ferne sich erschienen, würde man in der Nähe sich finden, Schranken würden fallen zwischen Herzen zuerst, dann zwischen Ständen und Cantonen; und wenn auch jeder sich selbst bliebe, so würde er doch der Bruder des andern sein und wissen, daß er ohne den andern nichts wäre, und die Einheit wäre da, wie eine Republik sie bedarf, und diese hätte sich gebildet im Frieden, während sonst die Republiken im Frieden die Kriege verloren, im Frieden des Krieges Kräfte verzehrten, weil im Frieden sie die Einheit einbüßten.

Wenn die Kriegessonne blutroth über unserm Ländchen aufgehen sollte, dann, ihr Schützen, werdet ihr auch kriegerischer Vorort sein, werdet schützen das Land, werdet Feuer

Lightning Source UK Ltd.
Milton Keynes UK
UKOW021851050413

208761UK00008B/475/P